行为经济学教程

Erik Angner

[美] 埃里克·安格内尔 —— 著

夏纪军 沈新凤 —— 译

A Course in Behavioral Economics

生活·讀書·新知 三联书店

Simplified Chinese Copyright © 2019 by SDX Joint Publishing Company.
All Rights Reserved.
本作品中文简体版权由生活·读书·新知三联书店所有。
未经许可，不得翻印。

Copyright © 2012 by Palgrave Macmillan
First published in English by Palgrave Macmillan, a division of Macmillan Publishers Limited under the title A Course in Behavioral Economics by Erik Angner. This edition has been translated and published under licence from Palgrave Macmillan. The author has asserted his right to be identified as the author of this Work.

图书在版编目(CIP)数据

行为经济学教程/(美)安格内尔著；夏纪军,沈新风译.—北京：生活·读书·新知三联书店,2019.5
ISBN 978-7-108-05282-7

Ⅰ.①行… Ⅱ.①安…②夏…③沈… Ⅲ.①行为经济学－教材 Ⅳ.①F069.9

中国版本图书馆 CIP 数据核字(2015)第 049444 号

责任编辑	麻俊生
封面设计	储 平
责任印制	黄雪明
出版发行	生活·讀書·新知 三联书店
	(北京市东城区美术馆东街 22 号)
邮 编	100010
印 刷	常熟市文化印刷有限公司
版 次	2019 年 5 月第 1 版
	2019 年 5 月第 1 次印刷
开 本	720 毫米×1020 毫米 1/16 印张 20
字 数	350 千字
定 价	58.00 元

上帝造人有其目的,伟大的哲学著作应该揭示上帝用来实现这些目的的方法,并且标示出一些行为的界限,使得这些不幸的人知道如何穿越充满荆棘的人生之路,使他们能够抵御各种关于命运的怪诞幻想,这些幻想可能给出二十个不同的名字,却无从理解和定义。

萨德侯爵,《贾斯汀》

序
Foreword

当我是一名经济学博士生时,行为经济学就深深地吸引了我,它是迄今为止最令我兴奋的研究领域。尽管从一些优秀的老师那里学到不少,但还是感觉现有的文献未能体现对该领域本质与重要性的完整理解,也未能把各种被描述为"行为"的概念与理论联系在一起。当我成为一名助理教授并有机会开设自己的课程时,我发现很少有教科书能够填补那些流行的科学分析范式之间的鸿沟。对于一门全校层面的课程来说,这些教材包含的内容不够,而那些原创性的科学论文对学生而言又不容易阅读,并且一般都很少提供便于新读者理解所需要的背景知识。

这本《行为经济学教程》不仅是我做学生时梦想拥有的,而且也是我当老师时愿意使用的一本书。它力求将行为经济学放在一个历史背景下,将它看作是内在一致的知识传统的产物。它比市面上的流行读物提供更多实质性的内容,同时比原创论文提供更多的背景。本书不仅仅介绍一些孤立的概念或理论,而且试图将它们联系在一起。这是一本学习友好型、自成体系的独立教材,适合作为高年级本科生课程一学期的教材,结合其他教材或论文资料,本书也适用于其他更高层次的课程。

考虑到行为经济学课上许多学生都不是经济学专业的学生这一事实,本书的表述作了一些调整,将更适合于来自社会与行为学科,人文、商业、公共卫生等各类专业的高年级学生。本书不包含任何高深的数学,也不要求事先掌握标准的经济学理论。在过去几年中,通过在美国中等规模大学的实战检验,我确信这一处理对经济学专业和非经济学专业的学生都很适合。

　　严肃的经济学其实并不一定那么吓人,我在本书中将证明这一点。抽象、正式的内容将从易到难循序渐进地介绍,以便让之前缺乏相关知识的学生树立信心。大量的例子和练习会让学生对概念与理论背后的直觉有更加清晰的理解。为了抓住不同背景学生的兴趣,并展示经济分析的广泛应用,本书采用了许多来自经济、商业、市场营销、医药、哲学、公共卫生、政治科学、公共政策等各种领域的例子。更多开放式的问题鼓励学生将概念和理论应用到他们在教室外可能碰到的各类问题中。

　　本书分为五个部分:(一)确定性下的选择;(二)风险和不确定性下的判断;(三)风险和不确定性下的选择;(四)跨期选择;(五)策略性互动。每一部分包括两个章节:偶数章介绍了标准新古典理论,奇数章则讨论了行为经济学的相关理论。这一独特的结构可以让教师将偶数章作为背景阅读材料,同时选择更为高级的材料来补充奇数章的内容,这样一来,教师可以很轻松地在更高层次的课程中使用本书。有关本书的更多信息可登录:http://www.facebook.com/BehavioralEconomics。其他补充材料可以从以下网站获得:http://www.palgrave.com/economics/angner。

　　书中有不少新古典理论,对此我需要作点说明。首先,行为经济学的发展实际上是对新古典经济学的一种回应,大部分行为经济学只有在这一背景下才能被很好地理解。当行为经济学家将新古典理论作为描述性理论拒绝时,他们还是将它们作为规范性理论来接受。其次,相当一部分的行为经济学是对新古典经济学的扩展或修正。最后,要恰当地评估新古典经济学和行为经济学,需要对两种理论都有所了解。就好像外语学习要教学生大量关于母语的内容一样,学习行为经济学则要教学生许多关于标准经济学的内容。

　　作为一本教科书而不是百科全书,本书并不想涵盖方方面面的东西,而是选择性地探讨一些行为经济学中最为重要的思想以及它们之间的联系。我们忽略了部分有趣的思想及其发展与研究过程。毫无疑问,每一位行为经济学家都会对我关于内容的取舍有所疑问。总体来讲,本书中所包含的内容是大家共同认可的部分,这些内容对于任何一位想对行为经济学有所了解的人来说都是应该熟悉的。

像一般的导论性教材一样,本书并没有回顾支持书中理论的各种经验案例,没有对关于数据、证据标准、经验方法(包括实验)以及统计技术等话题展开深入讨论;相反,我们通过一些故事来说明各种理论,以便读者理解这些理论背后的直觉,并说明这些并不是完全不可能的。从这个角度讲,本书与目前流行的微观经济学教材没有什么不同,只是其中一例罢了。

对于想继续深入学习行为经济学或想知道更多关于方法、历史以及哲学的读者而言,每一章最后都有"扩展阅读"部分,这部分提供了一些经典文献、评论性文章以及更高级的教材。当然,对许多读者而言,本书并不是第一本行为经济学教材,我希望这也不是最后一本。

致谢

本书的灵感源自许多不同的来源,我要特别感谢引导我走上这条道路的各位老师,不管他们是否赞成这条道路所通往的目的地,其中包括克里斯蒂娜·比基耶里(Cristina Bicchieri)、罗宾·道斯(Robyn Dawes)、巴鲁克·菲什霍夫(Baruch Fishhoff)、乔治·洛温施泰因(George Loewenstein)、菲利普·雷尼(Philip Reny)和阿尔文·罗西(Alvin Rothy),同时感谢不断纠正书中错误,帮我走在正确道路上的学生们(人数众多,难以一一列出名字)。

书稿得以高质量出版离不开帕尔格雷夫·麦克米伦出版社的阿列亚·伯泽伊登霍特(Aleta Bezuidenhout)和杰米·马歇尔(Jaime Marshall)的鼓励与批评,以及伊丽莎白·斯通(Elizabeth Stone)对出版过程严谨、细心的管理。感谢我的朋友、同事以及匿名评论人对早期书稿所提出的有益建议,以及莉利·弗劳尔斯(Lillie Flowers)和杰瑞德·萨顿(Jared Sutton)出色的编辑工作。感谢 NBC 全球传媒有限公司授权使用来自《成交还是不成交》(*Deal or No Deal*)电视节目的画面,阿拉巴马大学系统信托委员会授权复制由史蒂文·W. 伍德(Stcvcn W. Wood)拍摄的作者照片,科迪·泰勒(Cody Taylor)的原创插图得到艺术家的授权使用。扉页上的语录引自萨德的著作(De Sade, 1889, [1791. P7.])。我们尽量追溯每一位版权所有者,如果有遗漏,我们将很高兴在第一时间对此作必要的安排。我非常感谢来自阿拉巴马大学质量提升计划发展基金的资助。

最为重要的是,伊丽莎白·布卢姆(Elizabeth Blum)在每一个阶段给予的爱与支持是完成这一项目所不可或缺的。

欢迎读者通过下面的出版社网站对本书提出改进建议,在任何情况下,所有错误都由我负责。

http://www.palgrave.com/economics/angner。

目录

序 / 1
致谢 / 1

导 论

第一章　导论 ·· 3
　第一节　经济学:新古典经济学与行为经济学 ········· 3
　第二节　行为经济学的起源 ·· 6
　第三节　方法 ·· 8
　第四节　展望 ·· 9

第一部分
确定性下的选择

第二章　确定性下的理性选择 ·································· 15
　第一节　引言 ·· 15
　第二节　偏好 ·· 16
　第三节　理性偏好 ·· 18
　第四节　无差异与严格偏好 ······································ 23
　第五节　偏好序 ·· 28
　第六节　确定性下的选择 ·· 30

第七节　效用 ……………………………………………… 33
　　第八节　讨论 ……………………………………………… 37

第三章　确定性下的决策 …………………………………………… 40
　　第一节　引言 ……………………………………………… 40
　　第二节　机会成本 ………………………………………… 40
　　第三节　沉没成本 ………………………………………… 46
　　第四节　菜单依赖和诱饵效应 …………………………… 52
　　第五节　损失厌恶和禀赋效应 …………………………… 57
　　第六节　锚定与调整 ……………………………………… 69
　　第七节　讨论 ……………………………………………… 72

第二部分
风险和不确定性下的判断

第四章　概率判断 …………………………………………………… 79
　　第一节　引言 ……………………………………………… 79
　　第二节　概率论基础 ……………………………………… 80
　　第三节　无条件概率 ……………………………………… 85
　　第四节　条件概率 ………………………………………… 91
　　第五节　全概率与贝叶斯法则 …………………………… 95
　　第六节　贝叶斯更新 ……………………………………… 99
　　第七节　讨论 ……………………………………………… 102

第五章　风险和不确定性下的判断 ……………………………… 106
　　第一节　引言 ……………………………………………… 106
　　第二节　赌博者的谬误 …………………………………… 106
　　第三节　合取与分离谬误 ………………………………… 110
　　第四节　基础比率忽略 …………………………………… 114
　　第五节　证实性偏见 ……………………………………… 120
　　第六节　可得性 …………………………………………… 123

第七节　讨论 ………………………………………… 126

第三部分
风险和不确定性下的选择

第六章　风险和不确定性下的理性选择 ……………… 133
　　第一节　引言 ………………………………………… 133
　　第二节　不确定性 …………………………………… 133
　　第三节　期望值 ……………………………………… 138
　　第四节　期望效用 …………………………………… 146
　　第五节　对于风险的态度 …………………………… 152
　　第六节　讨论 ………………………………………… 157

第七章　风险和不确定性下的决策制定 ……………… 160
　　第一节　引言 ………………………………………… 160
　　第二节　风险下的选择的框架效应 ………………… 160
　　第三节　归拢与心理账户 …………………………… 167
　　第四节　阿莱问题和确定事件原则 ………………… 172
　　第五节　埃尔斯伯格问题和模糊厌恶 ……………… 176
　　第六节　概率权重 …………………………………… 179
　　第七节　讨论 ………………………………………… 182

第四部分
跨期选择

第八章　贴现效用模型 ………………………………… 189
　　第一节　引言 ………………………………………… 189
　　第二节　利率 ………………………………………… 190
　　第三节　指数贴现 …………………………………… 194
　　第四节　讨论 ………………………………………… 201

第九章　跨期选择 ·· 203
　　第一节　引言 ·· 203
　　第二节　双曲贴现 ·· 204
　　第三节　选择不作选择 ·· 211
　　第四节　对效用流的偏好 ··· 213
　　第五节　讨论 ·· 217

第五部分
策略性互动

第十章　分析性博弈理论 ·· 223
　　第一节　引言 ·· 223
　　第二节　纯策略纳什均衡 ··· 224
　　第三节　混合策略纳什均衡 ·· 233
　　第四节　均衡的精炼 ··· 239
　　第五节　讨论 ·· 245

第十一章　行为博弈理论 ·· 247
　　第一节　引言 ·· 247
　　第二节　社会偏好：利他主义、嫉妒、公平和正义 ············ 247
　　第三节　意图、互惠与信任 ·· 254
　　第四节　有限策略思维 ··· 258
　　第五节　讨论 ·· 261

第六部分
总结评论

第十二章　总结 ··· 267
　　第一节　引言 ·· 267
　　第二节　行为福利经济学 ··· 268
　　第三节　评估行为经济学 ··· 270

第四节 结语……………………………………………… 272

附录 练习答案 / 274
参考文献 / 298

导 论

第一章 导论

第一节 经济学：新古典经济学与行为经济学

这是一本关于**决策理论**的书，用格言来说，这些理论就是关于"生命的荆棘之路"的探讨：它们将说明我们如何或应该如何进行决策。这不是说生活在18世纪的萨德侯爵会说出这样的话，而是说决策论似乎就是他在酝酿哲学作品时所进行的思考。

发展出一套能够被广泛接受的决策理论将是一项伟大的成就。大多数人类活动，如金融、自然科学、医学、艺术以及生活的各方面都可以看作是人们的一系列决策，所以说精确的决策理论应该涵盖许多方面。也许在我们即将讨论的理论中没有一个是萨德高度认可的杰作，每一个理论可以、已经或者应该在很多方面受到挑战，但是不管怎样，决策理论已经在最近几十年成为一个比较活跃的研究领域，并且得到了很大的发展。

现代决策理论（或者**选择理论**，我将交叉使用这两个术语）对人们应该追求什么样的目标讨论得很少。目标可以是美好或者罪恶的、卑鄙小气或者慷慨大度的、利他或者自私的、短视或者有远见的，可以是特雷莎修女式的或者是萨德侯爵式的。决策理论只是简单地将目标视为给定的，但是给定了目标，我们的理论将重点讨论人们应该如何追求这些目标。

各类决策理论可以被分为描述性和规范性两类。**描述性理论**描述人们实际上是如何进行决策的,而**规范性理论**则说明人们应该怎样进行决策。至少从理论上讲,人们作出的决策就是他们应该作的决策这一点是可能的。如果这一点成立,同一个理论完全可以同时做到在描述上恰当,并且在规范上是正确的。但是人们可能不是按照他们应该怎样做来行动的,如果是这样的话,那么没有一个理论可以做到既具描述恰当性,又在规范上正确。

练习 1.1　描述性与规范性

下面哪种说法是描述性的,哪种说法是规范性的?(练习的答案可在附录中找到)

(a) 平均而言,人们为退休准备的储蓄不到他们收入的 10%。

(b) 人们为退休准备的储蓄比他们应该储蓄的量少。

(c) 人们经常会后悔没有为退休多储蓄点。

有的时候,一个说法是描述性的还是规范性的可能是不确定的。"人们储蓄得太少"就是一个例子。这句话是否说人们储蓄得比他们应该储蓄的量少?如果是这样,那么这句话就是规范性的。这句话也可能是说人们觉得他们储蓄得比他们想要储蓄的少,在这种情况下这句话则是描述性的。

例子 1.1　扑克牌

假设你在玩扑克牌,并且希望赢,以下哪种理论会对你有所帮助:完备的描述性理论?正确的规范性理论?还是这两种理论都有用?

描述性理论将会给你其他对手行动的信息,而规范性理论将在知道你对游戏规则的了解程度、对其他对手行动的预期以及你获胜的野心之后,告诉你应该怎样行动。在玩扑克牌时所有这些信息都是有用的,所以两种理论都将会使你受益。

一些决策理论被描述成**理性选择理论**。在日常用语中,"理性"这个词的使用比较随意,只是被频繁地用作一种表示赞成的符号。在我们看来,最好将理性选择理论视为一种理性的**定义**,即明确指出什么是理性的。每个理性选择理论都将决策分为两类:理性的和非理性的。理性决策是指那些与理论相一致的决策;非理性决策则相反。一种理性选择理论可以看作是描述性的或者规范性的(或者兼而有之)。我们说,一个理性选择理论是描述性的是指人们实际上是在理性地行动;而说它是规范性的则是指人们应该理性地行动;如果说一个理性选择理论既是描述性的又是规范性的则是指人们正理性地并且应该这样理性地行动着。一般地,理性选择理论是指(或者被认为是指)那些在规范性角度看是正确的理论,而不管它们在描述上是否恰当。

在过去几代人中,**新古典经济学**一直主导着经济学界。如果你学习了经济学但不知道自己接受的是否是新古典范式的经济学教育,那么,几乎可以肯定你学习的就是新古典经济学。新古典经济学的代表性特征就是发展出了描述恰当并且在规范上正确的理性选择理论。这个方法预先假设了人们按照他们应该有的方式在行动。新古典经济学家们并不需要假设所有人在任何时刻都在理性地行动,但是他们坚持认为偏离完美的理性是少见或者非系统性的,所以我们可以忽略。考虑到新古典经济学的流行,我称之为标准经济学,并将新古典经济学理论称为标准理论。

我们这样来介绍**行为经济学**:通过为经济理论提供更多心理上合理的基础来尝试增加它的解释力和预测力,这里,"心理上合理"表示与最可靠的心理学结论一致。行为经济学家认同新古典经济学家关于**经济学**的概念,即研究人们在稀缺性下的决策行为以及这些决策给社会带来的影响。但是行为经济学家们不认同人们总体上是按照他们应该怎样做的方式在行动的想法。尽管行为经济学家们不否认有些人在某些时候的行动是理性的,他们仍然相信对理性的偏离已经足够大、足够系统而因此足以被预测,进而使得发展新的描述性的决策理论是有必要的。如果这是对的,一个描述恰当的理论不可能同时在规范上是正确的,而一个规范上正确的理论也不可能同时是描述恰当的。

第二节 行为经济学的起源

可以说,行为经济学的历史很短,但是相关的讨论很早就有了。只是到了最近的几十年,行为经济学才成为经济学一个独立的分支。现在很多顶级的经济学院都会提供研究行为经济学的教职,行为经济学方面的论文也开始在主流的期刊上发表,传统的经济学家也开始在他们的工作中引入行为经济学。2002年,最有名的行为经济学家之一丹尼尔·卡尼曼(Daniel Kahneman)因"将心理学的研究成果引入到经济学中,特别是考虑了人们在不确定下的判断和决策制定"而获得诺贝尔奖。尽管行为经济学的历史很短,但是为经济学提供合理的心理学基础的尝试却源远流长。

1776年,亚当·斯密发表《国富论》,标志着现代经济学的建立。以亚当·斯密为代表的古典经济学家经常被指责对人类本性的理解过于简单(甚至是错误的),即认为人们处处并且总是用超理性的方式追求被他们狭隘理解的自利的东西。但是这个指责是没有根基的,因为亚当·斯密并不认为人们是理性的:

有多少人是因为花很多钱买了一些没什么实际用处的小玩意而毁了自己?使这些小玩意的爱好者感到高兴的不是那种效用,而是能增进这种效用的那个机械的精巧性。他们所有的口袋都塞满小小的便利设备……它们的全部效用当然不值得忍受负荷的辛劳。

斯密在便携计算器、拍照手机、iPad和GPS定位手表时代的200年前写下了这些话。而且斯密也并不认为人们是自私的:"有证据表明,人的本性也关注别人的命运,将别人的幸福当作自己的利益所在,尽管他除了看到别人幸福而感到高兴之外不能从中得到任何别的什么。"事实上,斯密和其他古典经济学家认为人类的本性有多个方面;的确,他们并没有在心理学和经济学之间划出一条非常明显的界限。

早期新古典经济学建立于**享乐主义心理学**的基础之上:这是一种主张人类个体行为是对最大化的愉悦和最小化的痛苦的追求的解释。

用斯坦利·杰文斯(W. Stanley Jevons)的话来说:"愉悦和痛苦无疑都是经济学计算的最终目标。为了用最少的努力满足我们最大限度的需要……换言之,经济学的问题在于让快乐最大化。"早期新古典经济学家受杰里米·边沁(Jeremy Bentham)的启发,后者写道:"自然把人类置于两位主人——快乐和痛苦——的主宰之下……只有它们才指示我们应当干什么,应当说什么,应当怎样思考。"因为这里假设了个体直接获得其意识体验,一些经济学家对享乐主义心理学的辩护仅仅是基于他们自省的自证性。

第二次世界大战后,许多经济学家对于早期新古典主义贫乏的成果感到失望,认为它不能提供有预测力的理论,并质疑这种内省是否真的切实有效。类似的发展也发生在其他领域:心理学领域的行为主义、哲学领域的实证主义、物理学领域的操作主义都可以被视为类似的学术发展趋势。战后的新古典经济学家更致力于关注可公开观测的领域而非那些一定会发生的个体体验,以改进他们的理论的预测力。他们不再以这种关于欢乐和痛苦的理论作为基础,转而采用一种关于偏好的理论,其区别在于人关于欢乐和痛苦的感觉是不可观测的,但人们的选择可以被直接观测到——如果我们假定选择反映了个人的偏好,我们可以找到关于人们偏好的直接的可观测的证据。因此,战后新古典经济学家们希望斩断经济学与(享乐主义或者其他)心理学之间的联系。

尽管 20 世纪下半叶新古典经济学占据了相对主流的地位,许多经济学家还是感觉这门学科如能与心理学或其他相邻领域有更紧密的联系则必将有益。但真正造成了一些变化的是认知革命。在 20 世纪 50—60 年代,心理学、计算科学、语言学、人类学和其他一些学科拒绝了科学应当关注可公开观测现象的要求,而是主张一种**认知科学**。认知科学家们对于幼稚地依赖于内省持怀疑态度,而是认为科学的心理学必须关注人们头脑中的事物,包括信念、欲求、符号、规则以及想象。行为经济学是认知革命的一个产物。与认知科学家类似的是,行为经济学家尽管怀疑早期新古典的理论和方法,但他们乐于讨论信念、欲求、经验法则和人们头脑中的其他事物。下面,我们将看到这些努力是如何实现的。

第三节 方　　法

在我们对行为经济学家在过去几十年中所发展出的概念和理论进行认真探索之前，我将讨论一下行为经济学家用于检验其理论的数据，以及他们生成这些数据的方法。

最早同时也是最有影响力的一些行为经济学论文依赖于参与者对假想选项的反应。在这些研究中，参与者被要求想象自己身处于一个给定的选择情形下，以及在这些条件下如何作出决策。有一个问题是这样的："下面两种情况你喜欢哪一种？第一种情况：50％的机会赢得1000元，50％的机会什么也得不到。第二种情况：得到确定的450元。"其他早期论文依赖于读者对人们在给定情形下可能如何行动的直觉。因此，他们提供了类似这样的剧本："S先生在商店看中一款125美元的高档羊绒衫，但他觉得太奢侈了，所以没有买。当月稍晚，S先生收到了夫人送的生日礼物，恰好是这款羊毛衫，他非常高兴。这对夫妻只拥有联名的银行账户。"这些思想实验显然是受作者所观测到的经济学家同事们的行为的启发——他们声称人总是理性的，但他们自己在生活中的行为时常是不理性的。

近些年来，假想选项研究几乎完全被**实验室试验**所取代，其中参与者要作出涉及实际货币的真实选择。这些实验已经开展了数十年。例如，在20世纪70年代初，两个心理学家在拉斯维加斯的一个赌场进行了实验，以一个赌场总管作为实验者，专业的赌徒则作为参与者，输赢都用真钱支付。更多情况下，行为经济学家是用本科生或其他容易招募的参与者。当行为经济学家忙于实验研究时，很难把他们同新古典实验经济学家区分开来——后者利用实验来研究人们如何进行决策。实验主义者认为实验室环境下的决策表现一定是真实的，实际的获胜者必须得到支付。

行为经济学家在过去10年左右的时间里越来越依赖于在现场所收集的数据。在一个著名的**现场研究**（或称田野调查）中，研究者利用行程记录单和计价器数据研究了纽约市出租车司机的行为——这些记录单是司机用来记录乘客何时登车、何时下车的表格,计价器则自动记录了客人的车费。在这项研究中,研究者单纯观测了参与者在不同条件下的行为。在**田野实验**中,研究者随机指定参与者为实验组和控制组,并考察两组参与者的行为有何不同。

在某种程度上,行为经济学家利用了一种被心理学家称为**过程测度**的方法,这一方法提供了关于决策背后的认知和情绪过程的线索。有些研究利用**过程跟踪**软件了解人们在博弈中决策时使用什么信息,其他的研究则利用大脑扫描尤其是功能性磁共振成像(fMRI)——这种方法尽管还不成熟,但它允许研究者检查一个人的大脑中哪一区域在响应一个任务或决策时变得活跃起来。成像法已经在经济学研究中得到广泛应用,包括风险和不确定条件下的决策制定、跨期决策、买卖行为以及博弈中的策略行为。近期的一项研究考察了当采用经颅磁刺激(TMS)技术暂时地抑制参与者大脑中的某一个部分时受测人的行为。借用神经科学方法的研究正日益增多,这与**神经元经济学**的兴起有关(但并不完全是一回事),后者将经济学与神经科学整合在一起。

使用多种方法生成数据带来了有趣的方法论问题——当不同来源的证据所指明的方向稍有不同时,这一点尤为显然。但有的时候,不同来源的证据指向相同的方向,这使得行为经济学家对他们的结论更有信心。这部分地说明了行为经济学为何变成了一个充满生气的、整合了各种各样方法生成的证据的领域。

第四节 展 望

如导论所述,本书主要包括五个部分:(一)确定性下的选择;(二)风险和不确定性下的判断;(三)风险和不确定性下的选择;(四)跨期选择;(五)策略性互动。每一部分包括两个章节:偶数章介绍了标准新古典理论,奇数章则讨论了行为经济学的对应理论。如我们在第一节中所指出的那样,行为经济学的终极目标是从新的视角对人们在稀缺条件下的决策,以及这些决策的社会结果进行探索。行为经济学家和新古典经济学家同样为实现这一目的而构建简洁的正式理论。在本书中,我们将考察日益增多的一般理论,不论它是新古典经济学的还是行为经济学的理论。

研究行为经济学是一项不平常的事业。首先,其抽象的水平就构成一项挑战。但如我们下面将要看到的那样,正是经济学的抽象才让它变得如此有用:理论越抽象,其潜在的应用就越广泛。一些读者倾向于一旦发现书中包含有数学就将它弃置一旁——请不要这样。这本书中没有高等数学,识数能力则非常重要——即便对于那些认为自己是实用导向的人而言也是如此。

练习 1.2 识数

在最近的一项金融决策研究中,人们在迅速回答三个数学问题时的答案有力地预示了他们的财富:配偶二人都正确地回答了所有三个问题的家庭,在财富上八倍于那些夫妻双方都没能正确回答出任何一个问题的家庭。因此,如果你曾在数学中挣扎奋进,请庆幸你曾这样做过。你可以试着回答下面的三个问题:

(a) 如果患某种病的概率是 10%,那么 1 000 人中预期会有多少人得上这种病?

(b) 如果五个人都有彩票的获胜号码,奖金总数为 200 万元,每个人将获得多少?

(c) 如果你的储蓄账户中有 200 元,利率为每年 10%,两年后你的账户中有多少钱?

为了强调行为经济学的有用性,这本书讨论了一系列的应用。除了其他的内容外,你还会学到如何选择约会陪衬,如何设计行之有效的市场策划,如何在这种市场策划中不失败,如何计算你的梦中情人正同别人约会的概率,如何卖轮胎,如何在剪刀-石头-布的游戏中击败别人,等等。最终,行为经济学将目光投向人本身——他们实际的生活、存在和活动方式,而不是过去的伟大思想家认为他们应该怎样的方式——以及人类境况的实质。

扩展阅读

安格内尔和洛温斯泰因(Angner and Loewenstein，2012)对行为经济学(相较于新古典经济学)的本质、历史起源和方法提供了更丰富的讨论。《国富论》是斯密(Smith，1976[1776])的作品；第二节的引用来自斯密(Smith，2002[1759]，p. 11，p. 211)、杰文斯(Jevons，1965[1871]，p. 37)和边沁(Bentham，1996[1789]，p. 11)。第三节的样本问题引用于卡内曼和特沃斯基(Kahneman and Tversky，1979，p. 264)，及塔勒尔(Thaler，1985，p. 199)。赴拉斯维加斯实验的心理学家是利希滕斯坦和斯洛维克(Lichtenstein and Slovic，1973)，对纽约出租车司机作了研究的是卡默勒等(Camerer et al.，1997)，限制参与者大脑部分功能的则是诺奇等(Knoch et al.，2006)。卡默勒等(Camerer et al.，2005)提供了神经元经济学领域的广泛总结。对于金融决策的研究来自于史密斯等(Smith et al.，2010)，三个数学问题来自密歇根大学健康与退休研究并作了调整。

第一部分
确定性下的选择

第二章
确定性下的理性选择

第一节 引 言

如前面已经承诺过的那样,我们将从理性选择理论开始讨论。这一理论事实上构成了所有现代经济学的基础,也是在研究生水平的微观经济学课堂上将学到的第一部分内容。顾名思义,理性选择理论关注的是理性决策问题(参见第一章第一节)。简而言之,它意味着要理性。

在本章中,我们考虑**确定性下的**选择。短语"确定性下的"单纯是指对于一个给定的行动,其结果或产出是确定无疑的。例如,如果你所在地的冰淇淋店员工称职能干,那么每当你点香草冰淇淋的时候,你就会得到香草冰淇淋;每当你点蛋奶泡冰淇淋的时候,你就会得到蛋奶泡冰淇淋,此时你是在作一个确定性下的选择。(我们会在后续章节中讨论其他类型的选择。)然而,在讨论确定性条件下作出理性选择究竟意味着什么之前,我们需要讨论什么是偏好,以及拥有理性的偏好又意味着什么。

确定性下的选择理论是一个公理化的理论。也就是说,这一理论由一系列公理组成,基本命题不能被理论自身提供的资源所证明,而只能当作是理所当然的事情接受。在研究理论的时候,我们想做的第一件事就是检验公理。在讨论中我们会介绍新的术语和定义,这些公理和定义都是必须熟记的。在介绍了公理和定义之后，我们可以证明许多有趣的命题。下面我们要做的事情中大部分涉及在公理和定义的基础上证明新命题。

第二节 偏 好

偏好是现代经济学、新古典经济学以及行为经济学中的一个基本概念。较为正式的表述为：偏好是一种**关系**。下面给出了一些关系的例子："阿尔夫比贝丝蒂年龄大""弗朗西斯比诺威高大""比尔担心他不如詹妮弗考得好"，等等。注意到每个句子中都包含了对两个实体（事物或者人）之间关系的描述，所以说"阿尔夫比贝丝蒂年龄大"描述了阿尔夫和贝丝蒂之间的关系，即前者年龄比后者大。由于这些例子都是表述两个实体之间的关系，所以我们称之为**贝努利（二元）**关系。像"妈妈站在比尔和鲍勃中间"则不是贝努利关系，而是**三元**关系，因为涉及三个不同的实体，这里就是指三个人之间的关系。

为了简便，我们通常用小写字母表示不同的实体或者个人，比如，我们用 a 表示阿尔夫，用 b 表示贝丝蒂。类似地，我们用大写字母来表示关系，比如我们可以使用 R 来表示"比……年龄大"的关系，这样我们就可以用 aRb 来表示"阿尔夫比贝丝蒂年龄大"这样的关系，有的时候我们也写成 Rab。值得注意的是，在这里，顺序很重要：aRb 和 bRa 并不一样，前者说的是阿尔夫比贝丝蒂年龄大，后者说的是贝丝蒂比阿尔夫年龄大；同样，Rab 和 Rba 也不是一个意思。

练习2.1 关系

假设 f 表示弗朗西斯，n 表示诺威，B 表示"比……高大"。
（a）如何写出弗朗西斯比诺威高大的关系？
（b）如何写出诺威比弗朗西斯高大的关系？
（c）如何写出诺威比诺威高大的关系？

为了进一步说清楚关系，我们需要弄清楚什么样的实体之间会存在关系。当我们在说谁比谁年龄大的时候,我们是在说人;当我们谈论什么比什么大时,我们可能说的是国家、房子、人、狗或者许多其他的东西。有时候我们脑中所想的实体的种类是很重要的,通常,为了更小心,我们会定义一个**全域 U**,全域是包含了所有可能存在关系的事物的集合。当我们在谈论唐老鸭的侄子辉儿(Huey)、杜儿(Dewey)和路儿(Louie)时,这便是全域。常规的做法是将全域中所有的元素用逗号隔开写在大括号中,比如{辉儿,杜儿,路儿},在这里,顺序并不重要,你也可以写成{路儿,杜儿,辉儿},所以 U={辉儿,杜儿,路儿}={路儿,杜儿,辉儿}。

练习 2.2 全域

假设我们在讨论联合国所有的成员国,这该怎么写呢?

全域中可能包含无限多个元素,这时,简单的列举会很费力,比如考虑你读到这句话时的时点就是这样。比如在上午 11 点 59 分与下午 12 点 01 分之间有无数个时点,上午的 11 点 59 分 59 秒与下午 12 点 0 分 01 秒之间也存在无数个时点。在这种情况下,我们必须找出其他的办法来表示全域。

我们可以讨论这样的关系:至少和……一样好。比如我们可能会说"咖啡至少和茶一样好"。"至少和……一样好"的关系通常用符号 $\geqslant$ 来表示。如果用 c 表示咖啡,t 表示茶,我们可以将上述关系表示成 $c \geqslant t$。这是一种**(弱)偏好关系**,人们常常会有自己的偏好关系,如果我们想特指某个人的偏好的话,就加上一个下标来表示这个人。比如说,对阿尔夫来讲,咖啡至少和茶一样好,而对贝丝蒂来讲,茶至少和咖啡一样好,那么就可以写成 $c \geqslant_{阿尔夫} t$ 以及 $t \geqslant_{贝丝蒂} c$,或者简单写成 $c \geqslant_a t$ 和 $t \geqslant_b c$。

练习 2.3 偏好

假设 d 表示"在炎热的天气里喝杯冷饮",r 表示"在太阳下暴晒"。

(a) 如果是你,你对这两个选项的偏好是怎样的?

(b) 你怎么表达一个受虐狂对这两个选项的偏好？

在经济学中，我们一般对人们关于**消费束**的偏好感兴趣，消费束就是一个商品组合。当你在当地的汉堡店中犹豫是点 1 号巨无霸汉堡套餐还是点 2 号鸡腿堡套餐时，你就面临商品束的选择。为了表示商品束，我们按照下述方式将它想成每种商品的组合：三个苹果和两根香蕉，或者两把枪和五块黄油等。在讨论偏好关系时，我们也可以将全域称为**选择集**。如果商品束中包含不超过两种商品，我们可以很方便地在一个平面上表示选择集，如图 2-1 所示。当商品束中包含两种以上的商品时，通常还是用⟨3，2⟩表示三个苹果和两根香蕉，用⟨6，3，9⟩表示 6 个苹果、3 根香蕉、9 个柑橘。

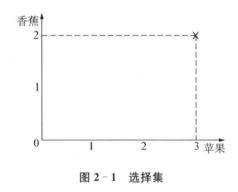

图 2-1　选择集

第三节　理性偏好

为了构建理性选择理论，我们首先要说明偏好关系是理性的含义。一个**理性的**偏好关系是一种满足传递性和完备性的偏好关系。

如果下述条件成立，我们就说关系 R 是**传递的**：对全域中任意的 x、y 和 z，如果 x 与 y 存在关系 R，y 与 z 存在关系 R，那么 x 必定与 z 存在关系 R。假设现在全域是指所有的马克斯兄弟的集合，那么"比……高"满足传递性的关系：如果泽波比格鲁乔高，格鲁乔比哈勃高，那么泽波一定比哈勃高(见图 2-2)。

图 2-2　马克斯兄弟（科迪·泰勒［Cady Taylor］作）

例子 2.1 《我为喜剧狂》

考虑以下电视剧《我为喜剧狂》中的谈话，其中，特蕾丝、格利兹和道康正在玩电脑游戏，特蕾丝总是会打败格利兹和道康，当肯尼斯打败特蕾丝却输给了格利兹时，特蕾丝很不解。

特蕾丝："格利兹，你是怎么打败肯尼斯的？"

格利兹："我不知道啊。"

特蕾丝："如果肯尼斯可以打败我，而你又能打败肯尼斯，那么根据传递性你也一定能打败我，难道你是故意让我赢的吗？"

道康："只是有几次而已啦。"

特蕾丝："啊？还不止一次？"

现在，你是街上唯一一个能看懂《我为喜剧狂》的孩子了，而且你还知道该剧有个曾学过经济学或哲学的工作人员。

如果全域中包含了所有的人，"爱上某某"则是不具传递性的关系的例子。仅仅因为山姆爱上了帕特，而帕特爱上了罗宾，并不代表山姆爱上了罗宾。山姆可能爱上了罗宾，但也可能对罗宾没什么感觉，甚至山姆可能因为罗宾吸引了帕特的注意而憎恨罗宾。当然也可能罗宾爱上了山姆。这样的非传递性在法国存在主义哲学家萨特的戏剧《禁闭》中是非常关键的。该剧中的故事发生在一个监狱中,一个年轻女人渴望一个男人的爱,而这个男人又喜欢一个比他年长的女人,这个年长的女人却又爱上了那个年轻的女人。所以,这部喜剧中最有名的台词就是"他人即地狱"。为了说明某种关系不具传递性,只需要从全域中找到三个个体,其中第一个与第二个有关系,第二个与第三个有关系,而第一个却与第三个没关系。

正式地讲,当且仅当下述条件为真时,我们说一个偏好关系$\geqslant$满足传递性:

公理2.1 $\geqslant$的传递性

如果 $x \geqslant y$ 并且 $y \geqslant z$,那么有 $x \geqslant z$(对所有的 x、y 和 z)。

同样的意思可用好几种方法来表示,我们还可以写成:如果 $x \geqslant y \geqslant z$,则有 $x \geqslant z$(对所有的 x、y 和 z)。如果使用标准的逻辑符号,我们还能写成:$x \geqslant y\ \&\ y \geqslant z \rightarrow x \geqslant z$(对所有的 x、y 和 z)。下面的注释中列出了一些有用的逻辑符号。不管使用什么方法来表示,传递性表示的是如果你喜欢咖啡胜过茶,喜欢茶胜过根汁汽水,那么你一定喜欢咖啡胜过根汁汽水,也就是说你不能在喜欢咖啡胜过茶并且喜欢茶胜过根汁汽水时却又不是喜欢咖啡胜过根汁汽水的。

逻辑符号

这里列出了一些最常见的逻辑符号

$x\ \&\ y$	x 和 y
$x \vee y$	x 或者 y
$x \rightarrow y$	如果有 x,则有 y;只有有 y 时,才有 x
$x \leftrightarrow y$	当且仅当有 y 时有 x
$\neg p$	非 p

当且仅当下面的条件成立时,关系 R 是完备的:对于全域中任意的 x 和 y,要么 x 与 y 存在关系 R,要么 y 与 x 存在关系 R(或者两者皆有)。如果全域中包含了所有的人(过去、现在和未来),那么"至少和……一样高"就是一个具有完备性的关系。你也许不知道凯撒和布鲁图斯具体有多高,但是你肯定知道这一点:要么凯撒至少和布鲁图斯一样高,要么布鲁图斯至少和凯撒一样高,要么都成立,即二人一样高。

给定包含所有人的全域,"爱上……"则是一个不具完备性的关系的例子。任意选取两个人,比如说你的房东和美国总统,显然不一定存在其中一个必然爱上另一个的关系。你的房东也许对总统有意思,或者反过来。但是这种事情是并不一定发生的,而且通常是不会有的。要证明某种关系不具完备性,只要在全域中找出两个个体满足在任意方向上都不存在这种关系就行。

正式地讲,当且仅当满足下述条件时,一个偏好关系 $\geqslant$ 是完备的:

公理 2.2 $\geqslant$ 的完备性

要么有 $x \geqslant y$,要么有 $y \geqslant x$,或者二者都成立(对于所有的 x 和 y)。

完备性意味着你必须要么喜欢茶胜过咖啡,要么喜欢咖啡胜过茶,或者一样喜欢。虽然你的偏好方向可以不一定,但你不能在这两者之间没有偏好。使用标准的逻辑符号,我们可以写成:$x \geqslant y \vee y \geqslant x$(对于所有的 x、y);如果 $x \geqslant y$ 且 $y \geqslant x$,我们说存在一个等价关系(见第二章第四节)。

下面的练习用于强化传递性和完备性的概念。

练习 2.4

假设全域是所有人的集合(过去、现在和未来的所有人),下面的关系是否满足传递性与完备性?

(a) "是……的妈妈"。

(b) "是……的祖先"。

(c) "是……的姐姐"。

(d) "憎恶"。

(e) "比……重"。

(f) "和……的名一样"。

(g) "比……高"。

在回答上述问题时,语言模糊可能是个问题。比如"姐姐"这个词就是模糊的,答案会取决于这个词的用法。但是一旦这个词的定义确定下来,那么答案就明确了。

练习2.5

假设全域是所有自然数的集合,即 U={1, 2, 2, 4, ……},那么下面的关系满足传递性和完备性吗?

(a) "至少和……一样大"($\geqslant$)。

(b) "等于……"(=)。

(c) "严格比……大"(>)。

(d) "能被……除尽"(|)。

练习2.6 偏好和全域

利用你对传递性和完备性的理解来回答下列问题:

(a) 假设全域是{苹果,香蕉,饥饿},那么这里偏好关系满足传递性的条件是什么?

(b) 如果全域是{苹果,香蕉},这里偏好关系满足完备的条件是什么?

正如后一个练习所隐含的,偏好关系的完备性意味着其具有**反身性**,即 $x \geqslant x$(对所有的 x)。

对全域的选择决定一个关系是传递的还是非传递的,完备的还是非完备的。如果全域是 U={罗密欧,朱丽叶},关系"爱上了……"就是完备的,因为对全域中的任意两个人,总是有一个人爱上了另一个人。这里假设罗密欧和朱丽叶也同时爱上了自己,而这可能并不真实。也许更奇怪的是,这个关系还可能是传递的:只要 $x \geqslant y$ 并且 $y \geqslant z$,那么有 $x \geqslant z$。

关于弱偏好关系是理性的假设(传递的和完备的)看上去很适中,似乎没什么大不了,但它和一些定义一起构成了确定性下的选择理论的基石。这向我们展示了科学在运用时的奇妙之处:基于一些少量的假设,我们可以构建一个扩展的理论,而理论的预测结果将可以由事实证据来佐证。本章剩下的部分将详细说明弱偏好关系是理性的这个假设的含义。

第四节　无差异与严格偏好

正如前面几节讲的,(弱)偏好关系允许等价关系的存在。当两个选项等价时,我们说第一个选项和第二个选项一样好,或者说这个人对这两个选项**无差异**。当且仅当对他(她)而言,第一个选项至少和第二个选项一样好,并且第二个选项至少和第一个选项一样好时,一个人对两个选项无差异。我们用符号∼来表示无差异。

定义 2.1　无差异的定义

$x \sim y$ 当且仅当 $x \geqslant y$ 并且 $y \geqslant x$。

使用逻辑符号来表示就是:$x \sim y \Leftrightarrow x \geqslant y$ 并且 $y \geqslant x$。

假设"至少和……一样好"的关系是理性的,那么无差异关系同时满足反身性和传递性。无差异关系也是**对称的**:如果 x 和 y 一样好,那么 y 就和 x 一样好。这些结论并非只是在直觉上是正确的,我们还可以**证明**。后面注释中有对证明的进一步说明。下面的命题阐述了无差异关系的性质。

命题 2.1　无差异的性质

下面的条件均成立:

(1) $x \sim x$(对所有的 x)。

(2) $x \sim y \rightarrow y \sim x$(对所有的 x 和 y)。

(3) $x \sim y\ \&\ y \sim z \rightarrow x \sim z$(对所有的 x、y 和 z)。

证明:上述命题每个部分都需要一个单独的证明。

(1) ① $x \geqslant x$ 根据公理2.2
② $x \geqslant x$ & $x \geqslant x$ 从①可得
∴ $x \sim x$ 根据定义2.1从②可得

(2) ① $x \sim y$ 根据假设
② $x \geqslant y$ & $y \geqslant x$ 根据定义2.1从①可得
③ $y \geqslant x$ & $x \geqslant y$ 从②可得
④ $y \sim x$ 根据定义2.1从①可得
∴ $x \sim y \rightarrow y \sim x$ 从②~④可得

(3) ① $x \sim y$ & $y \sim z$ 根据假设
② $x \geqslant y$ & $y \geqslant x$ 根据定义2.1从①可得
③ $y \geqslant z$ & $z \geqslant y$ 根据定义2.1从①可得
④ $x \geqslant z$ 根据公理2.1从②和③可得
⑤ $z \geqslant x$ 根据公理2.1从②和③可得
⑥ $x \sim z$ 根据定义2.1从④和⑤可得
∴ $x \sim y$ & $y \sim z \rightarrow x \sim z$ 从①~⑥可得

这些是完整的证明。在后文中,我将大致列出证明的纲要而不是全部过程。

为了表明无差异关系并不是完整的,我们只需给出一个简单的反例。任何理性偏好关系,只要能使得一个人对于所有选项都是无差异的,就能做到这一点(如第五节图2-3所示)。

练习2.7

证明下列定理:$x \geqslant y$ & $y \sim z \rightarrow x \geqslant z$。

如果完成这一证明对你而言是有难度的,请参考第27页的提示。

当第一选项至少像第二选项一样好但反之则不然时,我们认为第一选项**优于**第二选项,或者说相对于第二选项,一个人**严格**或**强偏好**第一选项。我们用符号>来表示**严格**或**强偏好**。其正式表述为:

定义2.2 严格偏好的定义

当且仅当 $x \geqslant y$ 成立,但 $y \geqslant x$ 不成立时,$x > y$。

如果用符号来表示,那就是 $x \succ y \Leftrightarrow x \succcurlyeq y \ \& \ \neg y \succcurlyeq x$。为了更清晰地表达,有时"至少像……一样好"的关系也会被称为**弱偏好**。

如果依然假设弱偏好关系是理性的,那么就很容易在逻辑上证明这一关系有若干特定的性质,下列命题对此作了一些讨论。

命题 2.2 严格偏好的性质

下列条件成立:

(a) $x \succ y \ \& \ y \succ z \to x \succ z$(对所有的 x、y 和 z)。

(b) $x \succ y \to \neg y \succ x$(对所有的 x 和 y)。

(c) $x \succ x$ 不成立(对所有的 x)。

证明:(a) 假定 $x \succ y \ \& \ y \succ z$,为了推出 $x \succ z$,定义 2.2 告诉我们需要证明 $x \succcurlyeq z$ 成立但 $z \succcurlyeq x$ 不成立。其中前者可见练习 2.8,对于后一部分我们以**反证法**讨论:如果 $z \succcurlyeq x$ 成立,根据第一个假设和严格偏好的定义有 $x \succcurlyeq y$,然后根据第二个假设和公理 2.1,则有 $z \succcurlyeq y$。但根据第一个假设和严格偏好的定义,同时也有 $\neg z \succcurlyeq y$,矛盾,故第二个假设一定不成立,因此 $\neg z \succcurlyeq x$。

(b) 首先我们假定 $x \succ y$。根据反证法,我们先假定 $y \succ x$。给定第一个假设,定义 2.2 意味着 $x \succcurlyeq y$。给定第二个假设,定义 2.2 又意味着 $\neg x \succcurlyeq y$,矛盾。所以第二个假设一定不成立,因此有 $\neg y \succ x$。

(c) 参见练习 2.9。

命题 2.2(a) 表明严格偏好关系具有传递性,2.2(b) 表明它是**反对称**的,2.2(c) 表明它是非反身性的。

练习 2.8

利用目前为止已讨论的定义和命题,完成命题 2.2(a) 证明的第一部分。

命题 2.2(a) 和 (b) 的证明都涉及反证法中矛盾的构建。这类证明也称作**间接证明**。这种推导方式看起来可能很奇怪,但实际上在数学、自然科学和日常思考中都有着非常普遍的应用。例如,数学上如果要通过反证法证明$\sqrt{2}$是无理数,那么可以先假定它是有理数,这就意味着$\sqrt{2}$可以表示为一个分数p/q,即自然数p与自然数q的商,然后利用此假设推出矛盾。在未来的练习中,你会看到反证法是非常有用的。

练习 2.9

证明命题2.2(c)。利用反证法,首先假定存在一个x使得$x>x$,然后推导。

练习 2.10

证明下列定理:$x>y$ & $y\geqslant z \to x>z$(对所有的x、y和z)。注意这一证明包括两部分,首先证明$x\geqslant z$,其次证明$\neg z\geqslant x$。

练习 2.11

建立下列重要且直观的定理(根据记录来看,其中一些在逻辑上是等价的):

(a) 如果$x>y$,那么$x\geqslant y$。

(b) 如果$x>y$,那么$\neg y\geqslant x$。

(c) 如果$\neg x\geqslant y$,那么$y\geqslant x$。

(d) 如果$x\geqslant y$,那么$\neg y>x$。

(e) 如果$\neg x\geqslant y$,那么$y>x$。

(f) 如果$x>y$,那么$\neg x\sim y$。

(g) 如果$x\sim y$,那么$\neg x>y$。

(h) 如果$\neg x\sim y$,那么或者$x>y$,或者$y>x$。

对以上定理的证明可以依赖于已经确立的命题(参见下页的提示栏),下面的练习就是一个已有命题可对证明起帮助作用的例子。

练习 2.12

证明如果$x\sim y$且$y\sim z$,那么$\neg x>z$。

练习 2.13 负传递性

证明下面两个定理：

(a) 如果 $\neg x \geqslant y$ 且 $\neg y \geqslant z$，那么 $\neg x \geqslant z$。

(b) 如果 $\neg x > y$ 且 $\neg y > z$，那么 $\neg x > z$。

最后两个练习表明，我们在本章所研究的理论存在一些尚有疑问的含义。这两个例子都很经典。

如何证明

对一个命题的**证明**，其目标在于为该命题建立有逻辑确定性或数理确定性的真实性（参见命题 2.1 的证明）。证明是若干命题的序列，逐行罗列；其中最后一行是你打算最终确立的命题，也就是结论，行首通常有一个符号"∴"；前面一行则为结论建立真实性。其他各行都用阿拉伯数字标注，基本规则是每个命题必须在逻辑上紧随：(a) 其上一行的命题；(b) 已有理论中的一个公理；(c) 已经得到恰当介绍的定义；(d) 已被其他证明建立了真实性的另一个命题。一旦一个证明已得到结论，逻辑学家一般会写上一个"QED"，即拉丁文"quad erat demonstrandum"，意思是"证明终了"；或用小方块"□"。

有些有用的提示或经验规则是人们在构建证明时或许想要遵循的。**提示 1**：如果你想建立一个形如 $x \rightarrow y$ 的命题，你通常会始于对箭头左侧的假定，换言之，第一行一般是"1. 根据假设有 x"。然后，你的目标是推导出 y，以完成证明。如果你想建立一个形如 $x \leftrightarrow y$ 的命题，就需要对两个方向都作考察：首先证明 $x \rightarrow y$，然后再证明 $y \rightarrow x$。**提示 2**：如果你想建立一个形如 $\neg p$ 的命题，你一般需要通过反证法建立与命题相反的假设，换言之，第一行一般是"1. 根据反证法我们假定 p"。然后，你的目标是推导出一个矛盾，换言之，即证明出 $q \& \neg q$，以完成证明。

练习2.14 假期

假定你的假期有两个选项,一个是去加利福尼亚,另一个则是去佛罗里达,而且这二者对你而言毫无差异。如果我们将"去佛罗里达"的选项命名为 f,"去加利福尼亚"的选项命名为 c,所以 f∼c。现在,有人通过加入一个苹果,为你改进了"去佛罗里达"这一选项,而你又喜欢苹果,所以"去佛罗里达"的加强版选项 f^+ 改进了原本的选项 f,也即 $f^+ \succ f$。假定你是理性的,那么你会如何评价"去佛罗里达"的加强版选项 f^+ 和"去加利福尼亚"的选项 c? 请加以证明。

练习2.15 茶杯

想象这样一个场景:有1000杯茶排成一行摆在你面前,它们几乎是一样的,仅有一点不同:左起第一杯(c_1)中有一颗糖,左起第二杯(c_2)中有两颗糖,依此类推。因此,对你而言,任何相邻的两杯茶差别都不大,或者说你对 c_n 和 c_{n+1} 是无差异的(此处 $1 \leqslant n \leqslant 999$)。假定你的偏好是理性的,那么在左起第一杯($c_1$)和右起第一杯($c_{1000}$)中你更喜欢哪一个?

提示:参考你在练习2.11中的发现,可以帮助你回答这些问题。

第五节 偏 好 序

偏好关系通常被表示成**偏好序**。之所以会这样是因为理性的偏好关系允许我们将所有的选择按照顺序列出一个清单,最好的在最上面,最差的在最下面。图2-3展示了一个偏好序的例子。

天上极乐(HB)

∨

可口可乐(C)∼百事可乐(P)

∨

终极苦难(ES)

图2-3 含等价关系的偏好序

理性的偏好序是很简单的。完备性保证了每个人都只有一个清单,因为完备性要求每个选择都可以与所有其他的选择进行比较。传递性保证了清单上的顺序将构成一条线,因为传递性要求严格的偏好关系,不存在循环关系,例如,$x>y$,$y>z$,并且$z>x$。下面是两个比较有帮助的偏好循环的例子。

练习 2.16 循环的偏好

使用目前为止讨论到的定义和命题,证明一个理性的严格偏好关系不可能是循环的。我们可以假设 $x>y$ & $y>z$ & $z>x$,证明如果这个成立则会导致矛盾。

练习 2.17 循环的偏好(续)

相反,弱偏好关系可以是循环的。这就是说完全有可能存在 x、y 和 z 使得有人对它们的偏好满足 $x \geqslant y$ & $y \geqslant z$ & $z \geqslant x$。如果真是这样,那么我们对该人在 x、y 和 z 上的偏好会得出什么?请证明。

存在无差异时,偏好序会有等价关系。也许你已经注意到,图 2-3 中已经描述了有两个物品是一样好的偏好序。假设全域是{天上极乐,可口可乐,百事可乐,终极苦难},这个偏好序是完全理性的。

在经济学中,我们频繁地使用**无差异曲线**来表示偏好序,有时也称之为**无差异图**。图 2-4 给出了一个无差异曲线集合的例子。你可以将这些无差异曲线想象成地理图上的等高线。传统上我们认为某一条无差异线上某一点所表示的消费束与同一条线上任意其他点所表示的

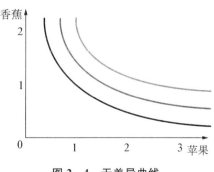

图 2-4 无差异曲线

消费束一样好。如果两个消费束在不同的无差异曲线上,那么必定有一个消费束严格比另一个消费束好。由于人们总是喜欢商品越多越好,那么右上方曲线上的消费束严格要比左下方曲线上的消费束要好。

练习 2.18　无差异曲线

请画图表示下面的无差异曲线集合。

(a) 假设对你而言一个苹果总是和两根香蕉一样好。

(b) 假设一个苹果对你而言总是和一根香蕉一样好。

(c) 假设你毫不在意没有牛奶的茶,也毫不在意没有茶的牛奶,但是一旦你有两单位的茶和一单位牛奶,你就可以为自己做一杯奶茶,你喜欢奶茶,而且越多越好。

第六节　确定性下的选择

要作一个确定性下的选择,你就面临一个菜单。**菜单**是一个选项的集合,你必须从这个集合中选出一个选项来。也就是说,这个菜单有两个性质。第一,该菜单中的选项是**互斥的**,所以在任意给定的时刻,你最多只能选择两者中的一个。第二,菜单中的物品是**详尽的**,并无遗漏,换言之,你必须至少选择其中一个。

例子 2.2　菜单

如果一家餐馆提供两种开胃前菜(汤和沙拉)以及两种主菜(鸡肉和牛肉),而且你必须选择一种开胃前菜和一种主菜,你的选择集是什么?

因为有四种可能的组合,所以你的选择集是{汤和鸡肉,汤和牛肉,沙拉和鸡肉,沙拉和牛肉}。

练习 2.19　菜单(续)

如果你能选择只吃一种开胃前菜而不吃主菜,或者只吃一种主菜而不吃开胃前菜,或者什么也不吃,那么新菜单会是什么样子?

菜单并不一定要假定是很小或有限的集合——尽管我们通常会作这样的假设。

在经济学中,菜单通常被称为**预算集**。简单地说,就是给定你预算(或你已掌握的资源)后,你能够支付得起的那部分可选集。我们假定你最多能够支付得起三个苹果(如果你不买香蕉的话),或者两个香蕉(如果你不买苹果的话)。例如,你口袋中有 6 美元,而香蕉和苹果的价格分别是 3 美元和 2 美元,那么你的预算集(或菜单)可由图 2-5 中的阴影区域表示。假定水果是无限可分的,那么菜单就是无限大的;图中区分你预算内和预算外区域的线即被称为**预算线**。

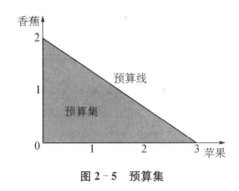

图 2-5 预算集

练习 2.20 预算集

如果你的预算是 12 美元,绘制一张图并回答以下问题。

(a) 当苹果价格为 3 美元,香蕉价格为 4 美元时,预算集是怎样的?

(b) 当苹果价格为 6 美元,香蕉价格为 2 美元时,预算集是怎样的?

(c) 当苹果价格总是为 2 美元,第一个香蕉价格为 4 美元,此后的每个香蕉均为 2 美元时,预算集是怎样的?

那么,到底什么是**理性**呢?理性或者**作理性的决策**意味着:(1)拥有一个理性的偏好序;(2)无论何时,只要你面对一个菜单,你都会选择最喜欢的选项,或者(在等价关系例子中)选择最喜好的选项之一。第二个条件可表述如下:无论何时,只要你面对一个菜单,你就会选择某一个选项,使得菜单中没有选项能够严格偏好于它。或者像这样表述:无论何时,只要你面对一个菜单,你就不会选择某一个选项,使得菜单中另一个选项能够严格偏好于它。这就是我们称某个人是理性的全部含义。如果你有图2-3中的那种偏好,而且还面对一个提供了可口可乐、百事可乐和终极苦难的菜单,理性选择是选择可口可乐或百事可乐。如果没有单一的最优选择(如本例),理论认为你应该选择若干最优选择中的一个,具体选择哪一个并不重要。

如果我们知道一个人的无差异曲线和预算集,那么就可以找出他(她)的理性选择。如果你从图2-4中将前者添加到图2-5中的后者上去,就会得到图2-6。消费者会选择消费束X,因为它是你在预算范围内最偏好的消费束。你会发现,预算集中没有别的消费束优于它。

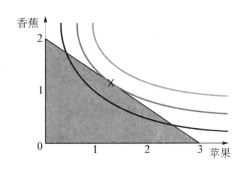

图2-6 消费者选择问题

这里有必要指出关于理性的理论没有讨论的问题:它们并不讨论人们为何偏好某些物品甚于另外一些,也不讨论人们为何要作出足以满足自己偏好的选择。这并不意味着人们喜欢苹果多过香蕉是因为如果他们获得更多的苹果而非香蕉会更幸福(尽管这是一种现实中可能会发生的实际情况),感觉更舒服,或变得更满意。在理论中,我们不讨论感觉、情绪、气氛或其他主观体验的状态;在理论所关注的范围内,你在热天喜欢冷饮甚于烤火仅仅是一个残酷的事实,而不是需要计算感觉好坏、高兴与否或值不值得。类似地,理论也不关注为何人们在菜单中选择最偏好的物品,他们在理论所关注的范围内只是单纯作出选择而已。

不仅如此,理论不说人们是自私的,即他们只关注自己;也不说他们是物质主义的,即他们只关注实物商品;也不说他们是贪婪的,即他们只关注金钱。理性的定义意味着一个理性人只关注自己,其所作的选择反映了他(她)而非别人的偏好。但这同自私并不一样,例如,理性人可以偏好因某种恰当的理由致富甚于通过欺诈他人而致富。理论本身仅仅明确指出偏好关系的某些正式属性,而不关注人们所偏好的事物。理论不关注人们关注的目标是否值得尊敬或符合道德规范:一个理性人可能喜欢地球的毁灭甚于用小拇指瘙痒。理性人可以是诡异的、邪恶的、自私的、虐待狂的或者在道德上令人厌恶的,也可以是圣洁的、鼓舞人心的、深思熟虑的、无私的或者在道德上令人尊敬的。理性人的行为可以无视强迫、习惯、感觉,或者作为一种机械强制的结果。但是,理性人的偏好不能是非传递或非完备的,他(她)们不能作出违背其偏好的选择。

第七节 效 用

效用作为现代经济学中一个核心的词使人们产生了很多困惑,所以值得我们在这里细讲一下。假设你想用数字来表示一个人对某件东西的偏好,你会怎么做呢? 有一种方法是显而易见的。我们还记得理性偏好使我们可以将这个人所有的选择项按照偏好来排序,就以图2-3中的偏好序为例,该偏好序中有三个"等级",为了用数字来表示这些偏好,我们给每个"等级"指派一个数字,使得等级越高指派的数字也越大,如图2-7所示。

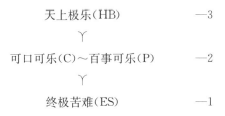

图2-7 用效用方程来表示偏好序

效用函数为选择集中的每个成员指定一个数字。这样的话,我们为天上极乐(HB)指定数字 3,这个数字就被称为 HB 的效用,用 $u(HB)$ 表示,这里 $u(HB)=3$;指定给终极苦难(ES)的数字则称为 ES 的效用,我们写成 $u(ES)$,且这里 $u(ES)=1$;如果我们用 C 表示可口可乐,用 P 表示百事可乐,则 $u(C)=u(P)=2$。因为我们将效用函数设计成满足更高的效用代表了更偏好的物品,所以我们可以说效用函数 $u(\cdot)$ **表示**偏好关系 $\succeq$。

正如例子中看到的,效用函数需要满足两个条件。首先,它必须是从选择集到实数集的函数(或者映射),这意味着每个选择项只能被指定一个数字。如果图 2-7 右边一列存在空白区域,或者每一行被指派了几个数字,我们就找不到合适的效用函数来表示。尽管效用函数需要为每个选择项指派一个数字,但正如例子中看到的,将同一个数字指派给不同的物品是可以的。其次,效用函数必须为更偏好的选择项指派更大的数字,也就是说,如果 x 至少和 y 一样好,那么指派给 x 的数字必须大于等于指派给 y 的数字。更正式地说,就是:

定义 2.3 $u(\cdot)$ 的定义

从选择集到实数集的函数 $u(\cdot)$ 是表示偏好关系 $\succeq$ 的函数,当且仅当对所有的 x 和 y 有 $x \succeq y \Leftrightarrow u(x) \geq u(y)$。

满足上述条件的函数 $u(\cdot)$ 可以说成是偏好关系 $\succeq$ 的**指标**或者**测度**。历史上,"效用"这个词已经被用来指代很多东西,包括获得、拥有或者消费某种东西的愉悦、幸福以及满意等。尽管大多数人(包括经济学教授)都情不自禁要这样说,好像效用就漂浮在你脑海中,这个用法已经过时了,其实效用什么也不是,只是偏好的指标或者测度而已。

给定一个理性偏好关系,你也许会问是否总是能找到一个效用函数来表示它。如果选择集是有限的,那么答案是肯定的。我们用**表示定理**来回答这个问题。

命题2.3 表示定理

如果选择集是有限的,那么≥是理性的偏好关系,当且仅当存在一个效用函数来表示它。

证明:略。

当选择集为无限时,那么表示偏好关系就变得很复杂。我们可以证明,当一个效用函数能表示一个偏好关系,那么这个偏好关系就是理性的。但是,即使偏好关系是理性的,也不是总能找到一个效用函数来表示它。

正如你可能猜测的,效用函数会给严格偏好的选项指定严格更大的数字,给相同偏好的选择指派相同的数字。也就是说,以下命题成立:

命题2.4 $u(\cdot)$的性质

给定效用函数$u(\cdot)$表示偏好关系≥,下面的条件成立:

(a) $x \succ y \Leftrightarrow u(x) > u(y)$
(b) $x \sim y \Leftrightarrow u(x) = u(y)$

证明:(a)首先,假设$x \succ y$,那么,$x \succeq y$,¬$y \succeq x$。再次使用定义2.3,我们可以推断出$u(x) \geqslant u(y)$,且$u(y) \geqslant u(x)$不成立。简单的数学告诉我们$u(x) > u(y)$。第二,假定$u(x) > u(y)$,这就意味着$u(x) \geqslant u(y)$,且$u(y) \geqslant u(x)$不成立。再次使用定义2.3,我们可以推断出$x \succeq y$和¬$y \succeq x$,这就意味着$x \succ y$。

(b) 参见练习2.20。

回顾(前面第27页的提示):如果你想完成形如 A⇔B 的证明,那么你的证明就需要两部分。

练习2.21 证明命题2.4(b)

对于图2-7中的效用函数,我们可以很容易确定这个命题是对的。需要特别注意的一点是,效用函数并不是唯一的。我们可以有很多种方式来取代图 2-7 中的数字序列⟨1,2,3⟩,比如序列⟨0,1,323⟩,也可以表示同样的意思,或者序列⟨−1 000,−2,0⟩以及⟨$-\pi, e, 1\,077$⟩等。所有这些都是效用函数,只要它们给更偏好的选项指派更大的数字。正如这些例子所展示的,绝对的数字大小并没有多大的关系。你仅仅知道我听贾斯汀·比伯的歌曲的效用是 2,你还是对我的偏好一无所知。但是,如果你知道我听拱廊之火(Arcade Fire)乐队的歌曲的效用是 4 的话,你就知道一些事情了,也就是说,相比于贾斯汀·比伯,我严格更偏好拱廊之火乐队。同样,我们也不应该去关心效用比,即使拱廊之火带来的效用是贾斯汀·比伯的两倍,也不代表我对拱廊之火有着对贾斯汀·比伯两倍的喜爱。同样的偏好还可以用 0 和 42 来表示,这样一来,这个比甚至无法定义了。简单地讲,对于每个给定的偏好关系,我们可以找到很多效用函数来表示它,本章中我们所讨论的效用经常被称为**序数效用**,因为它所起的全部作用不过是让你给事物排序而已。

我们怎么将效用和无差异曲线联系起来呢?一个效用函数实际上给每个无差异曲线指派了一个数字,如图 2-8 所示。这样,落在同一根曲线上的两个消费束将会有相同的效用,而它们也确实应该这样。而落在不同曲线上的消费束会有不同的效用,同样也确实应该如此。当然,更大的数字将被指派给更强烈偏好的曲线。对于一个喜欢苹果和香蕉的人而言,$u_1 < u_2 < u_3$。

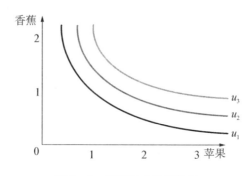

图 2-8　无差异曲线和效用

那么,怎么将效用和行为联系到一起呢?目前为止,你都是理性地从菜单中选出你最偏爱的物品(或者最偏爱的物品之一)。菜单中最偏好的物品同时也是拥有最高效用的物品,所以选择最偏好的物品就是选择具有最大效用的物品。现在,**最大化效用**就是选择具有最大效用的物品。所以,你进行理性的选择就是在最大化效用。现在我们得出一个结论:最大化效用就是理性地选择。注意,在这个意义下,你可以不通过任何计算就最大化效用,也就是说为了最大化效用你不需要解数学上的最大化问题。类似地,你不需要最大化愉悦、满意、满足、幸福或任何东西就可以最大化效用。效用(比如偏好)与任何主观状态无关。这是一个让人无止境困惑的问题。

关于证明的最后总结

本章讨论的证明乍一看似乎很吓人,其实基本原理是非常简单的。目前为止,我们只介绍了两个公理,即弱偏好关系的传递性(公理 2.1)以及弱偏好关系的完备性(公理 2.2);三个定义,即无差异的定义(定义 2.1)、严格偏好的定义(定义 2.2)和效用的定义(定义 2.3);还有两个注意点,参见第 27 页的两个提示。为了完成一个证明,你只需要知道这七个东西。

第八节 讨 论

我们首先应该注意的是能从少数相对较弱的假设中得到多少好处。目前只有两个假设:偏好是理性的以及人们为了满足偏好而进行选择。只要这两个假设成立,并且选择集不是特别大,我们就可以定义效用并且使效用最大化变成合理的想法。我们第二件应该注意的事是这个理论没有说的是什么。该理论并没有说人们是自私的、物质主义的或者贪婪的,它也不会解释人们为什么相对某个东西更偏好另一个东西,不会预先假设人们会在脑中计算一个数学上的最大化问题,最后,它也不提及有关愉悦、满意或者幸福这类东西。

尽管简略,我们的讨论还是揭示了部分经济学的本质,正如一些经济学家认为的那样。诺贝尔奖获得者加里·贝克尔(Gary Becker)用三个特征定义了研究人类行为的经济学方法:"就我看来,我们孜孜不倦并且坚定不移地使用的最大化行为、市场均衡以及稳定的偏好,这三个假设的结合构成了经济学方法的核心。"由于本书主要讨论个体行为,不对市场均衡作更多讨论。但是从已经讨论的很多东西中我们知道,当贝克尔谈论最大化行为以及偏好的稳定时,他脑中所想的东西应该是很明确的。这里,偏好是**稳定的**是指不随时间而变化。

但是这是在确定性条件下关于人类行为的合理的理论吗?为了回答这个问题,我们有必要区分描述性问题与规范性问题。第一个问题是该理论是否描述上是充分的,也就是说,人们的选择是否**确实**反映了理性的偏好排序,这也就是问人们是否最大化了效用。虽然人们的偏好似乎满足传递性和完备性,但还是有很多时候不成立。比如,人们对配偶的偏好就不大可能是完备的。第二个问题是该理论是否是规范上正确的,也就是说人们的选择是否应该反映理性的偏好排序。这也就是问人们是否应该最大化效用。尽管传递性和完备性看上去似乎是理性上必须的,但它们对理性而言既非必要的亦非充分的。

下面,我们来看看当理论遇到实际数据时会怎样。

练习2.22

观察表2-1中的每个关系和性质,如果该关系满足这个性质则打勾。

表 2-1　弱偏好、无差异以及严格偏好的性质

性质	定义	$\geqslant$	$\sim$	$>$
(a) 传递性	xRy & $yRz \to xRz$（对所有的 x、y 和 z）			
(b) 完备性	$xRy \vee yRx$（对所有的 x、y）			
(c) 反身性	xRx（对所有的 x）			
(d) 非反身性	$\neg xRx$（对所有的 x）			
(e) 对称性	$xRy \to yRx$（对所有的 x 和 y）			
(f) 非对称性	$xRy \to \neg yRx$（对所有的 x 和 y）			

练习 2.23

作为你对下述问题的答案的一部分，请指出全域是什么。

（a）给出一个满足完备性但不满足传递性的关系的例子。

（b）给出一个满足传递性但不满足完备性的关系的例子。

练习 2.24　非理性

利用你在本章中学习的理论，解释（用文字）为什么下面两个人物是非理性的。

（a）在戏剧《索菲的选择》中，主角发现自己身处纳粹集中营，必须从她的孩子中选择一个送上死亡之路。她并不是无差异的，但不能形成任何方向的弱偏好关系。

（b）一个经济学教授发现，相比于一瓶 8 美元的红酒他更偏好 10 美元一瓶的红酒，而相比于 10 美元一瓶的红酒他更偏好 12 美元一瓶的红酒，并以此类推。但是，相比于 8 美元一瓶的红酒他并不是更偏好于 200 美元一瓶的红酒。

扩展阅读

阿林汉姆（Allingham，2002）对决策理论进行了非技术性的介绍。如果读者对更技术性的内容感兴趣，可以参见马斯-柯勒等（Mas-Colell et al.，1995，第 1 章—第 2 章）。贝克尔的话引用自贝克尔（Becker，1976，p.5）。

第三章
确定性下的决策

第一节 引 言

前面的章节介绍了如何在适当的假设下构建确定性下的选择理论。虽然这些假设看上去比较弱,但我们还是可以从描述性和规范性上挑战这一理论。在本章,我们将用数据来检验该理论,我们将讨论一些行为经济学家所认为的与确定性下的选择理论不一致的决策行为现象,比如未能考虑机会成本。然后,我们将讨论当行为经济学家们发现与标准理论不一致的现象后他们是怎么做的。特别是我们将讨论一些行为经济学的基石,包括展望理论和直觉-偏见模型。

第二节 机会成本

想象一下在某个时期你发现投资房地产是一种安全且回报丰厚的投资方式,于是你将一笔数目不大的资金投资在房地产上。投资之后,市场变得不稳定了,你每天紧张地关注着价格不断地上下波动,最后你将资产卖出去并且意识到你盈利了。你自言自语道:"哇,这真是一笔非常棒的投资啊!"但是当你跟你的朋友吹嘘这笔投资时,有人认为你本来可以将这笔资金投资在股票市场上,这样可以挣到更多的钱。在某种意义上,你也知道这一点。但是你仍然觉得投资在房地产上是个不错的选择,至少你没有损失一分钱。这便是一个你行为不理性的例子,因为你忽略了考虑机会成本。

为了分析这类情形,让我们先退后一步想一想。一个人的决策问题可以用**决策树**来表示:用一个图表来表示决策者可以采取的行动。给定你只有两种行动的选择——购买股票或者购买房地产——你的决策问题可以用图3-1的决策树来表示。因为本章是关于确定性下的选择,我们假定每种选择后的结果没有不确定性(在第三部分讨论风险和不确定性下的选择时,我们将放弃这个假设)。

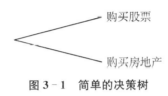

图3-1 简单的决策树

假定你倾向于购买房地产,这样做的成本是什么呢?首先有一个现金支出或者说**显性成本**:该资产的主人为了放弃资产将向你索取一笔钱。但是你的实际成本是你购买房地产时所放弃的所有东西。对于某个选择而言,你的机会成本(或者**隐性成本**)则是你选择了它而不得不放弃的东西的价值。用美元计算,假设股票在下一年将获得1 000美元,而房地产将获得900美元。这样的话,购买房地产的机会成本是1 000美元,而购买股票的机会成本是900美元。如果你决定买房地产,那么你的经济利润是-100美元(900-1 000),如果你购买股票的话,你的经济利润将是100美元(1 000-900)。如果有不止两种选择,机会成本则是最有价值的选项的价值。假设你可以在股票、房地产以及债券之间进行选择,而债券可以获得150美元收益。那么购买股票的机会成本仍然是900美元,经济利润仍然是100美元。

练习3.1 投资问题

(a)画一个决策树来表示这个决策问题。
(b)购买房地产的机会成本是多少?
(c)购买债券的机会成本是多少?

决策树明确地反映了一个基本原则,你在选择某一个选项时必须放弃另一个选项:一旦你选择沿着决策树上的一个分枝走下去,总是有另一个分枝你选择了不去走。当你在夏威夷度假时,你不可能同时在科罗拉多度假;当你用毕生的积蓄买了法拉利时,你不可能同时用毕生的积蓄购买保时捷;当你花一个小时的时间阅读社会学的书籍时,你不可能用这同样的一个小时阅读人类学书籍;你与这个人存在一夫一妻的配偶关系时,你不可能同时与另一个人存在一夫一妻的配偶关系……结果是,每个决策问题中每个可能的选择都有机会成本。

我们来看另一个例子,想象一下你正考虑去看电影。在一个平常的夜晚,你面临的决策问题就像图 3-2 所示。注意,去看电影的机会成本是你去看电影所放弃的最有价值选项的价值,也就是说,你去看电影的机会成本是你在决策树中选择其他分枝所能得到的最大的效用,也就是你用 10 美元和 2 小时时间所能做的其他最有价值的事情的效用。

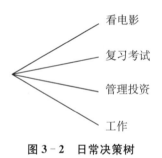

图 3-2　日常决策树

我们用 $a_1, a_2, \cdots, a_n$ 来表示你可以采取的 n 种不同的行动,用 $u(a_1), u(a_2), \cdots, u(a_n)$ 来表示这些行动的效用,用 $c(a_1), c(a_2), \cdots, c(a_n)$ 来表示这些行动的机会成本。行动 a_i 的机会成本 $c(a_i)$ 可以按照下述方式定义:

定义 3.1　机会成本

$$c(a_i) = \max\{u(a_1), u(a_2), \cdots, u(a_{i-1}), u(a_{i+1}), \cdots, u(a_n)\}$$

即行动 a_i 的机会成本等于其他行动的最大效用。

图 3-3 展示了一个四个行动的效用以及机会成本都已明确的决策树。左边的数字表示效用，括号中的数字表示机会成本。

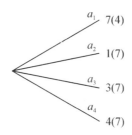

图 3-3 含效用和机会成本的决策树

练习 3.2 机会成本

如图 3-3，假设还存在第五种行动（a_5），假设它的效用是 9。

(a) 现在这个决策树应该是什么样？
(b) 现在各种选项的机会成本是什么？

机会成本、效用以及理性选择之间有着紧密的联系。当且仅当你合理地考虑了机会成本时，你是理性的（即你最大化效用）。

命题 3.1

a_i 是理性的选择 $\Leftrightarrow u(a_i) \geqslant c(a_i)$。

证明：两个方向我们都需要证明。第一步的证明如下：假设 a_i 是理性的选择，给定我们对理性的定义，这意味着 $u(a_i) \geqslant c(a_i)$，对所有的 $j \neq i$。那么，

$$u(a_i) \geqslant \max\{u(a_1), u(a_2), \cdots, u(a_{i-1}), u(a_{i+1}), \cdots, u(a_n)\}$$

但是由我们在定义 3.1 中定义机会成本的方式可以得出 $u(a_i) \geqslant c(a_i)$。反方向的证明与上述类似，无非是倒过来而已。

这个命题正式地得出了一个我们已经知道的结论，即只要有一个更有价值的选项存在，那么投资房地产就不是理性的选择，尽管投资房地产也会产生利润。注意，即便最优选择不止一个，这个条件也依然成

立,因为如果发生了这种情况,那么最优选择的效用就等于它的机会成本。

机会成本的概念具有相当大的解释力。

练习3.3　机会成本(续)

使用机会成本这个术语,解释为什么高收入人群不像穷人那样自己修理草坪、打扫房间以及保养汽车等。

但是在实践中,人们往往会忽视机会成本。以投资决策为例,很多人因其投资的价值随着时间增长而对自己的表现非常满意,而不管是否还有其他能比这项投资产生更多利润的投资。或者我们也可以考虑去看电影,当且仅当此刻没有任何其他活动可以给你带来比看电影更高的效用时,你去看电影才是理性的。但是,人们的时间往往都可以被更具价值地使用。下面就是一个例子。

例子3.1　忽视机会成本

想象你去堪萨斯看望你的父母,几次后,你得到了一张代金券,可以免费兑换去国内任何一个地方的机票。你决定去拉斯维加斯,你本来没想过要买一张去拉斯维加斯的票,但是因为现在它是免费的,你便假想你也许想过要买一张票。现在你要去堪萨斯看望你的父母了,这时你真希望自己没有花这么多钱买机票。

在这个例子中,你的做法可能就是非理性的,因为你将这个代金券用来去拉斯维加斯时并没有考虑它的机会成本。你本来可能更想把代金券用来兑换去堪萨斯看望父母的机票,但当时你没有成功地考虑这张券还可以用来做什么。尽管机票是用代金券而非现金购买的,用它去拉斯维加斯的决定仍然与客观的机会成本相关。正如例中所描述的,人们在花**意外之财**时往往容易忽略机会成本。可是花掉一美元绝不仅仅是它如何从你的口袋中消失这么简单。

我们还可以很容易想到其他一些人们忽视机会成本的情形。比如说无薪工作,即使你可以通过自己修剪草坪来节省开支,这也不意味着你这样做就是理性的:如果你的小时工资超过雇用专业的除草公司来给你修剪草坪的小时计费,而且你也并非特别渴望修剪草坪而不是在办公室待上1小时,那么理性的做法就是待在办公室里工作并且付钱让别人来为你修剪草坪。或者我们也可以考虑公共安全上的投资问题,即使招聘更多警察可以拯救生命也不意味着这样做是理性的。如果投资于其他事情上可以拯救更多的生命(比如说街灯)或者通过其他方式创造更多的价值,那么雇用更多的警察就是不理性的。总而言之,即使存在一些可证明能带来丰厚回报的项目,比如商业举措、政治改革、军事干涉或者其他任何项目,它们也不会自动成为理性的举措,因为一切都取决于机会成本是什么。

练习3.4 广告战

你最新的一项增加收入的举动就是发动广告战,结果取得了很大的成功:1 000美元的投资使得你的利润增加了5 000美元。这是否就意味着这笔广告战的投资是理性的呢?

为什么人们总是会忽略机会成本呢?首先值得注意的是,要合理地将机会成本考虑进来很难达到。这个要求并没有让你必须有意识地考虑到你所面临的所有选择,但它确实要求你永远不能选择一个机会成本超过其效用的选项,这真是一个非常苛刻的条件。想想我们应该跟谁结婚才是理性的呢?你必须对所有的备选人有满足传递性和完备性的偏好,而且你还得保证你的选择不能比其他任何选择要差。而备选集可能包含了一半的人类,尽管对我们很多人而言预算集可能是极小的。因此,我们不应该对人们有时会忽视机会成本感到奇怪。在第三章第五节中我们将讨论人们忽视机会成本的另一个可能的原因。

根据前面以及本章节中给定我们的对理性的阐述,我们知道没有合理地考虑机会成本是非理性的。当然在很多情况下,这是对的。比如,如果你没有考虑到你将免费机票用来飞往拉斯维加斯的机会成本的话,那么说你是非理性的便无可厚非。但是要把所有可能的选项都考虑进来则太严格了(比如结婚),这就是说,在这些情形下没有考虑机会成本是否是非理性的是有争议的。如果忽略机会成本也可以是理性的,那么我们现在所学的理论则在规范上是不正确的。

我们不应该夸大人们不能合理地考虑机会成本这件事。虽然上大学的机会成本可能会很大,因为它包括了所有你如果不学习而参加工作能得到的收入,人们还是会选择去上大学。难道这就代表他们是非理性的吗?当然不一定。也许不上大学的机会成本更大,因为你现在放弃的是大学文凭能带给你的终身的高收入。这样的话,去上大学就完全是理性的,尽管有庞大的机会成本。(这里的决策问题——正如投资房地产和股票市场的例子——由于涉及不同时间的选择而变得复杂,我们将在本书第四部分进一步讨论。)

问题 3.1　经济学教育的机会成本

你选择一门行为经济学课程的机会成本是什么?再考虑之后,你还觉得选这门课程是值得的吗?

机会成本这个术语还有其他的应用。正如心理学家巴里·施瓦茨所说,我们面临机会成本的事实有助于解释为什么在我们享有极大的自由时还有很多人觉得不幸福。在这个分析框架下,正是因为我们的自由给了我们太多的选择才使得我们不幸福:

> 选择越多,我们越能体会什么是机会成本。我们越能体会机会成本是什么,我们面临的众多选择越不能让我们得到满意……选择越多其实是让我们处境变得更差了。

施瓦茨将这个现象称为"选择悖论"。而这正是一个我们过度而非不够关注机会成本的例子。

第三节　沉没成本

假设你是一家大公司的研发部门经理,你必须决定是否花费 100 万美元来完成一个你明知会失败的项目。在一种情形下,你们公司已经在这个项目上投资了 900 万美元,还需要 100 万美元资金,而你需要决定是否投资这 100 万美元。在另一种情形下,你在该项目上还没有任何投资,你要决定是否投资这 100 万美元来完成项目。你会怎么做呢?你也许愿意在第一种情形下投资而在第二种情形下不愿意投资。如果这两种情形下的决策问题是一模一样的,那么这样做就是不理性的。之所以不理性是因为你的"沉没成本情结",那些钱就是打水漂了。

大多数的决策并不像我们在本章第二节中看到的决策树那么简单。有些决策问题需要分几个阶段。假设你想喝饮料,可能你第一步应该决定去哪里买,所以你得选择是去自助商店还是去大众超市,然后选择是可口可乐还是百事可乐。虽然这个决策问题有两个阶段似乎让问题变得复杂了点,决策树依然可以表示这类问题,如图 3-4 所示。

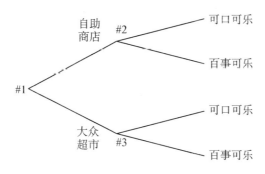

图 3-4　多阶段饮料购买问题

同样,这个理论并没有告诉你应该选择可口可乐还是百事可乐,但是它确实告诉你这个决策树某一部分的选择是如何与另一部分的选择相关联的。为了简便,我们假设你的全域包含这两种选择,并且它们对你而言并非是无差异的。如果你在点♯2上选择了可口可乐而不是百事可乐,那你也必须在点♯3上选择可口可乐;如果你在点♯2上选择了百事可乐,那么你在点♯3上也应选择百事可乐。正如我们在练习2.11(b)中看到的,如果相对于 y 你严格偏好 x,那么你不能同时相对于 x 更偏好 y。在点♯2上你面临的选择其实和点♯3一模一样。如果你对这两种饮料的偏好无差异,那么你可以理性地选择任何一种。

会不会出现在点♯2和点♯3上选择不一致呢?其实很多时候人们会这样。有的时候存在沉没成本,即我们作决定时存在的无法弥补的成本。考虑本节开头研发经理的例子,我们可以用图 3-5 来表示这个故事。在面临例中的两个问题时,很多人会在点♯2上选择投资而在♯3上选择不投资。但是在点♯2上，900万美元是沉没成本，即不可能弥补。是否值得进行这100万美元的投资不应该取决于你认为自己处于点♯2还是点♯3。不能忽略沉没成本就被称为**沉没成本情结**或者是犯了**沉没成本谬误**。沉没成本谬误有时也被称为**协和谬误**，在大家都知道超音速客机没有什么商业价值之后英国和法国政府仍在坚持投资，这可能是因为它们已经投入了大量的资金并建立了声誉。正如这些例子所阐释的，沉没成本谬误的代价是昂贵的。

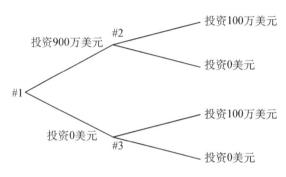

图3-5　多阶段的投资问题

例子3.2　篮球比赛

想象你花80美元买了一张大学篮球比赛门票，去看比赛的话开车需要1个小时，门票不能转售。到了比赛那天，一场暴风雪使得开车变得异常危险，你还会去看比赛吗？现在假设门票是免费给你的，你是更愿意还是更不愿意去看这个比赛呢？

很多人在他们确实掏了钱的情形下会更可能去看比赛，但其实在你决定看不看比赛时门票的钱已经是沉没成本了。你是否为门票付了钱不应该影响你看比赛的决定。

沉没成本谬误在日常生活决策中很常见。它会使人们坚持失败的投资，如果你因为害怕失去可能的利润而拒绝现在卖出一项表现不佳的资产，那么你就是在留恋原投资的沉没成本，理性的做法是如果你觉得某项资产是你目前能拿到的最好的投资，那么你就继续持有，否则就卖掉它。沉没成本谬误还会使人们维持失败的恋爱关系。某个朋友即使知道她的现任男友是个彻底的失败者也不愿意甩掉他,仅仅因为她觉得离开他意味着她人生中一些最美好的时光被浪费了,那么她就在执迷于为他付出的时间和精力的沉没成本。正如这些例子所阐释的,沉没成本情结的代价很高,不仅指金钱方面,更是指付出的时间、精力甚至受伤的情感。

练习3.5 沉没成本

请为下列两种人画出决策树,很明显,这两种人犯了沉没成本谬误。

(a) 继续持有失败的投资。

(b) 留在一个差的恋爱关系中。

注意,理性决策只取决于你现在所处的点的右侧,而决策树的其他部分,特别是你现在所处点的左侧,则与你的决定完全不相关。在这个意义下,理性选择完全是向前看的:过去发生的事只是影响了你未来的结果而已。

练习3.6 沉没成本(续)

就读于学费昂贵的文科学院的学生可以到附近的公立大学上课且不必承担额外费用,一个教授告诉他们这样做是毫无意义的,因为这等于损失了他们已经付给学院的高价费用。如果一个学生已经在文科学院付过学费,但又认为公立大学的课程更适合她,那么她应该去哪里?请加以解释。

沉没成本谬误常导致恶性循环,这有时被称为**续扩情境**。一旦一个项目——无论是一项研发工作、一段婚姻、一笔金融投资还是别的什么——开始走下坡路,沉没成本谬误会令人非理性地在项目上追加投资。一旦追加了投资,只要没有扭转局面,人们就会面临更大的、更加无法忽视的沉没成本,因此促使人们进一步追加更多的投资。沉没成本谬误和续扩行为常被用于解释为何美国在越南花费了很长的时间去进行一场必输的战争。根据这一分析,一旦战士们投入战场并开始出现伤亡,政府就会因为担心战士们"白白牺牲"而不撤军。因此,越来越多的士兵被投入战场,越来越多的士兵阵亡,撤退也变得越来越困难。有趣的是,早在1965年,乔治·波尔(时任副国务卿)就概括了这个现象。在给约翰逊总统的一份备忘录中,他写道:

> 你现在所面临的决定是至关重要的。一旦将大量的美国军队投入到直接战场,那些还未准备好在一个即便不是完全敌对也至少是不合作的环境中作战的士兵们就会开始大量伤亡。一旦我们遭受了重大伤亡,我们就开始了一个没有回旋余地的过程。哪怕不是因为国耻,我们在追求目标的路上也将越陷越深,停不下来。即使我们已经付出了极大的成本,我想我们更有可能得到的是耻辱而不是胜利。

有些战争是正义的,而有些不是,但是永远不是简单地通过计算已经花费了多少金钱或者牺牲了多少生命来辩解。如果战争是正义的,那必定是因为其他的原因。我们得出一个重要的教训:在你决定着手一个有风险的项目之前,你也许应该问问自己能否做到在意识到它走下坡路时停手。如果做不到,那么你一开始就不应该着手这个项目。

懂得我们倾向于留恋沉没成本是有用的。本节前面所讲的那个女孩挽留自己失败的男友就是执迷于沉没成本。有时,你可以利用沉没成本谬误来销售产品。大卖场总是离人们住的地方比较远,其中一个原因就是卖场经理希望购物者将他们远途开车购物的沉没成本想成是一笔如果购物不够多则会损失的投资。更令人振奋的是,你可以通过教会人们理性选择理论来挣钱。

例子3.3 如何销售轮胎

下面的故事是由考瑞讲述,她之前是行为经济学的一名学生:

> 我与别人合作经营本地的一家轮胎及汽车服务零售店。一天,一个顾客来到店里,带着他从网上轮胎零售商那里购买的一组轮胎来安装。在开始安装前,他问我有没有其他的选择。我告诉他我店里备有一款全新的轮胎,无论是从抓地能力、使用里程还是从其他方面看都更好。我礼貌地问他是否要购买我的产品,我可

以替他把其他的退回去。他的回应是:"不了,没事的,我已经有这些轮胎了,我最好还是继续用它们。"我同他讲了许多关于退货过程如何简单、容易以及新轮胎如何耐用、如何就长期而言会给他省钱等的话,但他的回应始终还是"我已经买了这些轮胎;我最好还是继续用它们"。最后,我指出他是在留恋沉没成本。

所以,他自然就问我那是什么意思。我解释了这个概念,他对从一个他原本以为不过是"卖轮胎的家伙"这里学来的这偶然一课非常着迷。说到最后,我非常幽默地说:"如果你决定坚持使用你原本购买的轮胎,那你就违反了理性决策理论。"

然后,他目光沉重地看了我一眼,说道:"你知道吗?我从你这里学到了很多,我想我将买你的轮胎,把其他的退回去。非常感谢你的帮助。"接着他在我这里购买并安装了轮胎,而我也收取了很少的费用。我心想:"哇,我在一天内就学完了行为经济学,而且它已经在给我带来收入了!"

懂得我们倾向于留恋沉没成本还可以帮助我们抵制别人的操纵行为。如果你是那个失败者的女朋友,你可以告诉自己跟他在一起的那些时间不是你继续跟他在一起的理由;如果你是大卖场的消费者,你可以提醒自己你开了很远的路并不是你去买一些根本不需要的东西的理由。

值得注意的是,有些情形表面看起来像是沉没成本谬误,但其实不是。比如图3-5中的决策问题,要让你犯沉没成本谬误,必须要求你在点♯2和点♯3上所面临的选择是一模一样的。如果不一样,你可以理性地选择任何选项的组合。比方说,如果你在点♯2不投资,老板会给你降职,而在点♯3,你不投资他不会降你的职,那么显然你理性的做法是在点♯2投资而在点♯3不投资,即使投资会给公司造成巨大损失。类似地,如果取消一项错误的军事冒险会带来不好的结果——可能是因为难以承受的国耻,如显得军队脆弱、政府懦弱,或者下届选举会失败等等——那么总统可以理性地选择继续战争。(注意,我们这里关注的是理性,而非道德。)不管怎样,我们都不应该指责人们犯了沉没成本谬误,如果他们的行为能被标准的理论更好地解释的话。

问题3.2 复仇

当人们受到伤害后,他们总是想复仇。假设复仇是有成本的,那么,复仇难道不是在留恋他们已经承受的伤害的沉没成本吗?或者,难道有什么条件使得复仇是理性的吗?

第四节 菜单依赖和诱饵效应

不妨花一点时间看一下表3-1所展示的订阅服务,看看你会选什么。你可能注意到了,这三个选项有点奇怪,在可以用相同的价格同时获得在线阅读和打印的情况下,怎么可能会有人选择打印服务呢?如果没有人会选择第二种服务,那为什么把它列出来供消费者选择呢?其实,经济学人网给消费者全部列出这三种选项是有很好的理由的。当研究者给MBA学员只展示了选项1和选项3时,68%的学生会选择选项1,只有32%的学生会选择选项3;而当研究者将这三种选项都提供给学生时,当然没有人选择选项2,但是只剩下16%的学生选择选项1,而84%的学生选择选项3。因此,我们似乎可以看到,加进去一个人们肯定不会选择的选项会对人们对其他选项的偏好产生影响。

表3-1 经济学人网的订阅服务

	Economist.com 的订阅服务	价格(美元)
选择1	在线版	59
选择2	印刷版	125
选择3	在线版+印刷版	125

根据第二章第六节的内容,理性选择取决于你的预算约束,也就是你的菜单。当你的菜单扩大后,你有更多的选择,那么,可能会有一个选择让你觉得比从之前较小的菜单中的选择更好。但是,前面章节中所介绍的理论确实会对你的菜单变大后发生的变化产生约束。假定你去一家汉堡店,营业员告诉你,你可以从火腿汉堡和芝士汉堡中选一个,假设你更偏好火腿汉堡,你就告诉营业员了。现在,营业员又更正

说菜单上还有蜗牛,你当然可以继续坚持选择火腿汉堡,如果在你的偏好序中火腿汉堡比蜗牛排得更靠前(如图 3-6 中的 A 列和 B 列所示),但你也可以转向选择蜗牛,如果蜗牛比火腿汉堡排得靠前的话(如图 3-6 中 C 列所示)。但是如果你说:"噢,我知道了,那我选择芝士汉堡吧!"这就很奇怪了。为什么呢?因为没有任何理性的偏好序能支持你这样改变主意。要么你更偏好芝士汉堡,那么从一开始你就应该选择芝士汉堡;要么你没有更偏好芝士汉堡,这样的话,不管蜗牛在不在菜单上你都不应该选择它。目前,我们这一系列的讨论都是假设在严格偏好的情形下,如果你对它们的偏好是无差异的,那么你可以随便选。

A	B	C
火腿汉堡	火腿汉堡	蜗牛
∨	∨	∨
芝士汉堡	蜗牛	火腿汉堡
∨	∨	∨
蜗牛	芝士汉堡	芝士汉堡

图 3-6 对食物的偏好

正式地讲,该理论隐含了一个条件,即**扩展条件**。

命题 3.2 扩展条件

如果你从菜单 $\{x, y\}$ 中选择了 x,假设你在 x 与 y 之间不是无差异的,那么你不应该从菜单 $\{x, y, z\}$ 中选择 y。

证明:当 y 可被选择时,你选择了 x,给定你在这两者之间不是无差异的,那么相对于 y,你一定严格偏好 x。对你而言,如果给定的 x 与 y 不是无差异的,而当你可以选择 x 时你选择了 y,那么相对于 x 你一定严格偏好 y。但我们从命题 2.2(b) 中可以知道,严格偏好关系是非对称的,所以上述情况是不可能的。

简而言之,命题 3.2 告诉你引进一个更差的商品不会改变你的选择。从扩展后的菜单中选择 y 代表你在两次抉择中改变了偏好。我们的理论不允许你因为菜单变了或者其他任何原因而改变你的偏好。从

第二章第八节中我们知道,该理论假设你的偏好是稳定的,不会随时间的变化而变化。我们通过研究无差异曲线和预算集的性质也可以看出扩展条件是有道理的。如果在给定一组无差异曲线和预算线的情况下,某个选择是最优的,那么这个事实不应该因为在预算集中加入一个明显更差的选择而改变。也就是说,在图 2-6 的阴影部分加入另一个选择不应该让 X 点变得不是最优的了。

然而,有证据表明,当菜单扩展后,人们的偏好是会变化的。我们将这个现象称为**菜单依赖**。假设你在销售一种商品,我们称之为**目标商品**,问题是另外一家公司在销售一款相似的商品,我们称之为**竞争商品**。两种商品消费者都能买得起,即两种商品都在其预算线上。现在,消费者更偏好竞争商品,所以消费者面临的决策问题就如图 3-7(a) 所示。对这两种商品的理解还可以与之前一样,类似于包含很多单位香蕉和很多单位苹果的消费束,我们也可以将其理解为在两个维度上不同的商品,比如在速度和安全性上不同的汽车。不管按哪种方式理解,该图中的消费者都会选择竞争商品。

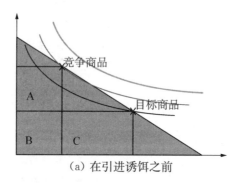

(a) 在引进诱饵之前

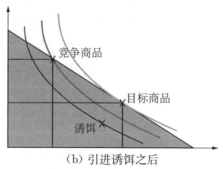

(b) 引进诱饵之后

图 3-7 诱饵效应

然而，事实上，你可以通过引入一种各方面都比目标商品更差的商品来操纵消费者的选择。当一个商品 x 在任何可能的方面都比商品 y 更好时，我们说商品 x **占优于**商品 y。在图 3-7(a) 中，目标商品占优于区域 B 和 C 中的任何一种商品，而竞争商品则占优于区域 A 和 B 中的任何一种商品。给定一个菜单和一种商品 x，当商品 x 占优于 y 而菜单中其他任何商品都不占优于 y 时，我们称商品 y 被商品 x **不对称占优**。现在我们假定，菜单包含了第三种物品，它被目标商品不对称占优，即我们所谓的**诱饵**。这就是说，诱饵位于图 3-7(a) 的区域 C 中。尽管事实上没有多少消费者会购买这样一种商品（因为它与目标商品相比在任何方面都更差），但它的引入可以改变消费者的选择。有证据表明，引入诱饵可以改变人们的无差异曲线，图 3-7(b) 展示了这一点。

注意，图中的无差异曲线以竞争商品为中心，向诱饵的方向进行了顺时针旋转。结果，现在目标商品就处在一条高于竞争商品的无差异曲线上。因此，尽管理性消费者不想购买诱饵，但诱饵的引入会改变人们的无差异曲线，进而改变其消费决策。这是因为，对消费者而言，被占优选项的存在使得占优于它的选项变得更具吸引力了，所以诱饵效应有时也被称为**吸引力效应**。但值得注意的是，这样的移动违反了扩展条件（命题 3.2），因而是不理性的。

练习 3.7 诱饵效应

根据图 3-8 回答下列问题：

(a) 如果由你来负责标的物的市场营销，你会将诱饵放在哪个区域？

(b) 假定诱饵的投放产生了预期的效果，图中展示的是无差异曲线在引入诱饵之前的情况，还是引入之后的情况？

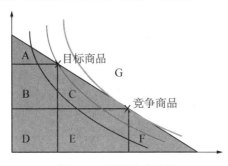

图 3-8 诱饵效应练习

练习3.8 房地产销售

假定你是一位房地产中介人员,正在向潜在顾客展示两套房产,其中一个房型较佳但离客户的工作单位较远,另外一个离客户的工作单位较近但房型一般。

(a) 如果你希望消费者购买前者,你应该再展示一套怎样的房产?

(b) 如果你希望消费者购买后者,你应该再展示一套怎样的房产?

我们设计下面的例子来向读者展示行为经济学的用处。大家知道,权力越大,责任越大。

练习3.9 陪衬

为了使你在约会中胜利的希望更大,你决定找个人来当你的陪衬。

(a) 通常情况下,你该如何选择你的陪衬?

(b) 假设满分是10分,你的吸引力和才智都能得到9分,而你有两个竞争对手:一个吸引力是10分而才智是8分,另一个吸引力是8分而才智为10分。那么,你希望你的陪衬的吸引力和才智落在什么区间内呢?

(c) 如果有人邀请你做他或她的陪衬,以上的分析告诉你他或她对你的吸引力还有才智的评价是多少呢?

这些如何能帮助我们解释表3-1中的订阅服务呢?每个选项都可以表示成包含三种不同商品的商品束:在线阅读、印刷版订阅以及低价。因此,选项1就可以表示成⟨1, 0, 1⟩,因为它包含了在线阅读,不包括印刷版订阅,但是可以享受低价。选项2可以表示成⟨0, 1, 0⟩,而选项3可以表示成⟨1, 1, 0⟩。通过用这种方式表示选项,很明显看出,选项2被选项3弱占优。如果本节所讲的分析是正确的,引入(较差的)选项2可以使得消费者选择选项3,而这正是经济学人网想看到的。

怎么解释诱饵效应才好?也许消费者希望找到一个理由来支撑他们从众多选项中选出一个,或者拒绝某个选项,这会让他们对自己的决定感觉好一些。引入诱饵可能就会给消费者一个理由来拒绝竞争对手而选择标的物,因为现在标的物无论在哪个维度都不是排在最后的。

现在看来寻找一个支持行动的理由——**基于理由的选择**——也许是导致我们非理性行为的原因。这是很有趣的,因为为行动寻找理由本身通常被认为是理性的标志。

不管怎样,诱饵效应可以解释很多销售实践,包括为什么消费者的可选集总是在增大(参见第三章第二节的选择悖论),而且诱饵效应与任何想要销售商品的人息息相关。有了诱饵效应,加入一个你明知不会有人购买的商品便是合理的,基于这个理由,你不应该仅仅通过某个产品的销量来评估它对利润的贡献度。

注意,还有很多情形看上去像菜单依赖但其实不是。假设你走进一家处于镇上你不熟悉的地段的餐馆,菜单中有鱼和小牛肉,其他就没了,你选择了鱼。假如服务员又返回来告诉你菜单中还有可卡因,此刻你完全有可能在不违背理性选择理论的情况下什么也不想吃了,为什么呢?当服务员返回来时,他不仅仅扩大了你的菜单,还告诉了你一些关于这家餐馆的事,还有就是于是你不想吃这家店的任何东西。注意这种情况甚至都不能算是确定性下的选择。诱饵现象是不同的:你不是因为知道了菜单中还有诱饵而知道了标的物的一些事。

第五节 损失厌恶和禀赋效应

根据我们在前面章节中介绍的理论,偏好与你的禀赋不相关,禀赋是指在你作决定时你已经拥有的东西。考虑你对咖啡杯的偏好(图 3-9),显然这个理论没有告知你对杯子的评价是多少,但是它能告诉你在杯子与其他东西之间你该如何排序。假设你希望钱越多越好,0 美元和 1 美元你更偏好 1 美元,1 美元和 2 美元你更偏好 2 美元,以此类推。由于完备性,你是理性的,那么必定能找到 p 美元(不一定要是整数)使得你在 p 美元与杯子之间无差异。如果 $p=1$ 美元,那么你的偏好序可以用图 3-10 表示。如果你有这个杯子,有人问你愿意多少钱卖掉这个杯子,你的答案会是:"不低于 1 美元。"这就是说,你愿意接受的最低价格等于 1 美元。如果你没有这个杯子,有人问你愿意支付多少来买一个杯子,你可能会说:"不超过 1 美元。"也就是说,你愿意支付的最高价格也等于1美元。你在杯子和1美元之间的偏好不取决于你是否已经有了这个杯子,你愿意接受的最低价格等于你愿意支付的最高价格。但是正如图3-11所示,你对第二个杯子的偏好将取决于你是否已经有了一个杯子。

图3-9 咖啡杯的价值(科迪·泰勒作)

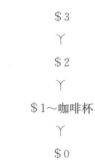

图3-10 带杯子的偏好序

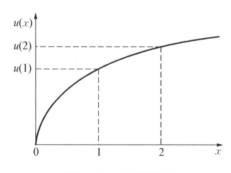

图3-11 杯子的效用

你的偏好和禀赋不相关可由效用函数来反映。假设你对杯子的效用函数如图 3-11 所示,当你从 0 移向 1 个杯子(沿 X 轴向右),你的效用由 $u(0)=0$ 变成 $u(1)$。类似地,当你从 1 个杯子移向 0 时(沿 X 轴向左),你的效用从 $u(1)$ 降低到 0。由于从没有杯子到一个杯子增加的效用等于从有一个杯子到没有杯子减少的效用,第一个杯子的效用不取决于你的禀赋,即你有没有拥有这个杯子。我们可以从数学上表示这个问题,假设 $u(x) = 3\sqrt{x}$,那么 $u(1) = 3$ 且 $u(0) = 0$。这样的话,你得到第一个杯子的效用(3)就等于你放弃这个杯子损失的效用(3)。其次,第二个杯子只能给你的效用增加很小的一部分:$u(2) - u(1) = 3\sqrt{2} - 3\sqrt{1} \approx 1.24$。

但是人们的行为一般不会遵循这种模式。通常,如果人们已经有了一个杯子,要放弃这个杯子,他们索要的价格要远远比没有杯子时让他们买一个他们愿意支付的价格高。在康奈尔大学的一项关于咖啡杯的研究中,拥有者出售杯子所要的价格中位数为 5.25 美元,而购买者愿意购买的价格中位数在 2.25 美元到 2.75 美元之间。这个现象被称为**禀赋效应**,因为人们的偏好似乎取决于他们的禀赋,或者他们已经拥有的东西。由于人们评估不同选择的方式受参照点的影响(在这个案例中为他们现在的禀赋),我们有时也将这种现象称为**参照点现象**。

禀赋效应和参照点现象都是**框架效应**的例子,当人们的偏好取决于他们面临的选择是如何设计的,我们就说出现了框架效应。现实中有很多类型的框架效应,2007 年,美联社报道称爱尔兰人大卫·克拉克在限速 100 km/h(62 mph)的公路上行驶速度达到 180 km/h(112 mph)时被抓到,他可能会因此被吊销驾照,但是法官减轻了惩罚,理由是当你用 km/h 来描述速度时显得很过分,但是如果转化为英里每小时,则看上去没那么严重了。看来,法官的判断取决于克拉克的速度是按千米每小时还是按英里每小时描述的。类似地,人们拿着外币去别的国家旅行时,就有可能经历**货币幻觉**。尽管你知道 1 英镑约等于1.5美元,可是你总会觉得花 2 英镑买杯饮料在感觉上要比花 3 美元来买饮料更好。

禀赋效应和其他的参照点现象通常被认为是**损失厌恶**的结果：当面临相同量的损失和收益时，人们对损失的厌恶程度总是比对收益的喜爱程度要深。损失厌恶反映在人们失去东西时的沮丧程度要比得到这个东西时的喜悦程度深。比如，你可以想象一下，如果你丢了一张10美元的钞票你会多伤心，再与如果你又找到了一张10美元钞票时你的高兴程度比较一下。用框架的术语讲，我们称你对10美元钞票的评价取决于它是在潜在损失（第一种情形）的框架下还是处于潜在收入（第二种情形）的框架下，并且损失重于收益。

例子3.4 WTA 与 WTP

存在损失厌恶时，你愿意接受的最低价格（WTA）一般不等于你愿意支付的最高价格（WTP）。要得到你的 WTA，只要让你想象一下你已经拥有某件商品，然后问你如果要放弃这件商品你愿意接受多少钱，也就是说，现在这件商品在损失的框架下被评估。同样，要得到你的 WTP，只需要问你愿意为某件你没有的商品支付多少钱去购买，即这件商品在收益的框架下被评估。损失一致重于收益，我们预计你的 WTA 会高于你的 WTP。

正如例子所示，损失厌恶对成本收益分析（我们在第六章第三节将学到）也有一定启示。通过得出人们的 WTA 和 WTP 来评价商品的价值是很常见的，尤其是在公共品领域获得人们的 WTA 和 WTP 就更常见了，比如自然保护或者其他一些不在公开市场交易的商品。正如在本节前面所讲到的，标准理论需要 WTA 和 WTP 差不多相同。而损失厌恶意味着人们对已经拥有的东西的评价比没有它时的评价高，也即我们应该认为他们的 WTA 高于 WTP。

行为经济学家通过**价值函数** $v(\cdot)$ 来表示损失厌恶，价值函数代表了人们怎样评价变化。价值函数是行为经济学发展出的最有名的理论之一——**展望理论**的核心部分，下面我们也将不断接触到展望理论（如第七章第二节和第六节）。价值函数有两个重要的特征，首先，它不像效用函数那样定义在总禀赋上，而是定义在禀赋的变化

上;其次,价值函数在参照点(这里是指现有禀赋)处有个折点,使得在原点左侧曲线更陡峭,如图3-12中典型的价值函数形式。注意,在这个图中,原点到$v(-1)$点的垂直距离比原点到$v(+1)$点的垂直距离要长,用数学语言表示就是$|v(-1)|>|v(+1)|$,这表示损失重于收益,即人们对损失的厌恶比对相同量的收益的喜欢要多。

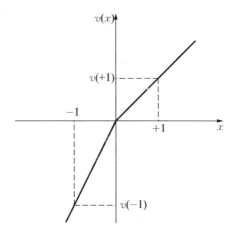

图3-12 价值函数

图3-12中的价值函数可以解释人们为什么经常会拒绝一个期望值为0的赌博。我们可以很简单地用画图(我们将在第六章第五节中学到这种技术)来证明一个有一半概率获得x而一半概率失去x的赌博的价值永远不会超过±0的价值。损失厌恶的另一种含义是,如果你得到一个东西马上又失去了它,尽管你发现你只不过回到了原点,你还是会觉得自己变差了,而这以传统经济学视角来看是很不合理的。假如你的父母承诺你以优异的成绩毕业的话就给你买辆车,可是当你做到后却发现他们其实撒谎了,图3-13展示了你将如何看待这个变化。只需看一看图就能明显看出获得一辆车的价值$v(+1)$比失去一辆车的绝对价值$|v(-1)|$要小。也就是说净效应是负的:当你发现你的父母耍了你一把,让你认为有可能得到一辆车之后,会比他们没做这件事更差,即使你都处于拥有0辆车的状态。

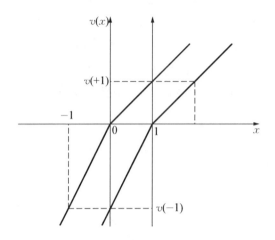

图 3-13 价值函数和汽车问题

我们可以通过定义一个价值函数 $v(\cdot)$——满足损失的一边比收益的一边更陡峭,来正式地分析损失厌恶问题。举个例子,我们可以按照下述方式定义一个价值函数:

$$v(x) = \begin{cases} x/2, \text{对于收益}(x \geqslant 0) \\ 2x, \text{对于损失}(x < 0) \end{cases}$$

在这个设定下可以很容易得到如图 3-12 的图像。下面的例子和练习阐释了价值函数如何被用于实践中。

例子 3.5 股票市场

艾丽西亚和比奈斯拥有同一家公司的股票。当他们购买这只股票时,股票的价值为 10 美元,后来增至 17 美元,但是后来又跌至 12 美元。艾丽西亚和比奈斯都是损失厌恶的并且拥有相同的价值函数:在收益时为 $v(x) = x/2$,损失时为 $v(x) = 2x$。

(a) 艾丽西亚的参照点是购买价 10 美元,如果你问她当价格从 17 美元跌至 12 美元时她的价值损失了多少,她会说什么?

(b) 比奈斯的参照点是最高价 17 美元,那么相同的问题你认为她会怎么回答呢?

(c) 当价格下跌时,她们两人谁会更失望?

答案：(a) 艾丽西亚认为价值的损失是获得 7 美元与获得 2 美元价值的差额，也就是 $v(+2)-v(+7)=-2.5$。

(b) 比奈斯认为价值的损失为损失 0 美元的价值与损失 5 美元的价值之差，也即 $v(0)-v(-5)=-10$。

(c) 比奈斯更失望。

关键在于艾丽西亚将这种变化看作失去的收益，而比奈斯将这种变化看作是绝对的损失。已知损失重于收益，显然比奈斯会比艾丽西亚更痛苦。

练习 3.10 减税

假设埃里克斯和鲍勃是损失厌恶的，他们的价值函数是：收益时为 $v(x)=x/2$，损失时为 $v(x)=2x$。由于大选即将来临，政客 R 承诺会减税，这一政策相当于让每个居民每天口袋里多出 2 美元。政客 D 反对减税，但最终 D 赢得大选。埃里克斯和鲍勃谁也没能获得每天 2 美元的减税。

(a) 埃里克斯相信 D 会赢得大选，因此从没将这 2 美元划入自己的财富禀赋中。他将这 2 美元看作失去的收益，那么他认为 D 的获胜给他的价值带来了多少损失呢？

(b) 鲍勃认为 R 肯定能赢得大选，因此已经考虑将这 2 美元纳入自己的财富禀赋中了。他将这 2 美元看作实际的损失，那么他认为 D 的获胜使他损失了多少价值呢？

(c) 他们两人中谁将更失望？

练习 3.11 汽车问题

参考图 3-13，当你获得一辆车，并且将它划入你的财富禀赋中，然后又失去了这辆车，你经历的总的价值变化是多少？假设你是损失厌恶的，价值函数是：收益时为 $v(x)=x/2$，损失时为 $v(x)=2x$。

损失厌恶还可以解释一系列其他的现象，比如，它可以解释为什么很多公司都采用 30 天无条件退货政策。这个政策可以说服一个原本不会购买这个商品并带回家试用的消费者购买此商品，尽管可能会在其他方面产生成本。一旦带回了家，消费者就会将这个商品纳入他的财富禀赋中，这时损失厌恶就开始发挥作用了，也就是说消费者现在不愿意退回这个商品了。损失厌恶也可以解释为什么信用卡公司允许商家给顾客提供"现金奖励"，而不允许商家征收"信用卡附加费"。因为相比于承受附加费的损失，消费者总是更愿意放弃现金奖励，所以在前一种情形下他们更愿意使用信用卡。损失厌恶还可以帮助解释为什么政客们总是争论是否取消减税意味着增加税收。因为相比于忍受损失（增税），选民们总是更容易接受失去的收益（取消减税），所以支持高税收的政客总是谈论取消减税，而反对高税收的政客总是谈论增税。损失厌恶也可以解释为什么很多商谈会陷入僵局，即使存在一个可能对双方都有利的协议。假设双方在协商分饼，而各自都觉得自己应该获得三分之二的饼。任何一个对外人看来很公平的分配（比如各自分一半）对他们双方来说都觉得是一种损失，于是很难达成协议。损失厌恶还可以解释为什么在经济走下坡路时房地产的销售量会下降，卖房的人总觉得按照低于当初的购买价出售房子是一种损失，于是干脆不卖了。这种行为使得人们不能将小房产换成大房产，而这才是经济不景气时理性的做法。

损失厌恶还为本书前面讲到的一些现象给出了解释，包括人们总是不能合理地考虑机会成本。如果人们将掏腰包看作损失，而将机会成本看作失去的收益，那么损失厌恶使得掏腰包比机会成本更重要。损失厌恶还可以解释为什么人们倾向于留恋沉没成本，因为沉没成本总是被看成损失，而损失厌恶使得人们更看重沉没成本，于是便驱使人们留恋沉没成本。

在微观经济学中，损失厌恶还有其他更广泛的含义。由于标准理论假设偏好和禀赋不相关，这意味着无差异曲线和禀赋不相关。所以，如果你的无差异曲线如图 3-14(a)所示的话，它们确实与你是否正好拥有消费束 x 或者 y 不相关。这样的无差异曲线是**可逆的**，因为它将你对 x 和 y 的偏好（其实是无差异的）视为与禀赋无关。

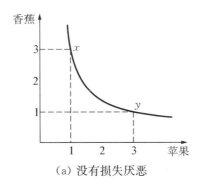

（a）没有损失厌恶

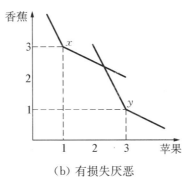

（b）有损失厌恶

图 3-14 无差异曲线与损失厌恶

相反，损失厌恶使得你的无差异曲线与你现有的禀赋有关，假设你的价值函数是收益时为 $v(x)=x$，损失时为 $v(x)=2x$，并且对苹果和香蕉的价值函数都是这个。如果从消费束 $y=\langle 3,1 \rangle$ 开始，你损失了一个苹果，然后要求用两个香蕉来弥补损失，那么无差异曲线将会穿过点 $\langle 2,3 \rangle$。如果你从 y 点开始损失了一个香蕉，那么你需要两个苹果来弥补损失，所以这根无差异曲线还会穿过 $\langle 5,0 \rangle$。如果你从点 $x=\langle 1,3 \rangle$ 开始，你会得到类似的结果。因此，如果你是损失厌恶的，你的无差异曲线则应如图 3-14（b）所示。注意，这里有两根无差异曲线，一根初始禀赋为 y，一根初始禀赋为 x。

练习 3.12 价值函数

假设你是损失厌恶的，你的价值函数是：收益时为 $v(x)=x$，损失时为 $v(x)=3x$。

(a) 参考图 3-12，请画图表示该价值函数。

(b) 参考图 3-14(b)，假设你的初始禀赋为⟨3，4⟩，请画出无差异曲线。

与你的无差异曲线中的折点相关的特征是：如果你一开始在 x 点，用 y 来跟你交换，你将会拒绝；同时，如果你一开始处于 y，用 x 来交换 y，你也会拒绝。这个现象有时被称为**现状偏好**，因为在任何情况下你倾向于偏好已有的状态。在康奈尔大学的咖啡杯实验中，当允许参与者们对杯子进行金钱交易时，22 个杯子中平均只有 2 个得到了转手，如果没有现状偏好，期望的数字应该是接近 11 个。

练习 3.13 医疗服务

在欧洲，医疗服务普遍由政府提供，然后由税收支付医疗费用，即政府向个人征税，然后用这些税向公民提供医疗服务。在美国，医疗服务则普遍由私人购买，即个人缴纳的税相对更少，同时用他们自己的钱购买医疗服务（如果他们这样选择的话）。

(a) 用现状偏好概念为下面的悖论提供一个详细的解释：多数美国人认为他们的医保系统比欧洲式的更好，而多数欧洲人认为他们的医保系统比美国式的更好。

(b) 画一张展示了一个典型的美国人和一个典型的欧洲人的无差异曲线图来阐述你的答案。

(c) 想象一下，如果美国的医保系统突然转为欧洲式的，我们应当如何预期美国人对他们医保系统的感受？在野党有多容易将医保系统转变回去？

现状偏好可以解释为何许多人反对人类基因增强技术。我们当中许多人不愿意放弃自然、原生的"未增强"的状态以换取智商（IQ）的增加。但如果我们是受益人，很难想象我们会接受智商的减少以保持自然、原生的"未增强"的状态。同样，现状偏好也解释了为何许多人在贸易不自由的情况下反对自由贸易，贸易自由后反而又支持自由贸易。

许多人一边犹豫是否要支持与还未建立自由贸易关系的国家签订自由贸易协定，一边又会反对撤销已有的（如与邻国之间的）自由贸易协定。在所有这些例子中，人们不会为可能获得一种他们还未获得的利益所动，但会强烈反对失去他们已得到的利益。

到目前为止，我们的假设是，参照点由一个人在当下的禀赋决定。但事实并非总是如此。一个人的参照点可以决定于其愿望和期待以及其他的东西，这解释了为何加薪5%时，一个预期被加薪10%的人会觉得自己被骗了，而一个未预期被加薪的人却会很高兴。

练习3.14 奖金

画图表示为何一个人在加薪5%时，如果她此前预期被加薪10%，就会觉得自己被骗了；而如果她此前未预期被加薪，就会很高兴。

练习3.15 考试分数

假定艾丽莎和比利对于考试分数的价值函数如下：得分时为$v(x) = x/2$，失分时为$v(x) = 2x$。他们都将预期的考试分数作为他们的参照点。

(a) 艾丽莎期望在即将到来的期中考试中得到75分（百分制），但她考得比期望好。如果她最终的成绩是93分，那么她如何以价值的形式评价她的所得？

(b) 比利期望在即将到来的期中考试中得到75分（百分制），但他考得比期望差。如果他最终的成绩是68分，那么他如何以价值的形式评价他的损失？

(c) 到目前为止，我们都用预期的考试分数作为参照点，从价值理论的角度讲，应当如何最大化你生命中的价值？你在考试中应当表现得很好还是很差？你应该预期自己考得很好还是很差？

关于预期的重要影响，一个突出例子是美国职业棒球运动员巴里·邦德(Barry Bonds)：当匹兹堡海盗队外场手巴里·邦德的工资从1990年的85万美元提高到1991年的230万美元而非他自己所要求的325万美元时，他愤怒地说："巴里·邦德做什么都无法让匹兹堡满意。为此，我一直很难过。"

一个人的参照点同样可以决定于其他人的成就或禀赋。这些**社会**

比较可以解释这样一种现象：一个人对其工资是否满意，某种程度上也依赖于其邻居、朋友和亲属的工资。在这方面，工资有点像速度——110 km/h(70 mph)的速度是快还是慢？如果高速公路上其他人车速都是 80 km/h(50 mph)，那么 110 km/h 就让人感觉很快；但如果其他人的车速都是 128 km/h，那么 110 km/h 就让人感觉很慢。因此，你关于自己开车速度的感觉不仅仅取决于你的绝对速度，也取决于你的相对速度。类似地，你对于自己赚了多少钱的感觉不仅仅依赖于你的绝对收入，也取决于你的相对收入。

练习 3.16　工资比较

到目前为止，你都用其他人的工资作为一个参照点，从价值理论的角度讲，应当如何最大化你生命中的价值？

例子 3.6　工资比较(续)

在一座大学图书馆中，有一本非常受欢迎的书用铁链锁在服务台上，它列出了这所大学所有雇员的工资——我们估计没有人会用这本书去查自己的工资，这个信息在自己每月的工资条上就有。这本书非常受欢迎十有八九是因为人们喜欢用它去查同事的工资。

正如最后一个例子中所看到的，我们不能否认人们喜欢在社会中相互比较。社会性比较可以解释为什么铜牌获得者经常会比银牌获得者更高兴，如果铜牌获得者将自己与没有拿到奖牌的选手进行对比，那么铜牌也代表着成就，但是如果银牌获得者将自己与金牌得主比较，那么银牌意味着被打败。

损失厌恶要与边际效用递减区分开，如果人们在没有杯子时愿意为杯子支付的价格低于他们有杯子时愿意接受的交换价格，这可能反映了边际效用递减。回到图 3-11，我们发现从第二只杯子上得到的效用(即第二只杯子的边际效用)远远低于从第一只杯子上获得的效用。千万不能用损失厌恶解释一个可以用边际效用递减更好地解释的行为。

第六节 锚定与调整

假如你安排人们做下面两个实验,如果研究参与者声称他不知道问题的答案,那么你就让他们随便猜一个。

例子 3.7 非洲与联合国

转动一下命运之轮得到 0~100 之间的任意一个数字,然后请你的参与者回答下面两个问题:

(a) 联合国中非洲国家的百分比比这个数字大还是小?
(b) 联合国中非洲国家的真实占比是多少?

你也许不希望(b)的答案会反映命运之轮所产生出来的随机数字,但是证据表明,你会发现这两者之间有相关性。在一次实验中,如果开始摇出来的是 10,那么(b)答案的中间值是 25;如果开始摇出来的是 65,那么中间值就是 45。

例子 3.8 乘法

给大家 5 秒钟的时间来计算下面的乘法运算:

(a) 计算:$1\times2\times3\times4\times5\times6\times7\times8=?$
(b) 计算:$8\times7\times6\times5\times4\times3\times2\times1=?$

我们知道这两个计算问题在数学上是相同的,你会认为不管人们被问到哪一个,应该多少得到一样的答案。但是,一组高中生被问到(a)问题时,答案的中间数是 512;当被问到第二题时,答案的中间数是 2 250。(正确答案是 40 320)

这些现象通常用**锚定**与**调整**来解释,这是在判断中可出现的一种认知过程。顾名思义,锚定与调整是个两阶段的过程:首先,你选择一个初始估计,叫作**锚**,然后你再上下调整这个初始估计值(直到你认为合适)来得到你的最终答案。当你判断一个挂着 15 000 美元的标价牌的二手车价值多少时,你可能首先会问自己它是否值 15 000 美元,然后在此基础上调整你的估计。如果你认为 15 000 美元太多了,你就往下调整,反之亦然。

根据对人类判断与决策制定的一个著名的解释——**直觉与偏见模型**——我们在作判断时并不是真正依靠计算概率与效用,而是凭感觉或者直觉,直觉是一种形成判断时使用的经验法则。直觉是有用的,因为它可以减少解决日常问题时花费的时间和精力,在很大范围内得到接近正确的答案。但是它们并不是完美的,在有些情形下可以预见到它们会失败。因为持续使用直觉会造成系统且可预见的错误答案,我们说可能会导致偏见。因此,人们通常遵循直觉经济学决策,这一假说能够解释为什么我们能经常迅速地作出准确的判断而有时却又错了。

锚定与调整是使用直觉与偏见模型可以识别出来的一种直觉。与所有类型的直觉一样,锚定与调整是有用的,但在一定条件下也可能会导致偏见。有证据表明,调整经常是不充分的。这意味着最后的判断在一定程度上会是锚的函数,而锚本身可能就是随意的。如果这个锚和真实答案相距甚远,锚定和不充分的调整可能会产生极不准确的答案。

思考例子 3.6。关于人们对联合国中非洲国家的比例的答案,可以解释为他们将随机数字选作为锚,然后上下调整,直到他们认为合适了。如果随机数是 65,他们从 65 开始,然后(假设这个数字对他们来说实在太大了)向下调整。如果数字换成 10,然后(假设他们认为太低了)向上调整。只要调整不充分,我们就可以预期随机数是 65 时最后的估计数会高于随机数是 10 时的估计数。

再看例子 3.7。迫于时间压力,学生会先在时间允许的范围内计算得出一个概数,然后向上调整以弥补没来得及计算的步骤。只要调整是不充分的,你的预计答案就会比较低。再者,由于在进行初步的计算后(a)的答案会比(b)的答案低,你可以预计前者最终的估计数会低于后者的最终估计数。可以看到,事实确实如此。

练习 3.17 国际象棋的发明

据传,皇帝问象棋的发明者想要什么奖励。发明者说:"棋盘上第一格放一粒米,第二个格子放两粒米,第三个格子放四粒米,以此类推,放满所有的格子。"国王愉快地答应了。棋盘上一共有 64 个格子,所以对于第 64 个格子,发明者要的米粒数为 2^{64-1}(约等于 10^{19},即 10 000 000 000 000 000 000)粒米,远远超出了国王的预期,并且国王根本无法满足这个要求。使用锚定与调整解释为什么国王会如此低估了这个数字。

目前为止,我们已经讨论了锚定与调整会影响信念,但是还有证据表明它会影响偏好。在一项研究中,实验者向 MBA 学员展示了各种产品,并且问他们:首先,是否愿意按照他们社保号的最后两位为价格购买产品;其次,说出自己的最高支付意愿。位于最低的五分之一那部分人(即社保号末两位数分布中最低的 20% 部分)平均愿意支付 8.64 美元购买无线追踪球,而位于最高的五分之一那部分人(即社保号末两位数分布中最高的 20% 部分)平均愿意支付 26.18 美元来购买。位于最低的五分之一那部分人平均愿意支付 11.73 美元购买一瓶高档红酒,而位于最高的五分之一那部分人平均愿意支付 37.55 美元来购买。所以,位于最高的五分之一那部分的人愿意支付的价格有时是位于最低的五分之一那部分的人愿意支付的价格的三倍以上。假定参与者使用社保号的最后两位数作为锚,这些结果可以很容易地用锚定与(不充分的)调整来解释。

在第五节一开始的讨论中,可以清楚看到为什么这种行为是不理性的。可以说,这种行为模式违背了**过程不变性**,即固定的偏好不应该随引出它的不同的方法而发生改变。

锚定与调整可以解释很多现象。比方说可以解释为什么类似下列吸引消费者的句子经常听到:"原先卖 50 美元,现在只要 24.99 美元!""只要 399 美元,就可以买到价值 500 美元的东西!"或者"建议零售价 14.99 美元,现在只要 9.99 美元。"产品销售方希望潜在顾客会将前面的价格作为锚来形成对该产品价值的判断。卖方可能意识到如果直接要价 24.99 美元,消费者可能不愿意支付,因此他们希望消费者将 50 美元作为锚,然后进行不充分的向下调整,最后得到一个高于 24.99 美元的最高支付意愿。也就是说,卖方希望消费者将更大的数字作为锚。

锚定与调整还可以解释为什么房地产经纪人会报出一个比他们预期能收到的价格还要高的价格：他们希望通过报出一个更高的价格来影响潜在消费者愿意支付的价格。

重要的一点是，千万别过分夸大人们对锚定与调整相关的偏见的敏感度。也许人们会考虑建议零售价（或者类似的东西）仅仅是因为他们将高的建议零售价视为高质量的信号，这样，他们的行为根本就不是因为锚定与调整而导致的，甚至已经不是在不确定下作决策了。从另一方面说，这种观点没法解释轮盘赌和社保号码是如何影响行为的，假设没人会将这些号码视为质量的信号的话。

不管怎样，直觉与偏见模型都具有很大的影响力，下面我们将继续讨论（如第五章的第二节和第六节）。锚定与调整具有很大的解释力，所以我们会不断地用到锚定与调整（如练习 4.17）。

第七节 讨 论

本章回顾了许多不同的现象，这些现象看来指出了我们在第二章中学到的理论问题。这些现象多数挑战了理性选择理论在描述上的充分性。因此，行为经济学家考虑了人们忽视机会成本但留恋沉没成本，显示出菜单依赖，相对于收益更看重损失，而且允许带有随意性的锚来过度影响他们的行为，这与人们实际是按照理性选择理论行动的观点并不一致。尽管还算不上普遍，但这种偏离看起来是实质性的、系统性的和可预测的。一些例子表明，这些现象实在是代价高昂——不仅仅指时间、精力和金钱意义上的代价，还包括人类生命的代价。在这类现象中，某些我们已经研究过的可以被解释为对理论的规范性进行充分的挑战。以机会成本为例，我们可以看到，该理论是极端苛刻的。有人认为，这使得该理论不适于作为一个规范性理论。

显然，本章并未试图假装已经列出关于这类异于标准的确定性选择理论的现象的一个完整清单。例如，诱饵效应不是菜单依赖的唯一形式。另一种已获得大量关注（尤其是在关于市场的文献中）的效应是**折中效应**：人们倾向于在菜单中选择一个代表折中的替代选项或中间选项。一些卖者为了吸引消费者购买昂贵的商品而非便宜的商品,会试图通过介绍一个超级贵的商品来实现;实际上这种超级贵的商品可能并不出售,只是使得昂贵商品变成一个有吸引力的、介乎于超级贵商品和便宜商品之间的折中选项。这些现象有时也被称为**场景效应**,因为人们的决策看起来常受决策场景所影响。

我们还回顾了一些行为经济学家提出的、针对无法被标准经济学所刻画的现象的理论的基本要素。因此,我们研究了展望理论的价值函数,这是从行为经济学中发展出的最著名的理论之一。我们还涉及了直觉的概念,这是极富影响力的直觉与偏见模型中的基本要素。我们在后文中将反复回到展望理论与直觉与偏见模型中。研究这些理论有助于你更好地了解行为经济学家除了寻找标准理论的错误之外还做些什么。

在这一过程中,我们涉及了许多种方法,在这些方法中,行为经济学的知识允许你影响别人的行为。通过沉没成本的吸引引入不对称占优选项,从而改变选项的展示框架,或引入具有随意性的锚,你可以影响其他人对许多选项的评价。因为标准经济学模型将消费者的可行选项视为可排序的关于价格以及产品各项特征的 n 维向量,省去了营销商、药师、公共卫生官员等感兴趣的许多变量。通过引入框架和参照点,行为经济学提供了更广泛的工具用以影响人们的行为(出于或好或坏的目的)。但行为经济学的知识也可以帮助你抗拒其他人试图操纵你行为的努力。了解沉没成本、劣选项、框架和直觉会如何影响你的行为,你可能会更少地被别人的小伎俩所设计。

在后面的章节中,我们将在研究风险和不确定性下的判断的标准理论后回到这些主题。

练习 3.18 AEA

在美国经济学会 2005 年年会上,200 名专业经济学家曾被问及下面的问题。通过查阅答案,你可以将自己的表现与他们相比较:

你赢得了一张去看吉他大师埃里克·克拉普顿(Eric Clapton)音乐会的免费门票(没有转售的价值)。歌手鲍勃·迪伦(Bob Dylan)将在同一天晚上演出,这是你次优的选择。去看迪伦的票价为 40 美元。在任意给定的某天,你将愿意支付最多 50 美元去看迪伦。假定观看任何一场演出都没有其他成本。基于这些信息,去看克拉普顿的机会成本是多少? (a)0;(b)10 美元;(c)40 美元;(d)50 美元。

练习 3.19　汉弗莱先生

以下引自 2009 年题为"重开法院大楼引发紧张"的新闻故事。围绕是在县府拥有的一幢建筑中还是在县府租借的一幢建筑中重开一个卫星法院大楼,汉弗莱犯了怎样的错误?

县府拥有一座中心大楼,并租借了加登大厦和代尔大厦。委员鲍比·汉弗莱相信开放县府所租借的一幢大楼是有经济价值的。"我认为在我们保持其他建筑空闲时关闭一幢已经租借的建筑是没有意义的,我们既不租借也不欠钱。"汉弗莱说道。

练习 3.20　梨子公司

梨子电脑公司正在引入一条新的平板电脑生产线。大型版拥有巨大的存储能力但价格昂贵,小型版存储能力有限但价格便宜。

(a) 市场调研认为一个典型的消费者对这两种型号无差异。画出一张图,其 x 轴是存储能力,y 轴是可负担性。使用实线表示一个典型消费者对小型版和大型版的无差异曲线。

(b) 梨子公司希望操纵消费者购买更昂贵的平板电脑。他们决定使用一个名为"达德"的产品为诱饵来实现这一目的。请在图中用一个 X 标注达德的位置。

(c) 使用虚线画出在达德引入并产生预期效果后一个典型消费者的无差异曲线。

练习 3.21

将每段短文与以下现象中的一个相匹配:锚定与调整、折中效应、未考虑机会成本、损失厌恶和沉没成本谬误。如果有疑问,选择最合适的选项。

(a) 亚当直到抵达电影院才意识到自己遗失了晚饭前刚花 10 美元购买的电影票。影院职员告诉他还有余票。"我不会再买另一张票。"他告诉他们,"这部电影可能值 10 块钱,但我绝对不会为它花费 20 元。"他整晚都对自己很生气。

(b) 布鲁斯准备买辆新车,并且短期内不打算换。汽车经销商有两辆新车待售,除了颜色其他都一样,一辆是红色,一辆是金属蓝色。红色的车原价 15 995 美元,金属蓝的车原价 16 495 美元,两辆车都打折到 14 995 美元。布鲁斯对于蓝色的车没有什么特别的偏好,并且担心蓝色涂料会不会降低自己的男子气概。但是考虑到这两辆车的原价,似乎蓝色的车值得更高的价格,买蓝色的车显得更划算。他告诉经销商他想买蓝色那辆车,尽管他心中在暗暗担心朋友们会怎么看他。

(c) 本地一家有机杂货店店主决定鼓励消费者尽量少使用塑料购物袋。他认为,如果对塑料购物袋进行收费,消费者会不乐意,毕竟人们希望塑料购物袋是免费的。因此,他逐渐提高了商品的价格,大概平均每个消费者提升 25 美分,并且给自带购物袋的消费者 25 美分的折扣。实施该政策后消费者对此项举措没有什么意见。

(d) 哲学系在招聘一名新教授。有两个候选人,A 博士研究美学,E 博士研究伦理学。大家都认为 E 博士是最具成就的哲学家,而 P 教授则认为应该雇用 A 博士,因为该系曾经有一位很有才华的美学教授。

(e) 埃丽卡是一个薪水很高的神经外科医生,工作量很大。每隔两个星期的周五下午,她都会早早下班回家锄草。她并不喜欢锄草,但是她不愿意支付锄草工人 75 美元来代替她。

(f) 弗兰克正在考虑为他的第一个孩子购买婴儿车,他在普通型号 SE 和更高端的型号 CE 之间犹豫不决,突然他发现还有第三种型号可选,即特级型号 XS。于是他买了 CE 型号的。

问题 3.3

根据你自身的经历,编一些类似练习 3.22 中的故事来阐述你在本章学到的各种观点。

扩展阅读

关于选择会增加痛苦的观点参见施瓦尔茨(Schwarz,2004,pp. 122-123)。阿克斯和布鲁默(Arkes and Blumer,1985)中有对沉没成本的经典分析,另外还可参见黑斯蒂和道斯(Hastie and Dawes,2010,pp. 34-42);斯托和罗丝(Staw and Ross,1989)分析了续扩行为,关于乔治·波尔也引自此文(p. 216)。胡贝尔等(Huber et al.,1982)以及阿瑞里(Ariely,2008)讨论了诱饵效应,订阅服务的例子来源于后者(pp. 1-6)。关于基于理由的选择的经典文献来自沙菲尔等(Shafir et al.,1993)。卡内曼等(Kahneman et al.,1991)大量回顾了损失厌恶、禀赋效应以及现状偏好;超速的爱尔兰人的故事摘自美联社(2007),贝瑞·邦兹则引自迈尔斯(Myers,1992,p. 57)。特沃斯基和卡内曼(Tverskey and Kahneman,1974)有对锚定与调整的经典讨论,第六节前面的例子和数据也来自此文;后续的实验参见阿瑞里等(Ariely,et al.,2003)。对专业的经济学家的研究参见弗兰克(Frank,2005),伯明翰的 WBRC 电视台在 2009 年引用了汉弗莱的故事。

第二部分
风险和不确定性下的判断

第四章 概率判断

第一节 引 言

虽然第一部分讨论的选择理论在很大范围内是有用的,但现实生活的决策大部分都不是在确定性下进行的。当你决定是否要开办公司、购买股票、向你生命中的爱人求婚、进行一个疗程治疗等时,在你作决定时你并不确切知道每个可行行动后的结果是什么。在这种情形下,为了分析人们做了什么或者应该做什么,我们需要另一种理论。我们将在第二部分讨论判断理论:人们如何形成并改变信念;在第三部分,我们将回到关于决策制定的讨论。

在本章,我们讨论概率论,尽管不是所有人都认同,但这一理论被广泛认为是正确的规范性概率判断理论,即它正确地描述了我们该如何作出概率判断。概率论被广泛用于统计学、工程学、金融、公共卫生以及其他领域,它还可以用作一种关于人们如何作出判断的描述性理论,也可以作为关于人们如何制定决策的部分理论。

类似确定性下的理性选择理论,概率论是公理化的。所以从学习一系列公理开始,我们将这些公理称为"法则",你必须将它们视为给定的。在很多时候这并不困难:一旦你理解了它们,你就会感觉这些法则从直觉上看是合理的。当然,我们也会使用一系列定义。有了这些,其他的一切就可应运而生了。所以,下面我们将花很多时间用公理和定义的方式来证明许多越来越有趣也越发有力的原理。

第二节 概率论基础

下面是概率判断中的两个经典例子。

例子4.1 琼斯夫人的孩子

你正在拜访你的邻居琼斯夫人,她告诉你她有两个孩子,正在他们的房间内玩耍。假设人们在生孩子时生女孩和生男孩的概率是一样的(母亲第一次生男生女不会影响她第二次生男生女的概率),现在琼斯夫人告诉你至少有一个孩子是女孩,那么另一个孩子也是女孩的概率是多少?

例子4.2 琳达的问题

琳达已经31岁了,依旧单身,但是坦诚、阳光。她是哲学专业的学生,非常关注歧视问题和社会公正,并且积极反对核武器。

(a) 琳达是银行柜员的概率是多少?
(b) 琳达是银行柜员和女权主义者的概率是多少?

一旦我们掌握了严谨地解决这些问题所需要的工具,我们就能给出这些问题的答案了。现在只需注意,我们的理论之所以是有趣的,其中一个原因就是:我们可以预见到人们直觉上的概率判断以及随之而来的决定通常是错的。

在我们开始之前,为了能更清楚地讨论现在的主题,我们有必要先讨论一个概念性的东西。比如,我们来说一些肯定会发生的事情。你掷一枚硬币,要么是正面,要么是反面;你扔一个六面的骰子,可以得到1~6之间任意的数字。

定义4.1 "结果空间"的定义

结果空间是所有可能的结果的集合。

我们遵循传统来表示结果空间,即使用大括号和逗号。为了表示掷硬币的结果空间,我们写成{正面,反面}或者{H,T}。我们用{1,2,3,4,5,6}来表示扔骰子的结果空间。

通常,我们会说实际发生了什么和可能会发生什么。其实你是在说实际的结果,比如"硬币抛出来是正面",或者"我扔的骰子可能是2"。

定义 4.2 "结果"的定义

结果是结果空间的子集。

我们用相同的方法表示结果。比如,扔一次骰子得出的结果可以用{1}表示得到1,{6}表示得到6,{1,2,3}表示小于等于3的数,{2,4,6}表示得到偶数。有一个例外,如果结果只有一个数字,我们也可以省略大括号,比如直接写6而不需要写{6}。注意,在所有情况下,结果都是结果空间的子集。

定义 4.3 "概率"的定义

概率函数是为每个结果指派一个数字的函数 $Pr(\cdot)$。结果 A 的**概率**是通过概率函数 $Pr(\cdot)$ 将 $Pr(A)$ 指派给结果 A。

因此,扔骰子时扔出偶数的概率可以表示为 $Pr(\{2,4,6\})$,扔出6的概率是 $Pr(6)$。掷硬币时出现正面的概率则是 $Pr(\{H\})$ 或者表示为 $Pr(H)$。当然,某个结果的概率在某种意义上表示了该结果发生的机会。有时人们说几率而不是概率,几率和概率显然是相关的,但并不完全一样。参见第 90 页的提示框对几率的详细讨论。

下面的命题介绍了概率函数的性质。它们被称为概率的**法则**或者**公理**。

公理 4.1 概率的范围

任意结果 A 的概率是 $0\sim1$ 之间的数字,即 $0 \leqslant Pr(A) \leqslant 1$。

也就是说,概率必须不小于0且不超过1,等价地,概率必须不小于0%且不超过100%。你也许不知道你新成立的网络公司在第一年的存活率是多少,但你一定知道这个概率不会低于0%也不会超过100%。

一般而言,计算概率是很困难的。工程师以及公共卫生部门的官员花费了大量时间试图来确定核病变以及全球性流行病等的发生概率。在有一种情况下计算概率是很简单的,即每个结果发生的可能性相同,或者说是**等概率**的。

公理 4.2 等概率法则

如果存在 n 个发生概率相同的结果 $\{A_1, A_2, \cdots, A_n\}$,那么,每个结果 A_i 发生的概率为 $1/n$,即 $\Pr(A_i) = 1/n$。

假设我们需要计算掷骰子时出现 4 的概率,由于所有的结果是等概率出现的(我们说这个骰子是匀称的,以下所见的骰子、硬币等除特殊说明外都是匀称的),并且一共有 6 个结果,所以得到 4 的概率是 1/6。类似地,掷硬币时得到正面的概率是 1/2,即 $\Pr(H) = 1/2$。

练习 4.1

假设你从两副倒着放的扑克牌中各抽取一张,那么你从两副牌中抽出一样的牌的概率是多少?

你可以通过计算从两副牌中各抽取一张牌的所有的 52^2(即 2 704)种结果来进行分析,但是最简单的思考办法是想想第二张牌与第一张牌相同的概率是多少。

现在我们已经有解决例子 4.1 的较完善的工具了。首先我们要确定有两个小孩的结果空间是什么,我们用 G 表示女孩,用 B 表示男孩,用 BG 表示年龄大的是男孩,小的是女孩,那么结果空间就是 {GG, GB, BG, BB}。一旦你知道至少有一个孩子是女孩,那么你就知道不可能两个都是男孩,也就是 BB 不会出现。因此,结果空间就缩小为 {GG, GB, BG},其中只有一个结果 {GG} 满足另一个也是女孩,由于这三种结果出现的概率相等,你可以运用等概率法则来找出另一个孩子是女孩的概率,即 $\Pr(GG) = 1/3$。

练习 4.2 琼斯夫人的孩子

现在琼斯夫人没告诉你至少一个孩子是女孩,而是告诉你年龄大的是女孩,现在问你另一个是女孩的概率是多少?

练习 4.3 彼得先生的孩子

你的另一个邻居彼得先生有三个小孩,现在刚刚搬到这个社区来,你不知道这些孩子的性别。假设每次生小孩时生男生女的概率一样,当然,也不会有其他情况出现。

(a) 相关的结果空间是什么?

(b) 如果你现在知道至少一个孩子是女孩,那么新的结果空间是什么?

(c) 如果你知道至少一个孩子是女孩,那么彼得有三个女孩的概率是多少?

(d) 如果你知道至少有两个是女孩,新的结果空间是什么?

(e) 如果你知道至少有两个是女孩,那么彼得有三个女孩的概率是多少?

练习 4.4 三张卡片的骗局

你的朋友比尔向你展示他的一副新牌,这副牌只有三张,第一张两面都是白色,第二张两面都是红色,第三张一面是白色而另一面是红色。现在比尔将牌洗好,期间不时地将牌翻一翻,或者他将牌放进一个帽子中然后使劲摇一摇。现在,他将牌叠放在桌子上,你只能看到最上面。

(a) 结果空间是什么?如果最上面的牌朝上一面是白色,下面是红色,记作"W/R",以此类推。

(b) 洗牌后,牌的最上面是白色的,那么现在的结果空间是什么?

(c) 如果最上面的牌是白色,那么最上面的牌反面是红色的概率为多少?

最后一个练习被称为"三张牌的骗局",因为它可以唆使人们主动输钱。如果你赌 10 美元说另一面是白色,你会发现很多人会接受这个赌局。这是因为他们错误地相信概率是 50%,你可能会输。但是因为你已经得到了于你有利的概率,就平均而言,你会盈利。称这个游戏为"骗局"也许不是很恰当,因为并不存在欺骗。也许在你生活的地方这个游戏是非法的,所以你就当没从我这儿听过这个。

练习 4.5 四张卡片的骗局

你另一个朋友布尔有另一副牌,一共四张,一张两面均为白色,一张两面均为黑色,一张两面均为红色,一张一面为白色而另一面为红色。假如你认真地洗了牌,中间不时地将牌上下翻动。

(a) 结果空间是什么?如果最上面的牌朝上一面是白色,另一面是红色,则写成"W/R",以此类推。

(b) 假设洗牌之后,最上面的牌朝上一面是黑色,那么新的结果空间是什么?

(c) 给定最上面是黑色,那么另一边也是黑色的概率是多少?

(d) 假设洗牌之后最上面是红色的,新的结果空间是什么?

(e) 给定最上面是红色,那么这张牌的另一面是白色的概率是多少?

我们再用一个练习来结束这部分内容。

练习 4.6 蒙提霍尔问题

在一个游戏节目中,主持人给你三个门的选择,所有门都关着。一扇门后有辆汽车,而其他后面是山羊。游戏这样进行:你先指向一扇门,主持人知道每扇门后是什么,但他会尽力不让你得到那辆车,这时他会打开另一扇后面是山羊的门,这时你可以选择打开剩下的任意一扇门,也可以坚持原先指的门。如果你不准备更改,那么找到那辆车的概率是多少?

第三节 无条件概率

我们的理论应该允许我们用已知的概率计算未知的概率,本节我们学习四个法则。

公理 4.3 加法法则

如果两个结果 A 或者 B 是互斥的(参见下面),那么 A 或者 B 的概率等于 A 的概率加上 B 的概率,也就是说 $\Pr(A \vee B) = \Pr(A) + \Pr(B)$。

如果你想计算扔一枚六面骰子时出现 1 或者 2 的概率,加法法则告诉你答案是:$\Pr(1 \vee 2) = \Pr(1) + \Pr(2) = 1/6 + 1/6 = 1/3$。或者你想知道掷硬币时出现正面或者反面的概率,同样的法则告诉你:$\Pr(H \vee T) = \Pr(H) + \Pr(T) = 1/2 + 1/2 = 1$。

注意到该法则要求两个结果是**互斥**的,这是什么意思呢?当且仅当至多只有其中一个结果会出现时,两个结果 A 和 B 是互斥的。在之前的两个例子中,这个条件是成立的。掷硬币时,H 和 T 是互斥的,因为每次你掷硬币时至多会出现一种结果。没有硬币在落下时既正面朝上又反面朝上。类似地,你扔骰子时 1 和 2 的结果是互斥的,因为至多会出现其中一个结果。注意,后面的两个结果是互斥的,即使它们一个也不会出现。

练习 4.7 互斥性

哪对结果是互斥的?答案可能不止一个。

(a) 今天是你生日;你有一场考试。
(b) 下雨了;夜幕降临。
(c) 你所有的课程都得的是 B;你的绩点是 4.0。
(d) 你的新电脑是 Mac;你的新电脑是 PC。
(e) 你是一个很优秀的学生;你毕业后找到了一份好工作。

练习 4.8

从一副已洗好的普通扑克牌中随便抽一张牌,抽到 A 的概率是多少? 如果你想运用加法法则,别忘了检查相关的结果应该是互斥的。我们用一个例子来说明检查两个结果是互斥的重要性。扔骰子时扔出严格小于 6 但严格大于 1 的数字的概率是多少? 显然,你一定总是会得到严格大于 1 并严格小于 6 的数字,所以概率应该是 100%。如果你将严格大于 1 的数字的概率与严格小于 6 的数字的概率相加,你会得到比 1 大的概率,这违背了公理 4.1。因此,加法法则要求结果是互斥的是有道理的。

前面段落中的问题的答案可直接从下面的法则中获得:

公理 4.4 必然事件法则

整个结果空间的概率是 1。

因此,根据必然事件法则:$\Pr\{1,2,3,4,5,6\} = 1$。我们也可以通过加法法则来计算,因为 $\Pr\{1,2,3,4,5,6\} = \Pr(1 \text{ 或 } 2 \text{ 或 } 3 \text{ 或 } 4 \text{ 或 } 5 \text{ 或 } 6) = \Pr(1) + \Pr(2) + \Pr(3) + \Pr(4) + \Pr(5) + \Pr(6) = 1/6 * 6 = 1$。在这里,加法法则(公理 4.3)适用是因为 6 个独立的结果之间是互斥的,等概率法则(公理 4.2)适用是因为所有的结果是等概率的。必然事件法则告诉我们目前还不知道的事是整个结果空间的概率始终等于 1,而不管所有的结果是否是等概率的。下面的法则也很简单。

公理 4.5 对立事件法则

某个结果 A 不会出现的概率等于 1 减去它出现的概率。即 $\Pr(\neg A) = 1 - \Pr(A)$。

举个例子,假设你想知道扔骰子不会扔出 6 的概率是多少。根据对立事件法则,这个概率为:$\Pr(\neg 6) = 1 - \Pr(6) = 1 - 1/6 = 5/6$。给定结果是互斥的,我们也可以用"或者"法则来计算。(怎么计算呢?)一般而言,你检查一下当你用不同的方法计算时是否得出一样的结果,这是件好事;如果没能得到,可能你的计算有问题。

公理 4.6　乘法法则

如果两个结果 A 和 B 是独立的(见下文),那么 A 和 B 的概率等于 A 的概率乘以 B 的概率,即 $\Pr(A\&B)=\Pr(A)*\Pr(B)$。

假设你掷了两次硬币,那么得到两个正面的概率是多少? 如果第一次得到正面,记为 H_1,以此类推,根据乘法法则,$\Pr(H_1\&H_2) = \Pr(H_1)*\Pr(H_2) = 1/2*1/2 = 1/4$。你也可以通过观察结果空间 $\{H_1H_2, H_1T_2, T_1H_2, T_1T_2\}$ 并运用等概率法则来解出答案。类似地,扔两次骰子得到两个 6 的概率是:$\Pr(6_1\&6_2) = \Pr(6_1)*\Pr(6_2) = 1/6*1/6 = 1/36$。

练习 4.9

你认为是同一个骰子扔两次得到两个 6 的概率高还是同时扔两个骰子得到两个 6 的概率高?

注意,乘法法则要求两个结果相互**独立**,这是什么意思呢? 两个结果 A 和 B 之间相互独立,当且仅当一个结果的出现不影响另一个结果出现的概率。当掷两次硬币时这个条件就满足。H_1 和 H_2 是独立的,因为硬币没有记忆:第一次硬币落下来是哪面朝上不会影响第二次投掷时哪面朝上。

练习 4.10　独立性

哪对结果是独立的? 可能不止一个答案是正确的。

(a) 你睡得很晚;你上课迟到了。

(b) 你是个很出色的学生;你毕业后得到了一份好工作。

(c) 你写的感谢信很好;你被回请了。

(d) 你第一遍掷一枚银币时得到正面朝上;你第二遍掷一枚银币时反面朝上。

(e) 通用电气的股票上涨了;通用汽车的股票上涨了。

练习4.11 情场得意

有句话说得好:"赌场得意,情场失意。"这是说赌场得意和情场得意两者独立还是不独立的呢?

我们下面用一个例子来说明检查两个结果是否独立的重要性。扔骰子时同时得到2和3的概率是多少?答案不是 $1/6 * 1/6 = 1/36$,而是0。因为两个结果并不是独立的,所以你不能使用乘法法则。这个例子还告诉你,如果两个结果是互斥的,那么一定不是独立的。

练习4.12

同时扔两只骰子,得到点数之和为11的概率是多少?如果你想使用"或者"法则,确保相关的结果是互斥的。如果你想使用"和"法则,确保相关的结果是独立的。

练习4.13

假设你有放回地从一副洗好的牌中先后抽出两张牌,即你抽出的第一张牌还会放回那堆牌中再洗一次牌然后抽第二次。

(a) 你抽到两次黑桃A的概率是多少?

(b) 你抽到两张A的概率是多少(这里你可以使用练习4.8的答案)?

我们现在要解决例子4.2的问题。显然概率论本身不能告诉你琳达是银行出纳的概率,但是它可以告诉你其他的事情。令F代表琳达是女权主义者,B代表琳达是银行出纳。那么,她同时是女权主义者和银行出纳的概率是 $Pr(B\&F) = Pr(B) * Pr(F)$。(为了使用乘法法则,假设两个结果是独立的,但是即使它们不是独立的,一般性的结论也是成立的。)根据公理4.1,有 $Pr(F) \leq 1$,我们知道 $Pr(B) * Pr(F) \leq Pr(B)$。由于你将正数x与某个比例(位于0和1之间)相乘,你会得到比x小的数。所以不管实际概率是什么,我们总能得到 $Pr(B\&F) \leq Pr(B)$,也就是说琳达同时是银行出纳和女权主义者的概率一定低于她是银行出纳的概率。很多人会告诉你琳达同时是女权主义者和银行出纳的概率比她是银行出纳的概率高,这个错误被称为**合取谬误**,在第五章第三节中将有更详细的讨论。

我们再用两个练习来结束本节的讨论。

练习 4.14

假设你扔了两枚骰子,回答下列问题:

(a) 得到两个 6 的概率是多少?

(b) 一个 6 都得不到的概率是多少?

(c) 刚好得到一个 6 的概率是多少?

(d) 至少得到一个 6 的概率是多少?

要计算(c)的答案,需要注意,有两种方式可以刚好得到一个 6。在回答(d)时要注意,至少有两种办法计算答案。你应该知道,至少得到一个 6 的概率等价于得到两个 6 或者刚好得到一个 6 的概率,将(a)和(c)的答案加起来。或者你也可以发现至少得到一个 6 的概率等价于并非一个 6 都没得到的概率,所以你使用"不"原则计算答案。

练习 4.15

在计算练习 4.14(d)的答案时,你也许会将一个骰子得到 6 的概率 1/6 与另一个骰子得到 6 的概率 1/6 加起来从而得到 1/3,这样你就错了,为什么呢?

如果练习 4.14 的答案还不是很明显,我们可以观察图 4-1。图中左边的数字表示扔出一枚骰子时可能得到的数字,上面的数字表示扔出另一枚骰子时可能得到的数字,那么整个图就有 36(6 * 6)个格子来代表所有可能的组合结果。深灰色部分表示两个骰子都得到 6 的概率,由于得到两个 6 的概率只有一种方式,所以这个区域只包含一个格子,故(a)的答案是 1/36。白色区域代表两个骰子都不是 6 的概率的可能性,由于员工有 25(5 * 5)种方式得到两个非 6 的数字,所以该区域包含 25 个格子,故(b)的答案是 25/36。浅灰色部分代表一个数字是6而另一个数字不是6,由于得到这样的结果一共有10(5+5)种方式,所以该区域包含10个格子,故(c)的答案是10/36。你可以通过两个浅灰色区域格子加上深灰色区域的格子来计算(d)的答案(11/36)。但是一个更聪明的办法是知道灰色部分涵括了所有非白色的部分,这样你就可以通过计算来得出答案(1−25/36=11/36)。在第五章第三节,我们将进一步发现这个办法更聪明的原因。

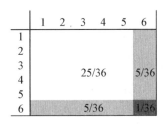

图4-1 两枚骰子的情形

几　率

有时候概率用几率来表示。想象一下,你有一个装着2个黑色球和3个白色球的瓶子,这样的话,拿出黑色球的概率就是2/5。得到这个答案的一个方法是用得到的有利结果(那些希望的事情发生的结果)数除以结果总数。相对地,几率是通过将有利结果数除以非有利结果数得到的,所以拿出黑色球的几率就是2/3或者2∶3。在相同假设下,拿出白色球的几率是3∶2。如果瓶中黑色球和白色球的数目相等,几率则为1/1或者1∶1,我们称这样的几率是**平衡的**。当人们谈论50—50的机会时,他们就是在谈论平衡的几率,因为:50/50=1。那么,几率是如何与概率相关联的呢?如果你有了概率p,想得到几率o,就使用下面的公式:

$$o = \frac{p}{1-p}$$

当 p 等于 2/5 时,很简单就可以确定 o 等于 2/5 除以 3/5,得到 2/3 或者 2∶3。如果概率是 1/2,几率则是 1/2 除以 2/1,等于 1 或者 1∶1。如果你有了几率 o,想得到概率 p,则使用下面的公式:

$$p = \frac{o}{o+1}$$

当 o 等于 2∶3 时,你可以很快确定 p 等于 2/3 除以 5/3,即 2/5。如果几率是平衡的,概率则是 1 除以 1 加 1,即 1/2。使用几率可能比较传统,但是在很多领域,比如机遇游戏以及一些统计领域,几率还是被持续使用着。理解它们还是有好处的。

第四节 条件概率

在练习 4.13 中,你计算了有放回地抽出两张牌时抽到两个 A 的概率。现在假设你无放回地抽出两张牌,也就是说你看完第一次抽到的牌后,把它放到一边。那么无放回地抽到两张 A 的概率是多少?你知道你不能用公理 4.6,因为我们感兴趣的两个结果(即第一次得到 A,第二次也得到 A)并不是独立的。但是你可以按照下述方式解决这个问题:首先,看看第一张牌是 A 的概率是什么。由于这副牌中一共有 52 张牌,其中有 4 张 A,你知道第一张得到 A 的概率是 4/52。其次,看看第二张牌是 A 的概率是多少。假如第一张牌已经是 A 了。因为现在还剩 51 张牌,只有 3 张 A,这个概率就是 3/51。现在你可以将这两个数字相乘得到:

$$\frac{4}{52} * \frac{3}{51} = \frac{12}{2\,652} = \frac{1}{221}$$

这个程序可以用来计算赢得某些彩票的概率。根据美联储的统计,有五分之一的美国人相信"想获得几十万美元的最实际的办法就是赢彩票"。那些贫困的、教育程度最低的老人们尤其相信彩票是致富的一个聪明的途径。因此,有必要问一下赢得普通彩票的可能性有多大。

练习 4.16　6/49 式彩票

很多州和国家都有这样一种类型的彩票,消费者从 m 个数字中选择 n 个数字,不论顺序,n 比 m 小很多。其中一种彩票,我叫它 6/49 式彩票,玩家从图 4-2 中显示的那种彩票中圈出 6 个数字。但是所圈数字的顺序不相关。如果你选的 6 个数字全对了,你就能赢得大奖,那么你玩一次中奖的概率是多少?注意,这就类似于从 49 张牌中连续抽出 6 张 A,如果那副牌中有 6 个 A 的话。

6/49 式彩票						
1	2	3	4	5	6	7
8	9	10	11	12	13	14
15	16	17	18	19	20	21
22	23	24	25	26	27	28
29	30	31	32	33	34	35
36	37	38	39	40	41	42
43	44	45	46	47	48	49

图 4-2　6/49 式彩票

赢彩票的概率低这个事实并不意味着购买这些彩票是不理性的(在第三部分我们将回到这个主题)。但是,彩票中的有些问题还是很有趣的。

问题 4.1　6/49 式彩票(续)

根据 6/49 式彩票的中奖率,你认为购买这种彩票是否明智?你能从中获得关于买彩票的人的什么信息呢?

练习 4.17　6/49 式彩票(续)

使用第三章第六节中锚定与调整的概念,解释为什么人们相信他们有很大的机会赢得这些彩票。

给定另外一件事发生后某件事发生的概率被称为条件概率。我们将给定 C 后 A 的概率或者以 C 为条件时 A 的概率写成 $\Pr(A|C)$，在很多情况下条件概率是很有用的，甚至于计算条件概率有时会比计算无条件概率简单，知道条件概率就足以解决我们手中的问题了。

我们发现，$\Pr(A|C)$ 与 $\Pr(C|A)$ 不一样，尽管可能这两个概率会一样，但绝对不是必定一样的。举个例子，假设 S 表示乔伊是个吸烟者，H 表示乔伊是一个人，那么，$\Pr(S|H)$ 则是给定乔伊是一个人的同时又是一个吸烟者的概率，该值介于 0 和 1 之间。同时，$\Pr(H|S)$ 是给定乔伊是个吸烟者的同时又是一个人的概率，这个值为 1（或者至少接近于 1）。当然，如果乔伊吸烟的话，他作为一个人的时间也不会很长了，不过这就是另外一个话题了。

练习 4.18

假设 H 表示"该病人头痛"并且 T 表示"该病人有脑肿瘤"。
(a) 你如何理解条件概率 $\Pr(H|T)$ 和 $\Pr(T|H)$？
(b) 这两个概率是否差不多一样？

有一点应该明确的是，这两个概率一般而言是不同的，医生和病人将这两个概率区分开来也是非常重要的（我们将在第五章的第四节和第六节再回到这个话题）。

假设你从一副洗好的牌中抽出一张牌，你想知道给定抽出的是 A 时抽到黑桃 A 的概率。假如你刚抽出一张 A，一共有四种可能性：黑桃 A，方块 A，红桃 A，梅花 A。由于四种结果中只有一个是黑桃 A，并且四种可能性相等，则它的概率是 1/4。你也可以通过将得到黑桃 A 的概率 1/52 除以得到 A 的概率 4/52 来得到同样的答案 1/4。这并不是巧合，我们可以从条件概率的概念看出这些。

定义 4.4 条件概率

如果 A 和 B 是两个结果，则：$\Pr(A \mid B) = \Pr(A \& B)/\Pr(B)$。

我们还记得两张 A 的例子,令 A 表示"第二张牌是 A"且令 B 表示"第一张牌是 A",我们知道无放回地抽出两张 A 的概率是 $1/221$,即 $\Pr(A\&B)$。我们还知道第一张牌是 A 的概率是 $1/13$,即 $\Pr(B)$。所以根据定义有:

$$\Pr(A/B) = \frac{\Pr(A\&B)}{\Pr(B)} = \frac{1/221}{1/13} = \frac{3}{51}$$

但是我们已经知道,$3/51$ 是给定第一张牌概率是 $\Pr(A|B)$ 时第二张牌是 A 的概率。所以说这个公式是对的。由于你不能除以 0,如果有的概率是 0 的话就不好处理了,这里我们避免这样复杂的情况。

这个定义有一个含义非常有用:

命题 4.1　一般化的乘法法则

$$\Pr(A\&B) = \Pr(A | B) * \Pr(B)$$

证明:从定义 4.4 出发,使等式两边都乘以 $\Pr(B)$。

根据这个命题,抽出两张 A 的概率等于第一次抽出 A 的概率乘以给定第一次抽到 A 的情况下第二次抽到 A 的概率。但是我们已经知道这个了。事实上,我们在计算第一章中的练习时已经隐含使用这个法则了。注意,这个法则允许我们计算 A 和 B 的概率,而不需要两个结果之间独立。这就是它为什么被称为一般化的乘法法则。

练习 4.19　一般化的乘法法则

使用一般化的乘法法则来计算无放回地抽出两张 A 的概率。

一般化的乘法法则使我们可以得到下面的结果:

命题 4.2

$$\Pr(A | B) * \Pr(B) = \Pr(B | A) \cdot \Pr(A)$$

证明:由命题 4.1 可知,$\Pr(A\&B) = \Pr(A | B) * \Pr(B)$,$\Pr(B\&A) = \Pr(B | A) * \Pr(A)$。因为逻辑上有:$\Pr(A\&B) =$

Pr($B \& A$),所以一定有:Pr($A \mid B$) * Pr(B) = Pr($B \mid A$) * Pr(A)。

假设你从一副洗好的牌中抽出一张,A 表示你抽出的是 A,D 表示你抽出的是方块。这样的话,有:Pr($A \mid D$) * Pr(D) = Pr($D \mid A$) * Pr(A)。你可以通过带入数字来检验是否正确:$1/13 \times 13/52 = 1/4 * 4/52$。

无条件概率使我们可以进一步细化独立的定义。我们说两个结果 A 和 B 是独立的,如果 A 发生的概率不取决于 B 是否发生。换种说法就是:Pr($A \mid B$) = Pr(A)。实际上同一件事情可以有很多种说法。

命题 4.3 独立性条件

下面三种说法是等价的:

(a) Pr($A \mid B$) = Pr(A)

(b) Pr($B \mid A$) = Pr(B)

(c) Pr($A \& B$) = Pr(A) * Pr(B)

证明:参见练习 4.20。

练习 4.20 独立性条件

证明命题 4.3 的三个部分是等价的。最方便的方法是:(1)证明(a)意味着(b),(2)证明(b)意味着(c),(3)证明(c)意味着(a)。

注意,(c)部分有点面熟:它就是我们所知道的乘法法则(公理 4.6)。所以,原始的乘法法则可以从一般化的乘法法则以及两个结果之间的独立性中自然得出,非常干净利落。

第五节 全概率与贝叶斯法则

条件概率也可以被用来计算无条件概率。假设你在经营一家飞盘公司并且想知道飞盘是次品的概率。你有两台机器来生产飞盘:新的一台(B)每天可以生产 800 只飞盘,旧的那台($\neg B$)每天可以生产 200

只飞盘。那么,随机从你的工厂中抽出的一只飞盘出自 B 机器的概率是:Pr(B) = 800/(800+200),出自 ¬B 机器的概率是:Pr(¬B) = 1 − Pr(B) = 0.2。新机器中生产的飞盘中有百分之一是次品(D),旧机器生产的飞盘中有百分之二是次品,那么,随机从新机器生产的飞盘中抽取一只是次品的概率是:Pr(D | B) = 0.01,随机从旧机器生产的飞盘中抽取一只是次品的概率是:Pr(D | ¬B) = 0.02。我们有必要画一个树来表示这四个概率(参见图 4-3)。

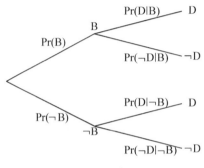

图 4-3 飞盘工厂

随机从工厂生产出的飞盘中抽取一只是次品的概率是多少?生产废品的途径有两种:由 B 机器生产或者由 ¬B 机器生产。因此,一个飞盘是次品的概率 Pr(D) 等于下述概率:飞盘由 B 机器生产且是次品或者由 ¬B 生产且是次品,即 Pr([D&B] ∨ [D&¬B])。这些结果显然是互斥的,所以我们要求的概率等于:Pr(D&B) + Pr(D&¬B),使用一般化的乘法法则就等于:Pr(D | B) ∗ Pr(B) + Pr(D | ¬B) ∗ Pr(¬B)。现在我们所有的数字都有,所以有:

$$Pr(D) = Pr(D \mid B) * Pr(B) + Pr(D \mid \neg B) * Pr(\neg B)$$
$$= 0.01 \times 0.8 + 0.02 \times 0.2 = 0.012。$$

从工厂生产的飞盘中随机抽出一只是次品的概率为 1.2%。这些计算过程展示了**全概率法则**。

命题 4.4 全概率法则

$$Pr(D) = Pr(D \mid B) * Pr(B) + Pr(D \mid \neg B) * Pr(\neg B)$$

证明：逻辑上有 D 等价于 [D&B] ∨ [D&¬B]，所以 Pr(D) = Pr([D&B] ∨ [D&¬B])。因为这两个结果是互斥的，根据加法法则（公理 4.3），等于 Pr(D&B) + Pr(D&¬B)，再次使用一般化的乘法法则（命题 4.1），我们可得到：Pr(D) = Pr(D | B) * Pr(B) + Pr(D | ¬B) * Pr(¬B)。

练习 4.21　癌症

使用全概率法则求解下列问题。你是一个医生，正在会诊一个刚诊断出得癌症的病人，你知道该病人可能得两种互斥的癌症：A 型癌症和 B 型癌症。该病人得 A 型癌症的概率是 1/3，得 B 型癌症的概率是 2/3。A 型是致命的，五分之四的 A 型病人一年内就会去世(D)；B 型相对没那么危险，只有五分之一的 B 型病人会在一年内去世(D)。

(a) 画出表示这四种可能的结果的树。

(b) 计算你的病人在一年内去世的概率。

你可能会问另一个问题，假设你随机拿起工厂生产的飞盘并发现它是次品，那么这个次品飞盘产自新机器的概率是多少？这里，你问的是在给定 D 的情况下该飞盘是 B 的概率，即 Pr(B|D)。

我们知道，次品飞盘的生产有两种方式，要么出自新机器，即 D&B，或者出自旧机器即 D&¬B。我们还知道，给定任意飞盘（不一定是次品）这些情形发生的概率：Pr(D&B) = Pr(D | B)) * Pr(B) = 0.01 * 0.8 = 0.008，并且：Pr(D&¬B) = Pr(D | ¬B) * Pr(¬B) = 0.02 * 0.2 = 0.004。我们想得到在给定一个飞盘是次品的情况下它产自新机器的概率，即 Pr(B | D)。观察图 4-3 可以发现，第一个概率是第二个概率的两倍，这表示在概率为三分之二的情况下次品飞盘出自新机器。正式地讲，即 Pr(D | B) = 0.008/0.012 = 2/3。这可能很奇怪，因为新机器的次品率比旧机器的次品率低，但是，用新机器生产出的飞盘数量比旧机器生产的飞盘数量多得多。

你刚刚所作的计算正是在阐释**贝叶斯法则**，或者**贝叶斯公理**，看上去很复杂，其实不然。

命题 4.5 贝叶斯法则

$$\Pr(B \mid D) = \frac{\Pr(D \mid B) \cdot \Pr(B)}{\Pr(D)}$$

$$= \frac{\Pr(D \mid B) \cdot \Pr(B)}{\Pr(D \mid B) \cdot \Pr(B) + \Pr(D \mid \neg B) \cdot \Pr(\neg B)}$$

证明:该法则有两个等式。第一个等式可以从命题 4.2 中得出,将等式两边同时除以 Pr(D) 即可。第二个等式可以从第一个中得出,对分母使用全概率法则(命题 4.4)即可。

练习 4.22 癌症(继续)

假设你的病人不到一年就去世了,这时你还不知道他或者她到底得的是 A 型还是 B 型癌症。给定该病人不到一年就去世了,那么他或她得 A 型癌症的概率是多少?

贝叶斯法则是一个非常强大的原理,为了展示它的用处,请看下面这个问题。如果不能立刻很明显地看出如何解决这个问题,那么我们画出概率树。

练习 4.23 约会游戏

你在考虑约 L 出去,但是你担心 L 已经在跟别人约会了。L 在跟别人约会的概率是 1/4。如果 L 是在和别人约会,那么他/她就不太可能接受你的约会邀请:实际上,你认为概率可能只有 1/6。但是如果 L 没有和别人约会,你认为概率会高一些,即大约为 2/3。

(a) L 在跟别人约会但是会接受你的约会邀请的概率是多少?
(b) L 没有跟别人约会但是会接受你的约会邀请的概率是多少?
(c) L 会接受你的约会邀请的概率是多少?
(d) 假设 L 接受了你的约会邀请,那么给定他/她同意约会,他/她在和别人约会的概率是多少?

在本章第六节和第五章第三节中将会有更多的针对贝叶斯法则的

练习。还可以看练习 5.20。

第六节 贝叶斯更新

贝叶斯法则经常被理解为在面对新证据时应该如何更新信念。我们一直在出现新证据时更新我们的信念。在日常生活中,当我们得知某个总统候选人业绩很好时我们会更新对他/她能否获得大选的信念。这个证据可能包括民意调查结果,或者对他/她在竞选辩论中表现的评价等。在科学研究中,出现了包括从实验、田野研究或者其他来源而来的证据时,我们会更新对某个理论的合理性的评估。现在考虑一个例子,在知道存在地平线和月食时地球会在月球上投下阴影以及有人可以环游世界这些事实后,一个拥有地球是平的信念的人将会更新这一天真信念。科学哲学家们经常会讨论科学理论的**证实**问题,关于如何做到的理论就是**证实理论**。贝叶斯法则在证实理论中扮演了重要的角色。

为了进一步的探讨,我们来看下面的信念更新问题:某个给定的假设为真还是假。如果假设为真,那么有一定概率可以获得支持它的证据。如果该假设为假,那么也会找到其他支持它为假的证据。问题是你应该怎样根据获得的证据改变自己的信念——这就是你分配给该假设为真的可能性的概率。图 4-4 帮助我们理解该问题的结构。

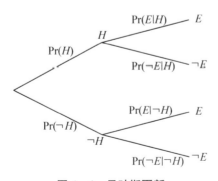

图 4-4 贝叶斯更新

令 H 表示**假设**，E 表示**证据**，H 的概率 $\Pr(H)$ 称为**先验概率**，这是在获知 E 是否为真之前 H 为真的概率。给定 E 后 H 的概率 $\Pr(H|E)$ 被称为**后验概率**，即给定证据为真的情况下实现 H 的概率。问题是这个后验概率应该是多少，我们通过简单使用贝叶斯法则就可以回答这个问题。在命题 4.5 中，用 H 代替 B，用 E 代替 D，我们可以将贝叶斯法则写成：

$$\Pr(H\mid E) = \frac{\Pr(E\mid H)*\Pr(H)}{\Pr(E\mid H)*\Pr(H)+\Pr(E\mid \neg H)*\Pr(\neg H)}$$

这个结果告诉你在给定证据 E 之后如何更新对 H 的信念，特别是贝叶斯法则告诉了你分配给 H 的概率应该从 $\Pr(H)$ 变为 $\Pr(H|E)$。如果你根据贝叶斯法则改变信念，我们就说你的行为属于**贝叶斯更新**。

假设约翰和韦斯正在争论一个学生带到班上来的硬币是两面都为正面还是正反面都有，我们假设没有别的可能性。不管出于什么原因，这个学生不会直接给他们观察硬币，但是会给他们看掷硬币后的结果。令 H 为该硬币两面都是正面的假设，那么 $\neg H$ 就表示正反面都有。我们先考虑约翰，他认为该硬币不可能两面都是正面，他的先验概率 $\Pr(H)$ 只有 0.01。现在假设这个学生掷完了硬币，朝上的是正面，令 E 表示硬币出现正面朝上，现在的问题就是给定 E 为真，约翰认为 H 的概率应该是多少。

给定贝叶斯法则，可以直接计算约翰的后验概率 $\Pr(H|E)$，我们已有 $\Pr(H) = 0.01$，因此也就知道 $\Pr(\neg H) = 1 - \Pr(H) = 0.99$。从问题的描述中我们还可以知道条件概率 $\Pr(E\mid H) = 1$ 以及 $\Pr(E\mid H) = 0.5$。现在把数字代入公式：

$$\Pr(H\mid E) = \frac{\Pr(E\mid H)*\Pr(H)}{\Pr(E\mid H)*\Pr(H)+\Pr(E\mid \neg H)*\Pr(\neg H)}$$
$$= \frac{1*0.01}{1*0.01+0.5*0.99} \approx 0.02$$

约翰的后验概率 $\Pr(H|E)$ 与先验概率 $\Pr(H)$ 不一样，这个事实说明他在出现证据后更新了自己的信念，观察到正面朝上增加了该硬币两面都是正面的概率。我们应该注意后验概率是怎么反映先验概率和

证据 E 的。

现在,如果约翰可以获得更多关于此硬币的证据,那么他没有任何理由不去进一步更新自己的信念。假设该学生第二次掷了硬币并且又得到了正面朝上,我们可以将约翰原先的后验概率当作新的先验概率并再次使用贝叶斯法则来找出他观察到第二次结果后的新的概率:

$$\Pr(H \mid E) = \frac{1 * 0.02}{1 * 0.02 + 0.5 * 0.98} \approx 0.04$$

可以看到,在第二次观察到正面朝上后,他的后验概率进一步提高了。

练习 4.24 贝叶斯更新

假设在该学生掷硬币之前,韦斯认为该硬币两面都是正面的概率是 50%。

(a) 第一次掷硬币后他的后验概率是多少?

(b) 第二次掷硬币后呢?

图 4-5 阐释了约翰和韦斯的后验概率如何随着证据的进入而改变,可以看出,随着时间推移,两人对原假设成立的概率都上升了,还可以看到两人的概率变得越来越近。结果,随着时间变化(在第 15~20 次试验后)他们都一致同意该硬币两面都是正面的概率几乎是百分之百。我们将在下一章回到理性更新的问题,在此之前再做最后一个练习。

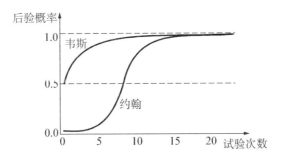

图 4-5 重复试验后约翰和韦斯的概率

练习 4.25 贝叶斯更新(续)

假设第三次试验出现的不是正面朝上而是反面朝上,那么约翰和韦斯二人的后验概率是多少? 为求解该问题,令 E 代表硬币出现反面朝上。

第七节 讨　论

本章我们已经深入探讨了概率论,该理论对很大范围内的应用问题而言举足轻重,尤其是作为统计推断的基础。它在这里有用是因为我们可以把它理解为一种判断理论,即一种关于人们在出现证据后如何更新自己信念的理论,我们可以从贝叶斯更新那一节(第六节)看出这一点。一旦你知道了这些公理和概率的计算,就能发现(出于数学上的必要性)你会一直按照贝叶斯法则来更新概率,干净利落。尽管该理论对于你的先验概率是多少或者应该是多少只字未提,它确实明确告诉了你在观察到证据后你的后验概率将是或者应该是多少。

这个理论的合理性有多大? 再次强调,我们必须将描述性问题与规范性问题区分开来。人们是否确实是根据贝叶斯法则来更新信念的呢? 他们应该这样做吗? 无论是从描述性上还是从规范性上看,这些公理似乎比较弱而且是无可争议的,但是引申出来的理论却一点也不弱。正如在确定性下的选择理论一样,我们基于不多的一些看似较弱的公理构建出一个十分强大的理论。有一点应该记住,即该理论并不像有些人声称的那样苛刻。它并不旨在描述你在更新信念时经历的认知过程:该理论并没有说你必须在脑中使用贝叶斯公理。但是它确实指出在给定一系列条件和无条件概率后你的后验概率是如何与先验概率相关联的。

在下一章,我们将看到该理论在面对证据时是如何进展的。

练习 4.26　SAT 考试

当你参加 SAT 考试时,你也许会想每个问题的答案应该是完全随机的。事实上,它们并不是。命题人想使答案看上去随机,因此他们会确保所有的正确答案不会都是(d)。考虑下面三种结果:(1)第 12 题的答案是(d);(2)第 13 题的答案是(d);(3)第 14 题的答案是(d)。那么,(1)(2)(3)之间是互斥的,还是独立的?

练习 4.27　朗福德先生

多次法律诉讼宣称地区赌场曾数次通过在机器上做手脚而使伯明翰市长朗福德赢了数万美金,因受多项与腐败有关的指控而坐牢的朗福德并不否认自己赢了钱,但拒绝承认对机器做了手脚。

我们不能确切知道在一台未动手脚的机器上中头彩的概率是多少,不过我们可以动脑筋猜一猜。假设朗福德三次通过 1 美元赌注而中了 25 000 美元,对于每次中奖,赌场为了保本则需要有 24 999 个人下 1 美元的赌注而不中奖,从而我们可以推断下注 1 美元中奖的概率应该在 1/25 000 左右,如果赌场要盈利(事实它们是盈利的),这个概率会更低,我们暂且不考虑这个事实。

那么,朗福德在未动手脚的机器上玩三次然后连中三次奖的概率是多少呢?

注意,假定机器没有做过手脚而朗福德连中三次奖的概率和给定朗福德连中三次奖后机器没做过手脚的条件概率是不一样的。

练习 4.28　施瓦辛格州长

在否决了 2009 年加州议会的一项议案之后,施瓦辛格州长发表了一封公开信(见图 4-6)。人们马上就发现了信的每一行的首字母连起来正好组成了一句脏话。一位发言人对此解释称:"这纯属巧合。"

(a) 假设一封信共八行,字母表中的 26 个字母会等概率地出现在每行开头,那么出现像该信中这样的巧合的概率是多少?

```
To the Members of the California State Assembly:

I am returning Assembly Bill 1176 without my s...

For some time now I have lamented the fact tha...
unnecessary bills come to me for consideration...
care are major issues my Administration has br...
kicks the can down the alley.

Yet another legislative year has come and gone...
overwhelmingly deserve. In light of this, and...
unnecessary to sign this measure at this time.

Sincerely,

Arnold Schwarzenegger
```

图 4-6

(b) 事实上,州长每年需要写很多封信,即出现一封这样的信的概率比你在(a)中计算出来的答案要高。假设州长每年写 100 封八行的信,那么至少一封信会出现这样的脏话的概率是多少?

练习 4.29 麦克斯度过的糟糕的一天

麦克斯要参加一项多项选择测试,该测试共十道题,每道题可选的答案只有"正确"和"错误"两项。麦克斯根本拿不准任何一道题的正确答案应该是什么,因此他准备随机作答。

(a) 麦克斯答对十道题的概率是多少?
(b) 麦克斯只答对第一道题而其他题全答错的概率是多少?
(c) 麦克斯只答对第二道题而其他题全答错的概率是多少?
(d) 麦克斯只答对第三道题而其他题全答错的概率是多少?
(e) 麦克斯刚好答对九道题的概率是多少?
(f) 麦克斯非常想测试成绩得到 A,为此他必须至少答对九道题,那么他会得到 A 的概率是多少?

练习 4.30 怀孕测试

你正在推广一项新的怀孕测试方法。该测试很简单,你只需要掷一枚硬币,如果正面朝上,你就报告说被测试的顾客已怀孕;如果反面朝上,就报告顾客未怀孕。

(a) 你的第一位顾客是一名男性。那么,该测试能准确预测他的怀孕状态的概率是多少?

(b) 你的第二位顾客是一名女性。那么,该测试能准确预测她的怀孕状态的概率是多少?

(c) 在你进行了十次测试之后,面对任意一位顾客你不能准确预测他(她)的怀孕状态的概率是多少?

(d) 在你进行了十次测试之后,你能准确预测出至少一位顾客的怀孕状态的概率是多少?

注意观察至少正确预测一位顾客的怀孕状态的概率,这对我们的致富门道提供了一些建议:多发出去一些提供选股建议的投资通讯,十个、百个甚至更多,不管每个投资通讯能给出好的投资建议的可能性多低,只要你发出去的足够多,至少总会有一个很可能会给出好的投资建议,然后选取那些成功给出建议的投资建议作为证据,根据这些好的记录来推销你的服务。你绝对不是第一个这样做的人,我们将在第五章第三节回到这类问题的讨论。

问题 4.2 怀孕测试(续)

练习 4.30 中的怀孕测试稍显复杂,其实没有必要这样做,这里还有另外一个更简单的测试:直接报告该顾客有没有怀孕。那么,如果使用这项更简单的测试方法,随机抽取一名大学生进行测试,能正确检测出怀孕状态的概率是多少?

扩展阅读

介绍概率论的文章有很多。伊尔曼和萨蒙(Earman and Salmon, 1992)在证实理论的背景下讨论概率论,飞盘和硬币的故事也来自于此文(pp. 70-74),其中还对概率的含义进行了讨论(pp. 74-89)。美国消费者联盟(2006)讨论了人们针对最实用的致富法的不同观点。汤姆伯林(Tomberlin, 2009)讨论了伯明翰市长朗福德的故事,加州州长阿诺·施瓦辛格的故事来自麦金莱(Mckinley, 2009)。

第五章
风险和不确定性下的判断

第一节 引 言

前面的章节介绍了一个强大的概率判断理论是如何建立在一些数量有限并且相对无争议的公理之上的。虽然这些公理看着似乎很弱,但是引申出来的理论却一点也不弱。实际上,这个理论还有可以挑战的地方,尤其是在描述性上。在本章,我们考虑这个理论是否可以作为描述上充分的理论,即它是否能捕捉到人们实际上是如何作概率判断的,我们能找出一系列现象证明它并不一定能。这种差异说明一个关于判断的描述上充分的理论一定与我们刚刚学到的不一样。我们还将继续对行为经济学的构建基石进行研究。特别地,我们将通过回顾更多的直觉以及这些直觉所引起的偏见来继续讨论第三章所讲到的直觉与偏见模型。所以本章将更好地解释行为经济学家们是如何应对所观测到的行为与标准理论之间的矛盾的。

第二节 赌博者的谬误

我们在第四章第三节中遇到的独立性在经济学和金融学中绝对是很重要的。如果你在管理一项投资,你应该选择多样化,像将所有的资金都用于购买谷歌股票那样将所有的鸡蛋放在一个篮子里是不明智的。但是为了多样化,仅仅投资两种或更多种资产是不够的:如果你投资在一些会同涨同跌的股票上,那么你其实并没有多样化你的投资组合,你应该做的是将你的钱投资在充分独立的资产之上。在现实生活中的投资管理上,人们花费大量的时间去检验选择投资的资产之间是否是独立的。

独立性在工程学中也是很重要的。如果你正在设计一座核电站,你应该引入各种不同的安全系统来阻止核熔化。但是只有当一个系统的崩溃与另一个系统的崩溃之间足够独立才能使你用五种安保系统比只用一种安保系统更加保险。如果所有的安保系统都被同一个螺栓拴在一起,或者连在同一个插座上,那么一个系统的崩溃就不再与另一个系统的崩溃相互独立,那么你的安全性就没那么高了。在核电站的设计以及其他方向,人们会花费大量精力来确保不同的系统(如果它们都对机器的运作起很大作用的话)相互之间足够独立。

原则上,在两种方式下你可能会犯独立性的错误:将两个实际上相关的结果错误地认为是独立的,或者将两个实际上独立的结果视为相关的。这两种错误都会犯,我们将按顺序考虑它们。

当人们购买他们认为完全独立(实际并不是)的股票与债券时,他们就犯了将实际相关的结果视为独立的错误。最近的一次经济危机带给我们的一个值得珍惜的教训,即在很大范围内资产(美国股票、挪威房地产等)之间是概率相关的,这是由现代金融的国际化性质以及按揭以及同类东西是如何被打包和销售等复杂方式引起的。当人们建立一个有部分地方相同,或者依赖于同一个严谨的管理者,或者依靠同一个电力来源的不同的核电站安保系统时,也就犯了将原本相关的结果视为不相关的错误。

当人们认为他们能预测轮盘的结果时,他们就犯了将实际独立的结果视为相关的错误。人们并不能预测:这些东西往往是在设计时就让结果完全独立。它们之所以被这样设计就是因为这样有利于令赌场确保顾客不能预测到结果。不过很多人还是相信他们能够预测轮盘游戏的结果。举个例证,互联网给人们提供了许多战胜赌场的建议:"密切监控轮盘赌桌""发展出一个系统""在正式开始之前到一个免费的桌子上先试验一下你的技巧"等。在互联网上搜索"轮盘赌博技巧",你会发现一长串的网页鼓励你将不同的结果看成是概率相关的,而事实上它们并不是。

一个特殊的将两个独立的结果视为相关的例子就是**赌博者的谬误**:认为在短期内某些系统出现偏离平均的行为会得到修正。那些因为好多年没有经历过而认为自己"快要"遭受龙卷风或者车祸之类的人就是在犯赌博者的谬误。这里,我假设每年发生龙卷风和车祸是不相关的。有可能你一直想着自己快要遭受车祸从而让你更有可能真的发生车祸,如果是这样的话,许多年没有发生车祸实际上会更可能让你发生车祸。

下面的练习告诉我们发生错误是多容易。

练习5.1 赌博者的谬误

仔细观察下面两个问题之间的不同:

(a) 你打算将一枚正反面都有的硬币掷八次,那么八次出现正面朝上的概率是多少?

(b) 你刚刚将这枚硬币掷了七次,都出现了正面朝上,那么你再掷一次硬币又出现正面朝上的概率是多少?也就是说你一连八次得到了正面朝上。

赌博者的谬误有时也用**代表性**来解释。我们在第三章第六节中讲述锚定与调整时遇到了直觉问题,根据直觉与偏见模型,人们根据直觉形成判断,这大体上是一种有用的胆识,有时也会让我们误入歧途。代表性直觉就是这样一种直觉,当你使用它时,你通过考察某个结果能代表某个给定过程的程度来估算这个结果是由该过程导致的概率。如果这个结果能高度代表这个过程,那么前者是由后者引起的概率就被估计得高;如果这个结果不代表这个过程,概率就会被估计得低。

代表性直觉可以解释赌博者的谬误。如果我们假设序列HHHHHHHH 对于掷硬币的代表性没有序列 HHHHHHHT 的代表性强,而序列 HHHHHHT 又不如序列 HTTTHHTH 的代表性强。如果使用代表性直觉,你会得出第一个序列的可能性不如第二个序列大,第二个序列的可能性又不如第三个序列的可能性大这样的结论。现实中,其实从事先看这三个序列可能性是一样的。代表性直觉可能在很大范围内都非常有用,如果我们用它来推断,好的行为更可能是由好人做的,而坏的行为更可能是由坏人做的,代表性直觉可以保护我们不受逆向事件的影响。但是因它可以产生可预测并且系统性的错误,它就导致了偏见,就像锚定与调整那样。我们看下面的案例:

练习 5.2

我们假设一旦有人怀孕,有 1/100 的概率会生双胞胎,并且怀一次双胞胎不会影响后面再生双胞胎的概率。

(a) 你还没怀孕,但是想怀两次孕,那么你两次都怀双胞胎的概率是多少?

(b) 你已经有一对双胞胎了,想再生一次孩子。那么你再次怀上双胞胎(即你两次都怀上双胞胎)的概率是多少?

两次都生双胞胎并不能代表一个人生小孩的过程,所以信赖代表性直觉的人们会认为在已经有一对双胞胎的条件下再生一对双胞胎的概率比第一次生出双胞胎的概率小得多,但是我们自然假设这些概率是相等的。

练习 5.3 朗福德先生(续)

假设练习 4.27 中的朗福德一连赢了两次头奖,并且想玩第三次。那么他第三次又赢得头奖从而连中三次头奖的概率是多少?

一种解释赌博者谬误的普遍说法就是人们相信**小数定律**。也就是说,人们夸大了从总体中抽出的小样本与总体的相似度。在硬币的例子中,"总体"包含一半正面朝上,一半反面朝上。一个小数定律的信奉者会夸大一个小样本(如抛八次硬币得到的结果序列)与总体相似的程度,即认为也包括一般的正面朝上与一般的反面朝上。

但是,注意到一些概率游戏的结果之间存在相关性是很重要的。比如在黑杰克游戏中,牌是无放回地从一副牌中抽取的,这就意味着每次抽到某张指定牌的概率都不一样。原则上,你总是可以通过数牌来获得胜利,这也是为什么赌场不允许你这么做的原因。

第三节 合取与分离谬误

在第四章第三节中我们已经遇到了合取谬误。"A 和 B"就是一种合取,当你高估合取的概率时,你就犯了合取谬误。合取谬误在**规划**中尤为重要,复杂的项目就像有很多块的拼图游戏,而且为了让整个项目成功必须每块都到位。即使任何一块不到位的概率会较高,所有都不到位的概率还是较低的。犯合取谬误的规划者会高估合取的概率——第一块到位并且第二块到位并且第三块到位等——他们会高估该项目成功的概率。

例子5.1 波音飞机

一架波音 747-400 大约有 600 万个部件,假设每个部分都很重要而且只有 0.000 001 的概率会失效。假设失效是独立事件,那么所有部件都不工作的概率是什么?

任何一个部件保持工作的概率是 0.999 999,所以所有部件都保持工作的概率是:$(0.999\,999)^{6\,000\,000} \approx 0.002\,5 = 0.25\%$。

给定这些数字,波音 747-400 飞机中所有的部件都工作的概率只有大约 1/4!如果这个数字比你想象中的要低,你可能就犯了合取谬误。可是飞机失事还是很罕见的,因为飞机是由大量的零碎部件构成,所以出现一个故障并不一定会导致失事。话说回来,不是所有的机械都是这样制造的:有些直升机就仅仅依靠唯一一个旋转螺母,一旦这个螺母罢工,整个飞机就会坠毁。短语"耶稣螺母"就是用来形容一旦发生故障就会引起整个系统瘫痪的那一部分的。之所以有这个名词,可能是因为如果那个关键的螺母坏了,你唯一能做的就是向耶稣祈祷了,尽管这意味着假设耶稣的介入与螺母坏了是完全独立的。

还有一个相关的谬误,即**分离谬误**。"A 或者 B"就是一个分离,你低估了某个分离的概率时你就犯了分离谬误。为了解释它,我们在练习 4.14 的基础上举个例子,在那个例子中你计算了扔两只骰子至少得到一个 6 的概率。

例子 5.2

分别计算扔以下数量骰子时至少得到一个 6 的概率。

(a) 1 只骰子。

(b) 2 只骰子。

(c) 3 只骰子。

(d) 10 只骰子。

(a) 扔一只骰子时得到至少一个 6 的概率等于 1 减去一个 6 都没得到的概率,即 $1-5/6 \approx 16.6\%$。

(b) 扔两只骰子时至少得到一个 6 的概率等于 1 减去 2 个骰子都没有得到 6 的概率,即 $1-(5/6)^2 \approx 30.6\%$。

(c) 扔三只骰子时至少得到一个 6 的概率等于 1 减去 3 个都不是 6 的概率,即 $1-(5/6)^3 \approx 42.1\%$。

(d) 扔十只骰子时至少得到一个 6 的概率等于 1 减去 10 个骰子都不是 6 的概率,即 $1-(5/6)^{10} \approx 83.8\%$。

可以看到,随着骰子数量增加,至少得到一个 6 的概率迅速增加,但是永远不可能达到 100%,只是会无限接近它。如果得到的数字比你想象得大,那么你可能就犯了分离谬误。多个试验下至少得到一个 6 的概率等于第一个试验中得到 6,或者第二个试验中得到 6,或者……给定上述定义,如果你低估了这种分离的概率,你就犯了分离谬误。

练习 5.4 远足

你计划出去远足,尽管目前有龙卷风的警报。国际气象服务告诉你所在的地区每个小时有 30% 的概率遭受龙卷风袭击,也就是说,从上午 10:00 到 11:00,你所在的地区会有龙卷风的概率为 30%,上午

11:00 到 12:00,有龙卷风的概率也为 30%,等等。

(a) 在 2 个小时的远足中,你所在的地区至少遭受一次龙卷风袭击的概率是多少?

(b) 在 3 个小时的远足中,你所在的地区至少遭受一次龙卷风袭击的概率是多少?

(c) 在 10 个小时的远足中,你所在的地区至少遭受一次龙卷风袭击的概率是多少?

练习 5.5 洪水

设想你生活在一个平均每 10 年会发生一次洪水的地区,每年这里发生洪水的概率是一样的。你在考虑是否继续住几年以便多存点钱或者在下次洪水来袭并让你失去一切之前搬走。

(a) 2 年内你所在的地区不会发生洪水的概率是多少?

(b) 2 年内你所在的地区恰好只发生一次洪水的概率是多少?

(c) 2 年内你所在的地区至少会发生一次洪水的概率是多少?

(d) 10 年内你所在的地区至少发生一次洪水的概率是多少?

练习 5.6 恐怖主义

已知每年大约 365 天,假定每天遭受恐怖袭击的概率为 0.000 1,计算 10 年内至少出现一次大规模恐怖袭击的概率。

最后一个练习阐述了爱尔兰共和军一句臭名昭著的话,爱尔兰共和军为了北爱尔兰从大英帝国独立,打了几十年的游击战。1984 年,他们在英国首相撒切尔夫人所在的宾馆埋藏炸药,在试图刺杀她的行动失败后放出了这样的话:"你们得一直幸运,我们只要幸运一次。"

分离谬误在**风险评估**中尤为重要。当评估一个复杂系统失效的风险时,不管是一辆汽车还是一个器官,一个系统作为一个整体经常要依赖于多个部分,只要一个部分失效就会引起整个系统的瘫痪。即使每个部分失效的概率很低,至少一个部分失效的概率也是不低的。犯分离谬误的评估者会低估分离(即第一个部分失效或者第二个部分失效或者第三个部分失效等)的概率,意味着他们会低估整个系统瘫痪的概率。

本节讨论的这两种谬误之间存在明显的对称性。根据俗称的摩根法则，$A\&B$ 在逻辑上与 $\neg[\neg A \vee \neg B]$ 等价。因此，如果你高估了概率 $\Pr(A\&B)$，即你高估了概率 $\Pr(\neg[\neg A \vee \neg B])$，但是根据对立事件法则，这又与高估 $1-\Pr(\neg A \vee \neg B)$ 是等价的。在琳达例子中，高估她是女权主义的银行出纳的概率等价于低估她不是女权主义者或者不是银行出纳的概率（根据摩根法则）。总而言之，如果坚持遵循摩根法则，当且仅当你犯了分离谬误时，你会犯合取谬误。

锚定与调整同时可以解释合取谬误和分离谬误。当人们使用任何一个联结的概率作为锚并且没有充分向下调整时，人们就高估了合取的概率，也就是犯了合取谬误。当人们使用任何一个联结的概率作为锚并且没有充分向下调整时，人们就低估了分离的概率，也就是犯了分离谬误。

练习 5.7

有放回地从一副普通的扑克牌中抽取一张牌、两张牌、十张牌、五十二张牌时，抽出至少一张 A 的概率是多少？

练习 5.8 生日问题

假设在你的行为经济学的班上一共有 30 名学生。没有任何两个学生生日相同的概率是多少？为了简化问题，假设每个学生都在同一年出生，且婴儿的出生在全年是随机分布的。

练习 5.9 序言悖论

在你的新书的序言中，你写到你相信你书中的每一句话都是真的。但是你知道每句话都有百分之一的机会是错的。

(a) 如果你的书有 100 个句子，那么至少有一句是错误的概率是多少？

(b) 如果你的书有 1 000 个句子呢？

最后是一个关于航天安全的例子。

练习 5.10 购买私人喷气飞机

假设你足够幸运拥有或者妄想买一架私人喷气飞机。你必须决定是买有一个引擎还是有两个引擎的飞机。令 p 代表任何一次飞行中一个引擎出故障的概率,一次"灾难性的引擎故障"是指导致飞机不能飞行的故障。

(a) 其中有一架你想买的飞机只有一个引擎,那么该飞机在任意一次飞行中发生灾难性引擎故障的概率是多少?

(b) 另外一架你想购买的飞机有两个引擎,但是如果只有一个引擎可用的话也不能维持飞行。假设引擎故障是独立事件,那么该飞机任意一次飞行发生灾难性故障的概率是多少?

(c) 你认为哪架飞机更安全?

(d) 如果有两个引擎的飞机可以只使用一个引擎就能保持飞行呢?

练习 5.10(b) 的答案并不明显,为了帮助你得到答案,可以考虑构建一个表(如图 4-1)。

第四节 基础比率忽略

关于概率的不完美推理的来源,其中一个是条件概率 $Pr(A|B)$ 与条件概率 $Pr(B|A)$ 之间的混淆。这两个条件概率看上去可能明显不一样。正如我们从第四章第四节中看到的,随机抽取一个人是吸烟者的概率显然与随机抽取一个吸烟者是个人的概率不一样。但是,在某些情况下,我们很容易把这两种概率混淆,本节我们将考虑导致混淆的这些情形。

例子 5.3 乳房造影摄片

医生通常会鼓励一定年龄段的女性进行乳房造影摄片以预防乳腺

癌。假设从一部分人口过去的统计数据看,我们知道以下内容:在任何一个时间,有1%的女性患有乳腺癌,90%的情况下得出的检验是正确的。也就是说,如果某个女性确实患有乳腺癌,那么有90%的概率检查得出阳性结果,还有10%的概率检查结果为阴性。如果某个女性确实没有患乳腺癌,那么有10%的概率检查结果为阳性,而有90%的概率检验结果为阴性。假设某个女性在一次常规的乳房造影摄片检查中得出了阳性的检查结果,在不知道其他任何症状的情况下,她患乳腺癌的概率是多少?

当面临这个问题时,大部分人会给出一个接近90%的答案。毕竟这是检查结果的准确度。幸运的是,我们不必依靠模糊的直觉,而是可以计算精确的概率。我们来看图5-1,其中,C表示该病人患有癌症,P表示该病人的检查结果为阳性。将数字代入贝叶斯法则(命题4.5),我们可以得到:

$$\Pr(C \mid P) = \frac{\Pr(P \mid C) * \Pr(C)}{\Pr(P \mid C) * \Pr(C) + \Pr(P \mid \neg C) * \Pr(\neg C)}$$
$$= \frac{0.9 * 0.01}{0.9 * 0.01 + 0.1 * 0.99} \approx 0.08$$

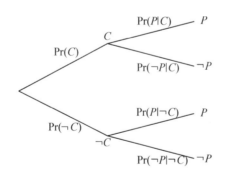

图5-1 乳腺癌检查

我们可以看到,一个被检查出癌症的人实际得癌症的概率并不等于(实际也不接近于)检查的精确度(这里为90%)。该妇女实际得癌症的概率实际只有8%,远远比人们想象的要小。这看上去很矛盾,因为我们知道,按道理检验结果是正确的:毕竟90%的情况下检查结果是正确的。但是我们忽略的一件事是,毕竟只有很少的人得癌症,

1 000个人中只有大概10个人会得癌症,而在这10个人中有9个人会检查出得癌症。而在这990个没有患癌症的妇女中,只有10%的人检查出阳性结果,可是这仍然会有99个人。因此,这108个检查出阳性的人中其实只有9个人真正得了癌症,即接近8%。注意,这个例子与飞盘的例子有点类似:虽然新机器的次品率比旧机器要低,但是该工厂生产的飞盘更可能是从新机器中生产出的,这是因为新机器生产的飞盘比旧机器生产的飞盘多得多。

所有人中得癌症(或者其他我们需要研究的特征)的人的比例被称为**基础比率**。在癌症的例子中,基础比率只有1%。一种诊断人们犯错的方法就是他们没能合理地考虑基础比率,所以这样的错误有时被称为**基础比率忽略**或者**基础比率谬误**。在这些情况下,我们作出的判断应该反映三种因素:第一,基础比率;第二,证据;第三,当假设为真和为假时证据的条件概率。当我们没能合理考虑第一个因素时,我们就犯了基础比率谬误。

这个例子恰好说明了为什么年轻妇女并不进行例行的乳腺癌检查。在年轻妇女中,基础比率会更低,所以所有的阳性结果中真正阳性结果的比率更低。注意,在前面的例子中,一个得出阳性结果的妇女得癌症的概率只是从1%增加到8%,这个增加并不是很明显。如果基础比率再低一些,增加得则更少,那么条件概率 $Pr(C|P)$ 则不会与基础比率 $Pr(C)$ 相差得太大。在这种情况下,检查结果并不会给医生诊断提供多少信息,所以这样的检测被称为**不具诊断力的**。如果基础比率很高,检查结果仍然很少具有诊断力,为了使检查结果具有诊断力,基础比率的值处于中间会比较好。

练习5.11 乳房造影摄片(续)

男人也有可能得乳腺癌,虽然这很罕见。使用"基础比率"和"诊断力"这样的语言,解释为什么男人并不会进行例行的乳腺癌检查。

证词可能是不具诊断力的,正如下面的经典案例所示。

练习5.12 证词

一家出租车公司卷入了一场夜间肇事逃跑的交通事故中,该城市有两家出租车运营公司——绿色公司和蓝色公司。现在你已经有了以下数据:该城市有 85% 的出租车来自绿色公司,15% 的出租车来自蓝色公司。一个目击者声称肇事出租车属于蓝色公司,法院为了检验该目击者证词的可信度,将目击者带到那晚事故发生的现场,让他辨认这两种颜色的来往车辆,发现在 80% 的时间里目击者辨认正确,在 20% 的时间里辨认失败。那么,肇事出租车属于蓝色公司而不属于绿色公司的概率为多少?

练习 5.13 铁碗

在一场奥本—阿拉巴马的比赛中,80% 的球迷穿着阿拉巴马球衣,20% 的球迷穿着奥本球衣。而在比赛中,一个球迷似乎抢劫了场外的一个啤酒站。一位目击者(既非阿拉巴马球迷也非奥本球迷)事后告诉警察抢劫犯穿着奥本球衣。但是该目击者是啤酒站的常客,而据估计他只有在 75% 的时间里能正确识别战袍属于哪方。那么给定目击者所言,抢劫犯穿奥本球衣的概率是多少?

下面有一个稍微不一样的问题。

练习 5.14 唐氏综合征

生出患唐氏综合征的婴儿的概率会随着母亲年龄的增加而增加。假设以下为真:对于 34 岁及以下年龄的女性,每 1 000 个婴儿中大约有一个婴儿患有唐氏综合征,而对于 35 岁及以上年龄的女性,大约每 100 个婴儿中会有一个患唐氏综合征。34 岁及以下年龄的妇女中,大约 90% 的人有宝宝,那么一个患此症状的婴儿的母亲的年龄在 34 岁及以下的概率是多少?

基础比率忽略可以解释**计划谬误**:倾向相信自己的项目会成功,即便大量与自己的项目类似的项目已经失败了。许多项目,如毕业论文、博士学位论文、水坝、桥梁、隧道、高速公路、铁路以及战争等,通常比计划中花费的时间更多,成本也更高。这里有一个著名的例子:

很多人认为悉尼歌剧院是所有出现计划谬误中的冠军。根据

1957年的最初估计,歌剧院会在1963年初以造价700万美元完工。而事实上,在1973年以1亿200万美元的造价完成了一个规模比较小的歌剧院。

从前面章节中得出的理论看,这种普遍的超时现象很奇怪。如果人们按照贝叶斯法则来更新自己的信念,那么他们会把之前已发生的超时考虑进来,从而逐渐得出对未来项目的更好的规划。但是我们可以从基础比率忽略的角度来理解这种乐观估计。我们可以将过去超时项目的比例作为基础比率,假设人们通常在他们的估计中忽略基础比率。

最后的问题均与反恐战争有关。

练习5.15 金·查尔斯·梅内塞斯

2005年7月21日,在伦敦遭受恐怖袭击后,英国警方接到官方指令,称一旦看到恐怖嫌疑犯就可以射杀。7月22日,便衣警察在伦敦地下场射杀了一名恐怖嫌疑犯。使用贝叶斯法则计算一个随机被警方指认为恐怖分子的伦敦人确实是恐怖分子的概率是多少。假设伦敦是一个拥有1 000万人口的城市,在任意时间上,他们中有10个人是恐怖分子。假设警方的能力还很强,他们在99.9%的情况下可以正确识别任意给定的一个人是否为恐怖分子。

嫌疑犯金·查尔斯·梅内塞斯,27岁,头部中了7枪,肩部中了1枪,但是后来他又被认定为无罪。再次注意,一个被指认为是恐怖分子的人确实是恐怖分子的概率并不等于(甚至压根都不近似于)检测的准确度。还可以看到这里的时间轴:在本例中,警察仿佛是在费尽心机地想马上证明千万别赋予他们见人就击毙的权利。

练习5.16 行为侦察

下面的段落摘自《美国日报》:

道格·金赛站在杜勒斯国际机场的安全线附近,默默观察着过往的人群。突然,他的视线停留在一个穿夹克衫戴棒球帽的乘客身上。

这个20岁左右的男人环顾航空站四周,似乎在寻找什么。他将登机牌放在嘴边,咬着指甲,很担心的样子。

金赛,运输安全委员管理局的安检员,与他的主管韦弗利·卡津斯一致认为:此人一定有问题。于是金赛走向前去跟他说话。

这个场景其实是航空乘客每天都会遇到的普通场景,经常到你甚至都不会发现它正发生着,其中包含一项日渐热门但具有争议的安检技术——行为侦察。这项技术起源于以色列机场安检,主要是从人群中找出可疑人物,询问他们旅行计划以及工作等相关问题,整个过程中被询问人员的面部表情、举止动作以及谈话内容都会被密切关注并研究。

运输安全管理局训练了将近2 000名员工来使用这门技巧,这在担心非法拘留以及种族歧视的公民自由主义者和少数派之间引起了恐慌。这也使一些研究者们感到担心,包括一些国土安全部门的研究者,因为他们认为这项技术未被证实,且有可能是无效的。

政府不大可能公布有关该项目功效的数据,但是我们可以作一些合理的假设。在美国,每个月大约有6 000万人乘坐飞机,我们假想其中有6个人是恐怖分子,我们还假想运输安全管理局的人员能力很强,98%的情况下可以正确识别一个人是否为恐怖分子。问题:

(a) 随机抽取一名乘客被运输安全管理局人员指认为恐怖分子的概率是多少?

(b) 随机抽取一名乘客,他(她)不是恐怖分子但是被运输安全管理局人员错误地指认为恐怖分子的概率是多少?

(c) 一名乘客由运输安全管理局人员指认为恐怖分子而他(她)确实是恐怖分子的概率是多少?

(d) 这样的检测是否具有诊断性?

注意,在上面的故事中,这个人被错误地指认了,这意味着这个故事不经意地指出了这样的检测缺乏诊断性。

练习 5.17　诊断性

我们先认定练习5.16中的行为侦察检测结果没有诊断性。但是在另外的设定下,这个检测结果可能是有诊断力的,比如美国在阿富汗喀布尔的检查站。解释一下这是为什么?

有一个相关的注意点：从 2004 年开始，美国国土安全部的 US-VISIT 项目一直在从签证发放部门和入境港采集国际旅客的数字指纹和照片，很快数据库中就有了上亿的指纹。如果从犯罪现场找到了一名恐怖分子的指纹，而假设它与数据库中的一个指纹匹配，你认为被匹配上的人为恐怖分子的概率是多少呢？如果你发现自己被警方这种拉网式的搜捕抓到，那么你和电椅之间唯一能救你的就是法官对贝叶斯法则的理解，解释给他们听吧，希望有好运！

第五节　证实性偏见

　　第四章第六节中的贝叶斯更新有一个明显的特征，即约翰和韦斯迅速地对硬币的性质达成了一致认识。正如你记得的，掷了 15 次硬币后，双方差不多都百分之百地认为该硬币的两面都是正面。人们有时将这个现象称为**抹掉先验认知**。那就是说，在这么多次掷硬币后，约翰和韦斯将或多或少假设相同的概率，和他们的先验知识不相关。这代表了人类本性的一个美好愿景：当理性的人面对相同的证据时，随着时间推移，他们将会达成一致而不管起点是什么。（经常地，如果概率为零，事情会变得很蹊跷，我继续忽略这种复杂性。）

　　不幸的是，在实际生活中，人们一般不会随着时间推移而达成一致。有时这是因为他们面临着非常不同的证据：保守派们倾向于阅读保守的报纸和博客，这里提供了支持保守观点的信息；自由派们倾向于选择阅读提供支持自由派观点的报纸和博客。但是有的时候，人们还是会以完全相同的方式得到完全相同的信息（如韦斯和约翰这样），可还是不会达成一致。为什么呢？

　　这个故事的一部分就是心理学家称为**证实性偏见**的现象：过分倾向于将证据视为支持先验信念。在一个经典的研究中，支持和反对死刑的参与者都阅读了一篇关于死刑利弊的模糊信息的文章。虽然大家得到的信息是一样的，但是两组人并没有达成一致，双方都认为文章中提供的信息是支持自己这方的。也就是说，读完文章后先前反对死刑的人现在更反对死刑了，而原先支持死刑的人现在更支持死刑了。在证实性偏见存在的情况下,人们的信念如何根据已有的证据变化可能不像图4-5而是更像图5-2。

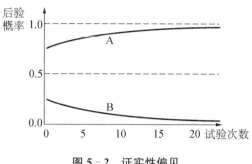

图5-2 证实性偏见

练习5.18 证实性偏见

假设约翰存在证实性偏见,在图5-3中,A、B以及C三条曲线哪条最能代表随着证据的搜集他的概率的变化走向?

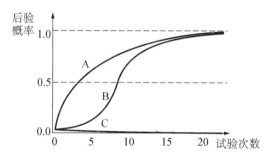

图5-3 约翰的证实性偏见

练习5.19 吃醋的情人

在文学作品或者现实生活中,你肯定很熟悉吃醋的情人的特征,他们总是拒绝接受任何他/她的爱人和自己一样忠贞的证据,而是会到处寻找令自己产生猜疑的证据。正如《寻找失去的时光》的作者马塞尔·普鲁斯特所写:"人们的嫉妒是可怕的,花费大量的时间创造了无数细微但错误的猜疑,一旦事实揭露,就会发现这些猜疑是多么的没有想象力。"通俗地讲,即吃醋的情人存在证实性偏见。

证实性偏见可以解释很大范围内的现象。它可以解释为什么种族主义者与性别主义者们老一套的观点总是亘古不变的。性别主义者可能会忽视或轻视那些表明女孩在数学上很好以及男人很会照顾小孩的证据,而对反面证据却信手拈来(如图5-4)。一个种族主义者也许不会注意到那些努力工作、养家糊口、按时纳税以及做好事的其他种族的人,但是会格外注意那些没有做到的人。证实性偏见还可以解释为什么人们会赌博,许多赌博者相信他们可以预测下一场游戏的结果,尽管有充分的证据表明他们不能(比如他们可能在过去的游戏中因为错误的预测而输了很多钱),这可能是因为他们只关注那些预测对了的情况(即便结果是随机的,还是有机会出现这样的情况)而忽略了那些预测不对的情况。同样的思维可以解释为什么那么多人认为他们可以跑赢股票市场,尽管在没有内部信息的情况下你也一样只是随机挑选了股票。最后,证实性偏见可以解释尽管存在很多相反的证据,阴谋论还是能站住脚,阴谋论者赋予了支持该理论的那些琐碎的证据太多的权重而扔掉了那些不利证据。

资料来源:http://xkcd.com/385/。

图5-4 "这道题怎么解"(兰德尔·门罗作)

心理学研究表明,证实性偏见是由一系列不同因素导致的。首先,人们有时会忽略那些反对自己信念的证据,而容易很快抓起那些支持自己的证据;其次,当证据显得模糊或者模棱两可从而你可以从多角度理解它时,人们倾向于按照支持自己信念的方式来理解;最后,人们对反对自己信念的证据总是要求更严格的标准来证明,而对于支持自己信念的证据则不然。

问题 5.1　防止证实性偏见

在政治、哲学、宗教等方面,你是否同样愿意倾听那些"站在你这边"的人的观念和那些"站在另一边"的人的观念呢?你对他们的话是否足够在意呢?你所需要的证据的标准相同吗?如果你能诚实地用"是"来回答所有的问题,那你就是人群中少有的但是令人尊敬的那一部分人;如果不能,你可以尝试一下,这是一个很有意思的练习。

第六节　可　得　性

医生为发生头痛的儿童作检查时,其中一个检查项目就是脑肿瘤,但是其基础比率很低。患有脑肿瘤的儿童几乎必然会发生头痛,但是当然还有很多其他因素可能导致头痛。在大多数情况下,一个简单的检查就可以成功识别出患脑肿瘤的儿童。也就是说,在那些已经接受正确的检查并被诊断为没有患肿瘤的儿童中,的确鲜有真正患了脑肿瘤的。

练习 5.20　CT 扫描

在一些人口中,儿童患脑肿瘤是非常罕见的:基础比率只有大约 1/10 000。一个患了脑肿瘤的儿童很可能会发生偶发性头痛:在每一百个儿童中 99 个会这样。但还有很多其他原因导致儿童头痛:在没有脑肿瘤的儿童中,有 1/10 会存在偶发性头痛。

(a) 给定一个儿童存在偶发性头痛,那么他(她)患有脑肿瘤的概率是多少?

(b) 现在我们假定,医生通过一项简单的测试就能为 99.99% 发生头痛的儿童准确诊断出是否患有脑肿瘤。给定测试后一个病人被诊断为健康,那么他(她)患有脑肿瘤的概率是多少?

正如在这些练习中所看到的,病人已经接受了合理的检查,他(她)

其实不大可能患脑肿瘤。CT扫描可以近乎结论性地得出病人是否有肿瘤,但是很昂贵。如果我们知道一个接受了医生合理检查的病人不大可能患肿瘤,通常我们认为CT扫描没有必要。但是,一旦在一个病人检查时没发现肿瘤但是最后确实有肿瘤的话,医生的行为将会发生很大的变化。从那时起,她将会更多地要求病患进行CT扫描。我们假设医生关于这个小孩的经历并不会改变他(她)的价值判断,而巨大的行为变化肯定是因为价值判断的变化或者是信念的变化,那么我们可以得出医生的信念一定发生了变化。根据我们已经知道的,医生是否理性地更新了自己的信念?

当然这个故事远比它表现出来的复杂,这值得引起关注,尽管实际数据广为医生所知。这些知识反映了远比任何一个医生在其职业生涯中所看到的更多的案例。结果是,基于一个案例所作的理性更新似乎不会对医生的行为产生如此激进的影响。那么,究竟发生什么了呢?行为经济学家将这种行为解释为**可得性**,即作判断时信息能够进入大脑的难易程度。医生在面对他(她)的下一个病人时,尽管在某种程度上他(她)心里知道没必要进行CT扫描,但是他(她)前面那个案例(即他[她]没能找出肿瘤的案例)会很容易进入脑中。这一点还会很突出,部分是因为那件事刚刚发生,也可能是那件事对他(她)造成了强大的心理负担。

可得性直觉是直觉与偏见模型中另一个重要的直觉。如果我们依靠这种直觉,那么我们会按照某个事件进入大脑中的难易程度来评估这个事件发生的概率。也就是说,可得性直觉告诉我们,如果 X 比 Y 更容易进入我们脑中,我们就认为 X 比 Y 更易发生。正如第三章第六节所指出的,直觉常常是非常有用的。比如,你在去上班的路上偶然遇到了一只短吻鳄,那么你脑中更容易浮现出的是短吻鳄袭击其他动物(包括人类)的影像而非它表现得很可爱又招人喜欢的样子。如果是这样的话,可得性直觉告诉你这只短吻鳄可能是很危险的,而在目前的情况下,这样的假定显然是有帮助的。但是可得性直觉(作为一种简单的凭感觉的方法)有时会让你误入歧途,就像那些头痛的小孩的例子一样。因此,和锚定与调整一样,可得性可以导致偏见。

练习 5.21　隐形眼镜

你的验光师告诉你,你的新隐形眼镜非常好,你可以全天配戴且可以 30 天不摘。她也告诉你,这样做你可能发生一些严重的问题,但是她看过大量顾客,出现问题的概率很低。一周后,你出现了问题并去看一位眼科医生,这个医师告诉你他是专为因不正确佩戴隐形眼镜而导致严重问题的病人移植眼球的医生。他同时告诉你,出现严重问题的概率是很高的。

使用可得性偏见的概念来解释验光师和眼科医师对配戴隐形眼镜产生的严重问题的可能性认识为什么如此不同。

可得性直觉可以解释一系列现象,包括为什么人们认为暴力犯罪比其他犯罪更常见。暴力犯罪非常容易进入人们脑中,部分因为暴力犯罪的影像十分生动,还因为媒体曝光度非常高,如"当地一男子未能被击毙"可以成为一个吸人眼球的头条。可得性还可以解释一旦飞机失事、核熔化以及恐怖袭击等发生后,对此类事件的担忧就骤然上升,因为此时这类事件非常容易浮现在人们脑海中。可得性直觉还可以解释很多销售实践问题。为化妆品、香烟、酒以及其他一切产品进行的广告战将使用这些产品的人描画得非常动人、受欢迎。当潜在顾客在考虑使用这些产品的效果时,可得性直觉就会使"动人"以及"受欢迎"成为更有可能出现的效果。

可得性偏见还可以帮助解释基础比率谬误的问题。考虑关于癌症的案例,即使你知道会出现错误的阳性检测结果,所以阳性检测结果不一定意味着你得了癌症,但是正确的阳性检测结果(被正确地诊断为得了癌症)比错误的阳性检测结果(错误地被诊断为癌症)更容易进入脑海中。如果你一直受可得性直觉的影响,你会认为正确的阳性结果比错误的阳性结果更容易发生。由于给定一个阳性检测结果得病的真实概率是正确的阳性结果与所有的阳性结果的比,过高地估计正确的阳性结果概率会导致高估得病的概率。

第七节 讨 论

本章中,我们发现了与第四章所学的概率判断理论不一致的现象。虽然概率论的设计并非用来捕捉人们形成判断时确切的认知过程,但是在很大范围的情形下似乎人们直觉上的概率判断与该理论的需要存在广泛的、系统性的不一致。正如例子中所看到的,不一致可以是代价昂贵的,这使概率论作为一种描述性理论显得不充分。这些现象还可以使我们从规范性标准上向概率论的正确性提出挑战。要实践这个理论很难,这个事实(或者对实践中的人们经常没能实施这个理论的部分解释)有时可以降低该理论规范上的正确性。

这一章并不是要列出所有与标准理论不一致的现象。比如,我们本来可以讨论**事后聪明偏见**,即知道某件事曾经发生过的人会夸大该事件发生的概率的倾向。当你推迟了你的汽车的常规检查但在高速公路上抛锚了,你可能会告诉自己原本就知道它是要坏的,但其实你之前并不知道。我们还可以讨论**过度自信**,即人们(包括专家)认为自己的判断是正确的概率倾向于超过他们的判断实际上是正确的频率。在一项著名的研究中,那些声称自己百分之百正确的参与者其实只有70%~80%的时间里是真的正确。

我们已经讨论了一些行为经济学家用来捕捉人们实际作判断的方式的理论工具。所以我们进一步考察了直觉-偏见模型,以努力发展出一个在描述上充分的概率判断理论。因为直觉的作用很大,企图消除对它的依赖是错误的,但是直觉也可能使我们误入歧途,所以清楚这个发生的条件将会降低发生的可能性。正如从销售应用中清楚看到的,了解大概的行为经济学,特别是直觉与偏见,可以使我们影响别人的判断而不管出于什么目的。但是行为经济学的知识同样可以使我们预期并阻止他人试图影响我们的判断的企图。

本书下一部分将考察如何在理性决策论中吸收考虑概率论,并讨论其优缺点。

第五章 风险和不确定性下的判断

练习 5.22　概率匹配

假想你的朋友安妮有一枚硬币，2/3 的概率会正面（H）朝上，1/3 的概率会反面（T）朝上。她想扔三次硬币，你每猜对一次哪面朝上就给你 1 美元。你是预测 HHH 更能赢还是预测 HHT 更能赢？

如果你的预测是 HHT（HTH 或者 THH），你可能陷入了**概率匹配**的问题，即选择频率以匹配相关事件的概率。概率匹配可能是由于使用代表性直觉而引起的，因为一个像 HHT（或者 HTH 或者 THH）这样的结果看上去比随机过程 HHH 或 TTT 更具代表性。正如在练习中所看到的，概率匹配是一个导致偏见的次优策略。

练习 5.23　IVF（体外受精）

IVF 是指卵子在子宫外受精的过程。我们假设任何时间这个过程能够成功的概率（也就是说成功孕育生命）大概是 20%。虽然这不大可能是真的，我们还是假设不同尝试成功的概率是独立的。现在先假设一位妇女做了两次体外受精手术：

(a) 该妇女正好能生两个婴儿的概率是多少？

(b) 一个婴儿都生不出来的概率是多少？

(c) 至少生出一个婴儿的概率是多少？

下面假设另外一个妇女做了五次体外受精手术：

(d) 至少生出一个婴儿的概率是多少？

练习 5.24　强制性药检

2011 年 7 月，佛罗里达州对所有的福利接受者进行检测，检测他们是否使用了非法药物。统计数据表明，有 8% 的佛罗里达成年人使用非法药物，我们假设福利接受者也满足这个统计数据。想象该项药检的正确度为 90%，即 10 个人有 9 个会给出正确的结果。

(a) 随机抽取一名佛罗里达福利接受者，他使用非法药物并且检测结果为阳性的概率是多少？

(b) 随机抽取一名佛罗里达福利接受者,他未使用非法药物但是却得到阳性检测结果的概率是多少?

(c) 随机抽取一名佛罗里达福利接受者,他得出阳性检测结果的概率是多少?

(d) 已知一名随机抽取的佛罗里达福利接受者得出阳性检测结果,那么他/她使用非法药物的概率是多少?

(e) 如果一位佛罗里达选民支持该法律,因为他认为(d)的答案在90%左右,他可能犯了什么谬误?

练习 5.25　美国中情局(CIA)

情报服务对人们如何思考格外感兴趣,不管是正确的还是不正确的思考。以下内容摘自《情报分析的心理学》,由美国中情局出版。

在越南战争期间,某日黄昏,美国飞机在一次侦察任务中遭受了一架战斗机非致命的低空扫射。该地区同时有柬埔寨和越南的飞机在活动。现在你知道下列情况:

(a) 具体情况信息:美国飞行员指认该战斗机属于柬埔寨。该飞行员的飞机识别能力是在合适的视觉效果和飞行条件下测试的,面对各种战斗机样本(一半是柬埔寨标志,一半是越南标志),给定飞行员可以在 80% 的情况下正确识别。

(b) 基础比率数据:当地有 85% 的战斗机属于越南,15% 的战斗机属于柬埔寨。

问题:该战斗机属于柬埔寨而非越南的概率是多少?

练习 5.26　胡安·威廉姆斯

2010 年 10 月,美国国家公共广播(NPR)解聘了时事评论员胡安·威廉姆斯,因为他在福克斯新闻发表了以下言论:"我上飞机时……如果我看见一个穿着穆斯林服装的人,我认为他们首先是在显示自己是一名穆斯林,这会让我紧张不安。"这里我不对因这种观点遭解聘或者发表这种观点进行评价,我们仅就这个观点本身内容的合理性进行讨论。

(a) 美国大概有 3 亿人口,其中大概 200 万人是穆斯林。我们假设在任意时点上有 10 个恐怖分子能够并且愿意袭击一架班机,并且 10 个里有 9 个是穆斯林。在这些假设条件下,随机选出一名穆斯林是能够并且愿意袭击班机的恐怖分子的概率是多少?

(b) 使用可得性偏见术语来解释为什么胡安·威廉姆斯会高估随机看到的一个穆斯林是能够并且愿意袭击班机的恐怖分子的概率。

练习 5.27

将下述每个场景用以下列示的一个现象来解释:可得性偏见、基础比率忽略、证实性偏见、合取谬误、分离谬误、事后聪明偏见以及过分自信。如果有不确定的,选择你认为最合适的。

(a) 阿尔一直相信有罗玛(吉普赛)血统的人更倾向于盗窃。实际上他有几个同事都有罗玛背景,但他们都不是窃贼,阿尔毫不怀疑这点。可是有一天在大家狂欢之后,一个老朋友讲起了两个长得像吉普赛人的人从杂货店偷东西的故事,阿尔心中暗想:"我早就知道了!"

(b) 贝丝的车要散架了。她的一些懂行的朋友告诉她这辆车每英里有 10% 的概率会抛锚。贝丝非常想去看望一个住在 10 英里外的朋友,她想了想开着一辆每英里有 10% 的概率会抛锚的车的后果,认为在这段旅途中车子抛锚的概率不会超过 15%。所以,当她的车在半路上抛锚时,她不知所措了。

(c) 塞西尔非常害怕暴力犯罪,所以尽管她住在一个比较安全的社区里,她还是几乎不出门。她因为高度紧张而形容枯槁,如果她时常出去散散心会好很多。但是,一旦她想出去走走时,那些安静地在路边散步的无辜的人遭受的不幸马上浮现在她脑中,她相信恐怖的事情也会发生在自己身上,于是她又决定回去看《法律与秩序》的重播了。

(d) 大卫从未离开过乡村,一次设法去检查疟疾,返回的检查结果显示得了疟疾。大卫从没如此消沉过,认为自己病得很严重的大卫已经开始起草遗书了。

(e) 伊丽莎白因为早晨起床非常困难而常常要开快车赶去学校。在上周一被开了超速罚单后她整整一周都严格遵守法律,但是,从这周开始,她又开得更快了。

(f) 菲茨认为美国不会发起新一轮的反恐战争,因此她认为美国不大可能炸掉伊朗的核装置,但是她相信美国会从阿富汗撤军。当被问到她怎么看待美国炸掉伊朗核装置并且从阿富汗撤军的概率时,她说这个概率比美国炸掉伊朗核装置的概率要高。

(g) 乔治娜无法想象没有苹果电脑和 iPad 的生活,所以她认为必然会出现像乔布斯这样的人来设计这些东西。

(h) 哈里上次因办理托运而丢了行李,从此他再也不愿意办理行李托运了,哪怕这样会跟航空乘务员起争执。

问题 5.2

根据你的个人经历,编一些类似练习 5.26 中的故事来阐述你在本章学到的各种观点。

扩展阅读

哈蒂和道斯(Hatie and Dawes,2010)对判断中的直觉与偏见进行了全面的介绍。特沃斯基和卡内曼(Tversky and Kahneman,1971)对赌博者的谬误及其相关的错误进行了讨论。合取谬误和分离谬误可在特沃斯基和卡内曼(Tversky and Kahneman,1983)以及特沃斯基和沙菲尔(Tversky and Shafir,1992)中找到详细的分析。关于基础比率的讨论参见巴希勒(Bar-Hillel,1980);计划谬误和悉尼歌剧院的案例讨论参见比勒等(Buehler et al.,1994, p. 366)。《美国日报》中的故事摘自弗兰克(Frank,2007)。尼克森(Nickerson,1998)对证实性偏见进行了拓展分析;引文《寻找失去的时光》(*Search for Lost Time*)摘自蒲鲁斯特(Proust,2002[1925], p. 402),洛德等(Lord et al.,1979)在死刑背景下研究的证实性偏见。可得性、锚定与调整以及代表性的讨论参见特沃斯基和卡内曼(Tversky and Kahneman,1974)。讨论事后聪明偏见的经典文章见菲施霍夫(Fischhoff,1975);安杰尔(Anger,2006)讨论了过度自信,尤其是对经济的判断。美国中情局情报分析的案例摘自霍伊尔(Heuer,1999,pp. 157–158),胡安·威廉姆斯丑闻可在法里(Farhi,2010)中找到。

第三部分
风险和不确定性下的选择

第六章 风险和不确定性下的理性选择

第一节 引　言

在第二部分,我们暂时放下决策论而讨论了判断问题。现在是时候回到决策问题的讨论了,特别是理性决策问题。在本章,我们考察风险和不确定性下的理性决策问题。根据传统视角,当相关结果出现的概率完全未知甚至没有意义时,我们就说你**面临不确定性下的选择**;当相关结果出现的概率已知而且有意义时,我们就说你面临**风险下的选择**。最后,我们希望有一个理论可以对任何决策问题给出明确的答案,要发展出这样的理论需要一定的时间。我们先讨论不确定性,然后再进一步讨论期望值和期望效用。期望效用理论将第二章的效用概念与第四章的概率概念结合起来,得出一个有用的风险下的选择。

第二节　不确定性

假设你现在要出门并担心天会下雨,要决定是带上雨伞还是将其放在家里(图 6-1)。如果你没带伞但是下雨了,你会被淋湿且很狼狈;但是如果你带了伞,即使下雨也淋不到你,可是带一把伞会让你有点扫兴。你的决策问题可以用表 6-1(a)表示。

图 6-1 准备好要下雨了吗(科迪·泰勒作)

表 6-1(a)　支付

	下雨	不下雨
带伞	干,不开心	干,不开心
不带伞	湿,狼狈	干,开心

表 6-1(b)　效用支付

	下雨	不下雨
带伞	3	3
不带伞	0	5

表 6-1(c)　风险支付

	下雨	不下雨
带伞	0	2
不带伞	3	0

在表 6-1 中,最左边一栏表示你的菜单,即你的选项,还有一栏表示所有可能发生的事件,这些事件被称为**现实状态**,简称**状态**,列在最上面一行中,它们一起组成了结果空间。在本例中,显然只有两个状

态:下雨或者不下雨。我们可以用第二章第七节中的效用函数来表示你对四种结果的偏好,效用支付可以用表 6-1(b)表示。现在,怎么样做才是理性的?我们假设你将此视为不确定下的选择,我们有各种不同的法则可以使用。

根据**最大化最小准则**,你应该选择具有最大的最小化效用支付的选项。如果你带伞,最小支付是 3;如果你不带伞,最小支付是 0,最大化最小准则将倾向于选择带伞。根据**最大化最大准则**,你应该选择具有最大的最大化效用支付。如果你带伞,最大支付就是 3;如果你不带伞,最大支付是 5,最大化最大准则就告诉你应该不带伞。最大化最小准则是非常谨慎的,就好比最大化最大准则是非常冒险的一样。前者只关注所有行动下可能导致的最差结果,而后者只关注所有行动下可能产生的最好的结果。

我们还有一些其他的准则,根据**最小化最大风险准则**,你应该选择具有最小的最大风险或者最大后悔的选项。如果你带了伞而且下雨了,或者你没带伞而且没下雨,那么你将不会后悔;但是如果你带了伞又没下雨,你的后悔就等于你如果没带伞可以得到的最大支付 5 减去你现在的实际支付 3,也就是 2。由此类推,如果你没带伞但却下雨了,你的后悔等于 3。这些"风险支付"矩阵可以用表 6-1(c)来表示。由于带伞可以带来最小的最大后悔,也就是 2,那么最小化最大的推理倾向于选择带伞。有时我们讨论当人们按照最小化预期的后悔的方式行动时会用**后悔厌恶**来表示这样的倾向,后悔厌恶可能是由损失厌恶导致的(参见第三章第五节),因为后悔是由如果采取不同的行动,人们损失的支付而导致的。在第七章第四节,我们将回到后悔这个话题。

练习 6.1　不确定下的理性选择

参见表 6-2 中的效用矩阵,分别按照(a)最大化最小准则、(b)最大化最大准则、(c)最小化最大风险准则来看,哪个行动应该被选择?作为(c)的答案的一部分,你应该画出风险支付矩阵。

表 6-2　不确定性下的选择

	S_1	S_2
A	1	10
B	2	9
C	3	6

问题 6.1　不确定性下的约会游戏

想象一下，你正考虑是否要约某人出去玩。(1)在你的效用函数已定的情况下，按照最大化最小准则、最大化最大准则以及最小化最大风险准则，应该选择哪种行动？(2)艾尔弗雷德·罗德·丁尼生曾经说过："爱过，又失去，总好过从未爱过。"这句诗支持哪种决策准则？

在不确定性下选择的所有准则中，最大化最小准则最为有名，它是哲学家约翰·罗尔斯正义论中重要的一部分。在罗尔斯的理论中，正义的原则就是理性的人们在"无知之幕"的背后，即在去掉了关于他们自身、他们所处的社会以及他们在这个社会中的地位等一切与道德相关的信息的情况下所一致遵循的合作方式。举个例子，假设你必须选择是生活在一个有主人和奴隶的社会还是一个更平等的社会，不需要像前面的社会那样知道自己是主人还是奴隶。根据罗尔斯的理论，理性的程序应该是按照你在每个社会中最差的结果来对不同的社会排序，即采用最大化最小准则。罗尔斯正是据此认为一个平等的社会比有主人和奴隶的社会更正义。

在许多情形下都可以听到对最大化最小推理的批判。其中的一个异议就是最大化最小推理忽略了相关的效用信息，因为对每个行动而言，它只考虑了最差的效用。考虑表 6-3 中的两个决策问题，最大化最小推理在每种情况下都支持选择 A，但是喜欢 A 超过 B 以及喜欢 B* 超过 A 看上去并非完全不理性，因为毕竟是 B* 而非 B 有希望获得高达 100 亿的效用。

第六章 风险和不确定性下的理性选择

表 6-3(a) 不确定性下的更多决策问题

	S_1	S_2
A	1	1
B	0	10

表 6-3(b) 不确定性下的更多决策问题

	S_1	S_2
A	1	1
B*	0	10^{10}

另一个异议是最大化最小推理没有合理考虑不同状态可能出现的概率。诺贝尔经济学奖获得者约翰·海萨尼在一篇批判罗尔斯的文章中给出了下面一个例子:

例子6.1 海萨尼挑战

假设你生活在纽约,且同时接到两份工作邀请,一份是在纽约本地的枯燥且薪水不高的工作,另一份是在芝加哥的很有趣而且薪水也很高的工作。但是,如果你接受了芝加哥的工作,你必须从纽约乘飞机去芝加哥(假如这份工作必须明天就得到岗)。你可能因飞机事故身亡的概率很小但严格为正。

假设死于飞机事故比在纽约大街上发生任何事都惨,正如海萨尼指出的,最大化最小推理将倾向于纽约这份枯燥的工作,不管你多么喜欢芝加哥的工作,不管你认为死于飞机事故的概率是多么低。这似乎不大对劲。

也许存在一些相关结果出现的概率是完全未知甚至没有意义的,也许在这些情形下最大化最小推理或者其他准则中的一个是合理的,但是事实是,任何时候像关注所有可能的支付一样关注不同状态出现的概率是非常合理的。当面临表 6-1 那样的雨伞问题时,考虑支付矩阵中四个格子的同时考虑下雨的概率似乎是正确的。

第三节 期望值

从现在起,我将假设考虑不同结果的概率有意义并且完全有可能,也就是说,我们将离开不确定性下的选择领域进入到风险下的选择的王国中。在本节,我们将考察一个把整个支付矩阵和概率同时考虑进来的十分直接的方法——期望值。

一场赌局的期望值是就长期而言及在平均意义上你可以期望赢得的价值。假设给你以下选择:我在掷一枚有正反两面的硬币,如果正面朝上,我会给你10美元;如果反面朝上,什么也不给你。这个交易很不错:你有50%的概率获得10美元。这场赌局可以很容易用树或者表来表示,如图6-2所示。很显然,平均而言,在长期中,你会得到5美元,换句话说,这场赌局的期望值就是5美元,这等于你将赢的概率(1/2)乘以你赢得的价值(10美元)得到的数字。

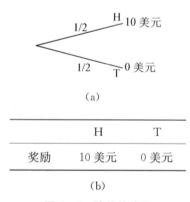

图6-2 简单的赌局

练习6.2 6/49式彩票

用类似图6-2(a)和(b)的方式来表示购买练习4.16中的6/49式彩票后的赌局,假设大奖是100万美元。

例子 6.2　6/49 式彩票(续)

如果大奖是 100 万美元,那么一张 6/49 彩票的期望值是多少?

我们从练习 4.28 中知道,赢彩票的机会是 1/13 983 816。长期而言,彩票持有人得到的均值为 1/13 983 816 * 1 000 000 美元,如果你将获胜的概率乘以获胜金额,也可以得到相同的值(0.000 000 07 * 1 000 000美元),也就是 7 美分。

问题 6.2

你愿意为这场赌局支付多少? 如果你愿意为玩这个游戏而进行支付,你希望得到什么?

有时,你可以有两个或两个以上的行动选项,如果这样,你必须作出选择。比如,想象你可以选择如图 6-2 所示的赌局或者确定得到 4 美元,那么我们可以将你的决策问题用如图 6-3(a)中的树表示。我们还可以将拒绝这个赌局的结果看成 4 美元,不管硬币最后会出现哪面朝上,我们可以将这个赌局视为等价于图 6-3(b)。后面的决策树使得以表格形式表示这个赌局变得显而易见(见图 6-3[c])。标示

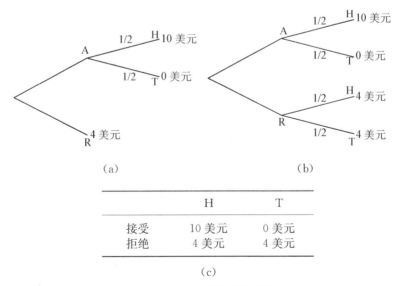

	H	T
接受	10 美元	0 美元
拒绝	4 美元	4 美元

(c)

图 6-3　赌局之间的选择

"拒绝"的行中的数字表示如果你拒绝了这个赌局,你会接受这 4 美元,不管赌局里你是否会成为赢家。

练习6.3　期望值

参考图 6-3(c),回答下列问题:

(a) 接受这个赌局的期望值是多少?

(b) 拒绝这个赌局的期望值呢?

你也许想知道是否所有的赌局都可以用表格形式来表示,答案是肯定的。比如,考虑一下你掷一枚硬币,如果出现正面朝上你就会赢得图 6-2 中所示的游戏,此时这个复杂的游戏就应如图 6-4(a)所示。分析类似这样更复杂、多阶段赌局的关键在于运用"乘法法则"来构建一个简化游戏。在本例中,该赌局给你 1/4 的机会赢得 10 美元,3/4 的机会什么也得不到,所以这个赌局还可以表示成如图 6-4(b)所示的那样,现在如何将这个复杂的游戏用表来表示就显而易见了,如图 6-4(c)所示。现实中可能不只存在两种行动,也不只存在两种状态,因此我们得到了如表 6-4 所示的一般矩阵。现在,如何定义期望值已经很明确了。

定义6.1　期望值

给定如表 6-4 所示的决策问题,行动 A_i 的期望值是:

$$EV(A_i) = \Pr(S_1) * C_{i1} + \Pr(S_2) * C_{i2} \\ + \cdots + \Pr(S_n) * C_{in} \\ = \sum_{j=1}^{n} \Pr(S_j) * C_{ij}$$

这个等式看上去很复杂,其实计算很简单,对于每个状态(也就是表中的每一栏),你将该状态出现的概率乘以如果你那么做所得到的值,再将这些数字全部相加即可。如果你想比较两种或以上的行动,那就对每个行动都按上述方式计算,再比较得出的结果。你可以看到,这个式子为支付矩阵中的每个格子赋予了权重,也为不同状态出现的概率赋予了权重。

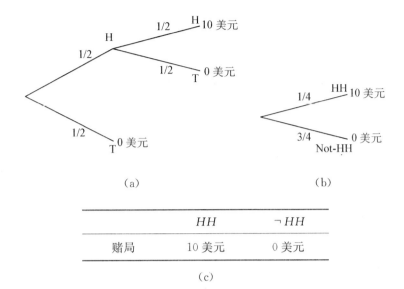

图 6-4 多阶段赌局

表 6-4 多阶段赌局

	S_1	S_2	...	S_n
A_1	C_{11}	C_{12}	...	C_{1n}
⋮	⋮	⋮	⋮	⋮
A_m	C_{m1}	C_{m2}	...	C_{mn}

在计算期望值时，表格形式通常很便利，因为它使定义 6.1 中的公式变得很明确。更为复杂的赌局也可以用表格形式来表示，这个事实意味着该公式在更复杂的赌局中依然适用。因此，只要结果至少可以用美元、失去的生命等来表示，我们的概念就是被良好定义的。为了检验其有用性，我们来考虑你在赌场或者其他现实生活环境中可能遇到的决策问题。

练习 6.4 轮盘赌

轮盘的不同位置标注着数字 $0, 00, 1, 2, 3, \cdots, 36$（见图 6-5）。玩家下注后，赌场中的主持人转动轮盘，根据结果来决定支付。玩家可以下多种赌注，表 6-5 列出了这些赌注以及 1 美元的赌注相应能赢多少钱，然后把表填完整。

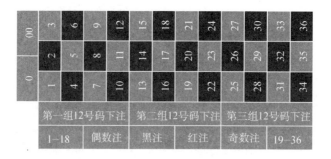

图 6-5 轮盘赌表

表 6-5 轮盘赌赌注

赌注	描述	支付(美元)	赢的概率	期望值
单一号下注	1 个数字	36		
分开下注	2 个数字	18		
路注	3 个数字	12		
四角注	4 个数字	9		
头五位下注	0、00、1、2、3	7		
六数组合注	6 个数字	6		
第一组 12 号码下注	1~12	3		
第二组 12 号码下注	13~24	3		
第三组 12 号码下注	25~36	3		
红注		2		
黑注		2		
偶数注		2		
奇数注		2		
低半区注	1~18	2		
高半区注	19~36	2		

练习 6.5 停车

你在考虑是否违章停车,并且希望做得理性些。用负数代表你的期望值计算中的成本。

(a) 一张停车罚单上的金额为 30 美元,如果你违章停车被开罚单的概率是 1/5,那么,违章停车的期望值是多少?

(b) 假设你在生活中使用期望值作为自己的向导,花费 5 美元合法停车是否值得呢?

当出现不止一个状态的支付非零时,一样可以计算期望值。

例子6.3

你面临下面的赌局:如果一枚正反面都有的硬币抛出来正面朝上,你会得到10美元;如果反面朝上,你要支付10美元。这个赌局的期望值是多少?

这场赌局的期望值是:$1/2 * 10 + 1/2 * (-10) = 0$。

练习6.6

假设有人想扔一个普通的骰子,如果出现1就给你1美元,出现2就给你2美元,以此类推。这个赌局的期望值是多少?

练习6.7 成交还是不成交

你正在参加节目《成交还是不成交》,你面对着很多盒子,每个盒子内都有不同数目的未知的钱(见图6-6)。现在,你面前有三个盒子,其中一个装有90万美元,一个装有30万美元,一个装有60美元,但是你不知道装在哪个盒子中。法则如下:如果你选择打开盒子,你可以按照任何顺序打开盒子,但是你只能将最后一个盒子里的钱留着。

(a) 打开这三个盒子的期望值是多少?

(b) 主持人给你一个机会在确定的40万美元和打开这三个盒子

图6-6 成交还是不成交

的权利中选择,假设你想最大化期望值,你应该怎么选?

(c) 你拒绝了 40 万美元而选择打开一个盒子,不幸的是,盒子里有 90 万美元,那么,打开剩下两个盒子的期望值是多少?

(d) 主持人给你一个机会在确定的 15.5 万美元和打开剩下两个盒子的权利之间选择,假设你希望最大化期望值,你应该怎么选?

计算期望值形成了**成本-收益分析**的核心,人们用成本-收益分析来确定各种类型的项目是否值得进行。企业用成本-收益分析来决定是否投资建立新工厂以及开始一场销售战等,政府用成本-收益分析来决定是否修建桥梁和铁路以及机场、是否要招商引资、是否要检查税收系统以及其他很多事情。基本的原理就是比较期望收益和期望成本:如果收益超过或者等于成本,就认为值得进行;否则,就要否定。

到目前为止,我们已经使用概率论的知识来计算期望值,当然也可以使用定义 6.1 来计算概率,前提是我们充分了解期望值。因此,作为一个例子,我们可以思考下面的问题。

例子 6.4　停车(续)

假设违章停车罚 30 美元,合法停车要花费 5 美元,那么,要使合法停车的期望值等于违章停车的期望值,被开罚单的概率应该是多少?

我们构建一个等式来解决这个问题,首先假设被开罚单的概率是 p,再假设违章停车的期望值等于合法停车的期望值,即 $p*(-30) = -5$,可以得出 $p = 1/6$。这意味着如果被抓住开罚单的概率是 $1/6$,两个期望值相等;如果 p 大于 $1/6$,合法停车的期望值就高于违章停车的期望值;如果 p 小于 $1/6$,合法停车的期望值就低于违章停车的期望值。

练习 6.8　停车(续)

假设违章停车还是花费 5 美元。

(a) 如果违章停车要罚 100 美元,那么要是违章停车的期望值等于合法停车的期望值,被抓住开罚单的概率应该是多少?

(b) 如果罚单数额是 10 美元呢?

第六章 风险和不确定性下的理性选择

问题 6.3 停车(续)

给定停车费以及你所在的地区的违章停车罚款额,被抓到开罚单的概率为多少才能确保违章停车的期望值等于合法停车的期望值?

有一个领域叫**法和经济学**,就是用来解决这类问题的,它考察的是在什么条件下人们会触犯法律,以及设计法律以使犯罪率达到最优的水平。

练习 6.9 6/49 式彩票(续)

假设一张 6/49 式彩票的价格为 1 美元,赢家将获得 100 万美元奖金。要使该彩票是**精算公平的**,也就是使它的价格等于它的期望值,那么,获胜的概率应该为多少?

练习 6.10 保修单

一台平板电脑价值 325 美元,可选的 1 年期质保保证只要坏了就无偿更换新电脑,但是要以 79 美元购买。那么,电脑坏掉的概率应该是多少才能保证购买这项质保服务的期望值等于不购买的期望值?

正如这个例子所示,平均而言,相对于产品坏掉的概率,保修单上的价格经常是过高的。

不幸的是,现实中通过计算期望值来指引生活是有缺陷的。显然,只有当结果可以用金钱或者失去的生命等来表示时我们才可以计算期望值,可是如果结果 c_{ij} 不能用数值来表示,期望值就派不上用场。再者,在很多时候,期望值会给出不恰当的建议,因而日常生活中不能经常以它作参考。举个例子,假设现在你在一家赌场,30 分钟后黑手党就要找到你并向你追债,如果你不能拿出 10 000 美元,那么你就会有麻烦,这时来一场赌博可能是最理性的做法,即便期望值很低。最后来看下面一个著名的例子。

例子 6.5 圣·彼得堡悖论

现在有一种赌博游戏,即通过掷一枚普通硬币来获得正面朝上。

如果一次就能做到,你将得到 2 美元;如果两次都能做到,你将得到 4 美元;如果三次都能做到,你将得到 8 美元,以此类推(见表 6-6)。这场赌局的期望值是多少?

表 6-6　圣·彼得堡悖论

	H	TH	TTH	…
圣·彼得堡赌博	2 美元	4 美元	8 美元	…

可以看出,掷第一次得到正面朝上(H)的概率是 1/2,第一次反面朝上而第二次正面朝上(TH)的概率是 1/4,前两次反面朝上而第三次正面朝上(TTH)的概率是 1/8,以此类推。那么,该赌局的期望值应该是:

$$\frac{1}{2}*\$2+\frac{1}{4}*\$4+\frac{1}{8}*8+\cdots$$
$$=\$1+\$1+\$1+\cdots=\$\infty$$

这场赌局的期望值应该是无穷大。也就是说,如果你希望最大化期望值,你应该愿意支付任何价格来玩这个游戏。这似乎看上去不合理,这也就是它为什么被称为**圣·彼得堡悖论**的原因。即使你相信不管发生什么你都会得到承诺的支付,这看上去也不对劲。

第四节　期望效用

我们在第四章第四节中的计算表明,像 6/49 式彩票之类的博弈毫无意义(见练习 4.16)。但是故事并非到此结束,正如我们从本章谨慎的考察中所看到的,奖励的规模是重要的(如例子 6.2)。同样重要的是,1 美元与另外的 1 美元的价值并不一样。相比于你口袋中的第十张美元钞票来说,你可能更在乎第一张美元钞票。或者说,如果黑手党为了 10 000 美元的债务而追杀你,前面 9 999 美元对你而言是无用的,因为无论如何你都会死,而这最后第 10 000 张的十美元钞票才能真正地救你一命。

为了解释这一现象,并同时解决圣·彼得堡悖论,我们简单地回顾一下本书第二章第七节中的效用的概念。货币的效用常常可用图表示，x 轴表示货币（或者财富、收入），y 轴表示效用。举个例子，在图 6-7 中，虚线表示货币的期望价值，假设 $u(x)=x$，为了表示黑手党追杀你时货币的效用，用点线表示当你获得越来越多的美元时 1 美元的价值变得越来越没有价值，即货币的边际效用是递减的。点线在向右移动时向下弯曲，我们就说这样的线是**凹的**。

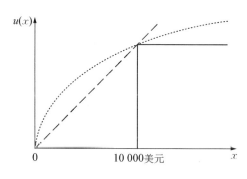

图 6-7 货币的效用

对于大多数商品来说，边际效用递减这一点很可能是真的。当你从自动售报机中购买报纸时，投入几枚硬币，你可以从一叠报纸中抽取一份，没人阻止你多拿几份，但是大多数人都不会这么做，为什么呢？自动售报机之所以有用就是因为报纸的边际效用递减得非常快。第一份《华尔街日报》可以使你了解市场中发生了什么，而多拿的报纸最好的用途可能是用来折好玩的帽子或者包炸鱼。但是这个准则也是有例外的，啤酒的销售就与报纸不一样了，原因很明显：它的边际效用不是递减的，甚至是递增的。正如你可能在书中读到的，当人们喝了一杯啤酒后，第二杯啤酒似乎比第一杯感觉更好，如此等等。这就是为什么啤酒（与"我们来喝杯啤酒吧！"一样）是神话中的独角兽。

那么，知道这些有什么帮助呢？考虑上一节中的圣·彼得堡赌博，我们假设货币的边际效用是递减的，这一假设看上去也是合理的。从数学上看，给定数量的货币 x 的效用等于 x 的对数，那么，有 $u(x)=\log(x)$。这样，我们可以将表 6-6 转化成结果用效用而不是美元表示的表（见表 6-7）。

147

表 6-7 圣·彼得堡赌博的效用

	H	TH	TTH	⋯
圣·彼得堡赌博	log(2)	log(4)	log(8)	⋯

现在我们可以计算该赌局的**期望效用**了。长期而言，从平均意义上来说，一场赌局的期望效用是你预期得到的效用。在圣·彼得堡赌博的例子中，期望效用如下：

$$\frac{1}{2}*\log(2)+\frac{1}{4}*\log(4)+\frac{1}{8}*\log(8)+\cdots \approx 0.602<\infty$$

在这个方法下，圣·彼得堡赌博的期望效用是良好定义并且有限的（在例子 6.35 中我们将计算该赌局以美元衡量的价值是多少）。以下是我们对期望效用的定义。

定义 6.2 期望效用

给定如表 6-4 中的决策问题，行动 A_i 的期望效用 $EU(A_i)$ 表示如下：

$$EU(A_i) = \Pr(S_2)*u(C_{i1})+\Pr(S_2)*u(C_{i2})+\cdots$$
$$+\Pr(S_n)*u(C_{in}) = \sum_{j=1}^{n}\Pr(S_j)*u(C_{ij})$$

选择使得期望效用最大的选项的行为被称为**期望效用最大化**。例如，圣·彼得堡悖论这样的例子表明，期望效用最大化比期望值最大化更能指引我们的行为，也能更好地描述实际行为。也就是说，与期望值理论相比，期望效用理论是一个更好的规范性理论和描述性理论。计算期望效用并不比计算期望值难，当然你必须在每个结果的效用前面乘以概率。

例子 6.6 期望效用

再次考虑图 6-3(c) 中的赌局。假设你的效用函数是 $u(x)=\sqrt{x}$。你应该接受还是拒绝这场赌局？

拒绝这个赌局的效用是 $EU(R)=u(4)=2$；接受这个赌局的效用

是 $EU(A) = 1/2 * u(10) + 1/2 * u(0) = 1/2 * \sqrt{10} \approx 1.58$。理性的做法是拒绝这个赌局。

练习 6.11　期望效用(续)

现在,假设你的效用函数变成了 $u(x) = x^2$。
(a) 拒绝该赌局的期望效用是多少?
(b) 接受该赌局的期望效用是多少?
(c) 你应该怎么做?

当曲线像效用函数 $u(x) = x^2$ 这样从左向右移动并向上弯曲时,我们就说该曲线是**凸的**。

练习 6.12　6/49 式彩票(续)

仍然假设你的效用函数是 $u(x) = \sqrt{x}$。
(a) 给定练习 4.16 的答案,一张彩票的期望效用是多少?
(b) 你为了购买彩票而放弃的美元的期望效用是多少?
(c) 你更喜欢哪个?

练习 6.13　期望值和期望效用

再次假设你的效用函数是 $u(x) = \sqrt{x}$。计算以下赌局的期望值以及期望效用:
(a) 你有 1/4 的机会赢得 25 美元,3/4 的机会赢得 1 美元。
(b) 你有 2/3 的机会赢得 7 美元,1/3 的机会赢得 4 美元。

期望效用框架的另一个优点就是它可以使用在结果不能用货币或者失去的生命等表示的决策问题中。只要我们可以赋予每个结果效用,期望效用的公式应用很广泛。也就是说,只要你对结果有偏好排序(只要你是理性的,你就会有),我们就可以计算期望效用。因此,期望效用理论可能适用于一切决策问题。以下练习阐释了在结果不能量化时期望效用是如何发挥作用的。

练习6.14 失聪

一个失聪的病人正在考虑是否要做手术。如果她不做手术,她的听力不会变好也不会变差,但是如果她做了手术,她的听力会有85%改进的机会,有5%的可能会恶化。如果她不做手术,效用将为0;如果做手术并且听力改进,她的效用为10;如果她做手术但是没有变化,她的效用将是-2;如果她做了手术但却恶化了,那么她的效用是-10。

(a) 画一个树来表示这个决策问题。
(b) 画一张表来表示这个决策问题。
(c) 不做手术的期望效用是多少?
(d) 做手术的期望效用是多少?
(e) 这个病人该怎么做呢?

练习6.15 感恩节的迟疑不决

假设你在考虑是否回家过感恩节,你想见见你的亲人,但是你担心你的婶婶会出现,而你真的很讨厌她。如果你不回家,你希望你的室友和你在一起,但是她有一定的概率会离开。你婶婶出现的概率是1/4,你室友离开的概率是1/3。在没有你婶婶参加的情况下与家人一起过感恩节的效用是12;如果有婶婶参加,则为-2。不回家但是室友又不在的话,你的效用是3,室友在的话你的效用则是9。

(a) 画出决策树。
(b) 计算回家和不回家的期望效用。
(c) 你应该怎么做?

有一点需要注意,你不能简单地只通过结果来判断一个决策是否明智。在这个框架中,一个好的决策是最大化期望效用的那个决策。这样的决策可能会导致不利的结果,但这仅仅意味着决策者不走运,而不是说她在一开始作了一个糟糕的决定。

练习6.16 帕斯卡赌局

法国17世纪的数学家和哲学家布莱士·帕斯卡对信奉上帝提出

了下面的论点(这个论点被称为**帕斯卡赌局**):上帝要么存在(G),要么不存在(¬G)。我们可以选择相信(B)或者不相信(¬B)。如果上帝不存在,我们信与不信都没什么关系,效用都是一样的。但是如果上帝存在,事情就比较严重了:如果我们信仰上帝,我们将去天堂;如果我们不信,我们将去地狱。

(a) 用表格形式来表示这个决策问题并设计出合理的效用。

(b) 令 p 表示出现 G 的概率,那么,B 和 ¬B 的期望效用分别是什么?

(c) 你应该怎么做?

注意,p 是什么其实不重要。B **占优于** ¬B,因为不管怎样,B 总是有更高的期望效用。当然,假定我们已经知道期望效用的话,定义 6.2 也可以用来计算概率。所以,我们不妨提出下面的问题。

例子 6.7 雨伞问题(续)

参见表 6-1(b),即本章第二节中的雨伞问题。如果下雨的概率是 p,那么如果带伞的期望效用等于不带伞的期望效用,p 应该等于多少?

要回答这个问题,我们建立下面的等式:EU(带伞)$= EU$(不带伞)。已知表 6-1(b)中的效用,我们得出:$3 = p*0 + (1-p)*5$,即 $p = 2/5$。

练习 6.17 无差异

参见表 6-2。令 p 表示 S_1 出现的概率。

(a) 如果一个追求效用最大化的人对 A 和 B 无差异,那么,他的 p 为多少?

(b) 如果另一个追求效用最大化的人对 B 和 C 无差异,那么,她的 p 为多少?

(c) 如果第三个效用最大化者对 A 和 C 无差异,那么,他的 p 为多少?

第五节 对于风险的态度

正如你可能已经注意到的,期望效用理论隐含了对风险的态度。拒绝一场赌局(如例子6.6)还是接受一场赌局(如练习6.11)至少在一定程度上取决于你效用函数的形状。这意味着我们可以用效用函数的特征来解释人们对风险的态度。

期望效用理论可以解释为什么人们经常拒绝一个赌局而会接受与这个赌局的期望值相等的确定的金额。我们只要简单地往期望效用理论中加入货币的边际效用递减这个辅助假设即可。

例子6.8 风险厌恶

假设你有2美元,现在面对一个赌局:50%的机会赢得1美元,50%的机会输掉1美元。这个决策问题可以用图6-8来表示。你的效用函数是$u(x)=\sqrt{x}$,所以边际效用是递减的。你应该接受这个赌局吗?

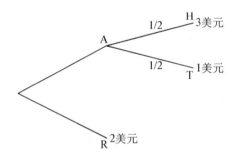

图6-8 风险厌恶

这个问题可以用表6-8表示。期望效用计算说明你应该拒绝这个赌局,因为 EU(接受) $= 1/2 * \sqrt{3} + 1/2 * \sqrt{1} \approx 1.37$,而 EU(拒绝) $= \sqrt{2} \approx 1.41$。

表 6-8　另一个赌局

	赢(1/2)	输(1/2)
接受(A)	$\sqrt{3}$	$\sqrt{1}$
拒绝(R)	$\sqrt{2}$	$\sqrt{2}$

一个追求期望值最大的人会认为接受与拒绝是无差异的,因为期望值都是 2 美元。巧的是,如果你的效用函数是 $u(x)=x$,你也会在拒绝与接受上无差异。为了比较,考虑下面的问题。

练习 6.18　风险爱好

再次考虑图 6-8 中的赌局,现在假设你的效用函数是 $u(x)=x^2$。与前面的效用函数不同,它随着金额的增加变得更为陡峭。计算接受和拒绝这个赌局的期望效用。你应该怎么做?

正如所有这些例子所表明的,你的效用函数的形状与你的风险态度(或者说你的**风险偏好**)相关。你是应该拒绝还是接受一个期望值为 0 的赌局取决于你的效用函数是越来越平坦还是越来越陡峭(向下弯曲还是向上弯曲)。一般而言,如果你拒绝了一个赌局,而接受了与该赌局的期望值相等的确定的金额,我们会说你是**风险厌恶**的;如果你接受了该赌局,我们就说你是**风险爱好**的;如果无差异,我们就说你是**风险中性**的。因此,如果你的效用函数向下弯曲,你就是风险厌恶的;向上弯曲,你就是风险爱好的;如果是一条直线,你就是风险中性的。

值得注意的是,这个理论本身不能告知你的效用函数形状应该是什么。大多数时候,经济学家会假设货币的效用是递增的,所以钱越多越好。但那是一个辅助性的假设,并不是理论的一部分。理论本身并不限制你对风险的态度,它甚至没有说当你得到更多(或者更少)的钱时你对风险的态度必须保持一样。举个例子,你的效用函数可能形状与图 6-9 中的实线一样,那么在 x^* 左边部分你是风险爱好的,而在 x^* 右边你是风险厌恶的。或者你的效用函数可能与图中虚线部分形状相同,那么在 x^* 左边部分你是风险厌恶的,而在 x^* 右边你是风险爱好的。下面的练习说明了人们对风险的态度如何体现在一系列现实的行为中。

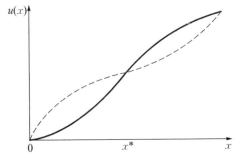

图 6-9 S 形的效用函数

练习 6.19 对风险的态度

用你已经学到的知识判断下面的人是风险爱好的、风险厌恶的还是风险中性的?

(a) 把钱投资股票市场而不是存在储蓄账户里的人。
(b) 投资债券而不投资股票的人。
(c) 购买彩票而不是持有现金的人。
(d) 购买房屋保险的人。
(e) 玩轮盘赌的人。
(f) 坚持最大化期望值的人。
(g) 进行不安全性行为的人。

有时,计算一个赌局的**确定性等价**对我们有帮助。一个赌局的确定性等价是使得你在玩这个赌局和接受这项确定收益无差异时的金额。

定义 6.3 确定性等价

赌局 G 的确定性等价是 CE,满足等式 $u(CE) = EU(G)$。

确定性等价代表了赌局对你的价值,决定了你愿意支付的最高价格(WTP)以及愿意接受的最低价格(WTA)。用图表表示,假设给定一个如图 6-10 所示的效用函数,你必须找到确定性等价。假设有一个有 50% 的机会赢得 A 以及有 50% 的机会赢得 B 的赌局。

(a) 在 A 点上方曲线上画出一个点,表示(对应 y 轴上)A 的效用。

(b) 在 B 点上方的曲线上画一个点,表示 B 的效用。

(c) 在这两点之间画一条直线。

(d) 在直线中间画"×","×"(对应 y 轴)表示该赌局的期望效用,对应在 x 轴上表示该赌局的期望值。

(e) 沿着水平方向从×号开始移动直到你遇到效用曲线。

(f) 向下走一直到 x 轴,遇到 x 轴上的点就是确定性等价。

图 6-10 中展示了整个过程。同样的过程还可以应用于概率不是 50∶50 的赌局。唯一变化的就是"×"在直线上的位置。如果有 3/7 的概率赢得 A,4/7 的概率赢得 B,从左边开始将点画在从 A 到 B 的 4/7 处。随着赢得 B 的概率的增加,"×"将向 B 的方向移动,该赌局的期望效用会越来越接近于 B 的效用;随着赢得 A 的概率的增加,"×"将向着 A 的方向移动,该赌局的期望效用会接近 A 的效用。

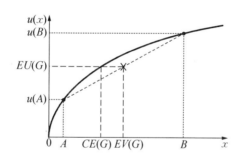

图 6-10 寻找确定性等价

练习 6.20 确定性等价

当效用函数向上弯曲时,说明如何找出相同赌局的确定性等价,并确认确定性等价比期望值大。

记住:当效用函数向下弯曲时,你是风险厌恶的,虚线落在效用函数的下方,确定性等价比期望值小。当效用函数向上弯曲时,你是风险爱好的,虚线则落在效用函数的上方,确定性等价则比期望值大。再读一遍这段话,确保你理解了其中的意思。

用字母表示,要得到一个赌局的确定性等价,先计算该赌局的期望

效用 x，再通过 $u(CE)=x$ 计算出 CE，即 $CE=u^{-1}(x)$。只要 $u(\cdot)$ 在货币上是严格递增的，而这一点也是正常的，那么反函数就是良好定义的。考虑表 6-8 中的赌局，我们知道该赌局的期望效用大约是 1.37。通过求解 $u(CE)=1.37$，可以得出确定性等价。给定效用函数 $u(x)=\sqrt{x}$，这意味着 $CE=1.37^2\approx 1.88$。因为你是风险厌恶的，该赌局的确定性等价比期望值 2 要小。

例子 6.9 圣·彼得堡悖论（续）

从本章第四节中我们知道，对于一个效用函数 $u(x)=\log(x)$，圣·彼得堡赌博的期望效用大约是 0.602。该赌局的确定性等价是什么？

通过求解下述等式可以得出确定性等价：$\log(CE)=0.602$。解出来确定性等价 $CE=10^{0.602}\approx 4$。也就是说该赌局值 4 美元。

练习 6.21

使用效用函数 $u(x)=x^2$ 计算图 6-8 赌局的确定性等价。

我们用一系列练习来结束本节的内容。

练习 6.22

假设你可以选择 4 美元或者下面的赌局 G：1/4 的概率赢得 9 美元，3/4 的概率赢得 1 美元。

(a) 假设你的效用函数是 $u(x)=\sqrt{x}$，4 美元的效用是多少？G 的效用是多少？确定性等价是多少？你应该怎么选择？

(b) 假设你的效用函数是 $u(x)=x^2$，那么 4 美元的效用是多少？G 的效用是多少？确定性等价是多少？你应该怎么选择？

练习 6.23

假设你的效用函数是 $u(x)=\sqrt{x}$，现在你面临一个赌局，如果你运气好就能得到 4 美元，运气不好只能得到 1 美元。

(a) 首先假设赢得 4 美元的概率是 1/4,赢得 1 美元的概率是 3/4。那么,这个赌局的期望值是多少?

(b) 假设赢得 4 美元的概率是 1/4,赢得 1 美元的概率是 3/4。那么,该赌局的期望效用是多少?

(c) 假设赢得 4 美元的概率是 1/4,赢得 1 美元的概率是 3/4。该赌局的确定性等价是多少? 即求解 X,使得你对确定收到 X 和接受这个赌局是无差异的。

(d) 现在假想赢得 4 美元的概率是 p,赢得 1 美元的概率是 $1-p$。那么要使得该赌局的效用是 $3/2$,p 应该等于多少?

练习 6.24

假设你的效用函数是 $u(x)=\sqrt{x}$,现在你面临一个赌局:如果你运气好你就能得到 16 美元,运气不好只能得到 4 美元。

(a) 首先假设赢得 16 美元的概率是 1/4,赢得 4 美元的概率是 3/4。那么,这个赌局的期望效用是多少?

(b) 假设赢得 16 美元的概率是 1/4,赢得 4 美元的概率是 3/4。那么,该赌局的确定性等价是多少?

(c) 现在假想赢得 16 美元的概率是 p,赢得 4 美元的概率是 $1-p$。那么要使得该赌局的效用是 $9/4$,p 应该等于多少?

(d) 给定上述效用函数,你是风险爱好的还是风险厌恶的?

练习 6.25 6/49 式彩票(续)

计算练习 4.16 中的 6/49 式彩票的确定性等价,假设 $u(x)=\sqrt{x}$。

第六节 讨 论

在本章,我们考察了风险和不确定性下理性选择的原理。正如本章引言所指出的,根据传统的观念,当概率不知道甚至无意义时,你面临着不确定性下的选择。在本章第二节中,我们考察了在这些情形下适用的理性选择原理。当对不同状态赋予概率有意义并且可能时,就可以计算期望,可以使用期望值和期望效用理论了。

风险与不确定性之间的区别并不是很大。在现实生活中,有时很难区分我们是在哪种情形下作决策。比如,对于新型的未经研究的化学材料的管制,虽然关于这些材料还没有足够有利的数据作为证据,但是这些材料还是有一定的有毒的概率。有人争辩说这代表着政策制定者们面临不确定下的选择,那么根据最大化最小准则,这些化学材料应该被禁止或者严格管制直到其安全性被确立。另外一部分人则争论说我们可以而且必须对所有可能的结果赋予概率,发现新材料有毒的概率很低,期望效用的计算将支持允许使用它们(除非或者直到确定它们是有毒的)。我们将一个决策问题看作是不确定性下的选择还是风险下的选择会产生一些实际的后果。目前还没有明显的合理解决这类问题的方法(我们将在第七章第五节讨论模糊概率时回到这个话题)。

我们对于风险下的选择理论的研究进一步揭示了如加里·贝克尔所理解的行为经济学的研究方法,特别是他对最大化行为的理解(见第二章第八节)。我们还记得,在第四章第七节中标准方法并不假设人们有意识地在脑中进行计算(或者根本不会),而且也不假设人们是无所不知的,即知道哪种状态会出现。它假设的是人们为状态赋予概率,这些概率满足概率计算公理,人们给不同的结果赋予效用,在给定概率和效用之后,人们选择的是期望效用最大的那个选项。在下一章中,我们将考虑这些假设不成立的情形。

练习 6.26 成交或不成交(续)

你又在参加这个节目:你面前有三个盒子,一个装有 100 万美元,一个装有 1 000 美元,一个装有 10 美元。如果你放弃打开盒子,则会得 25 万美元。

(a) 假设你是一个使用期望值作为准则的人,你会选择这 25 万美元确定的金额,还是会打开盒子?

(b) 假设你的效用函数是 $u(x) = \sqrt{x}$,并且你是一个使用期望效用为准则的人,那么,你是选择确定的金额还是打开盒子?

(c) 给定效用函数,要使你放弃打开盒子的权利,最少应该给你多少钱?

练习 6.27 尴尬秀

你在参加一个节目,通过使自己难堪来获得一辆新车的机会。你面临着按蓝色键和按红色键的选择。

(a) 假如你按蓝色键,有两种可能的事会发生:2/3 的概率下你赢得一只活青蛙(效用为 -1);1/3 的概率下你赢得一辆自行车(效用为 11)。计算按蓝色键的期望效用。

(b) 如果你按红色键,三种可能的情况会发生:1/9 的概率赢得一辆车(效用为 283);3/9 的概率你会赢得一张画着芭蕾舞女在阳光下哭泣的画(效用为 1);5/9 的概率你会被浇一身烂泥(效用为 -50)。计算按红色键的期望效用。

(c) 你应该怎么做?

此外,参见练习 7.10。

扩展阅读

对不确定性下的选择问题进行经典定义和讨论的是露斯和瑞法(Luce and Raiffa, 1957);罗尔斯(Rawls, 1971)对罗尔斯正义论进行了辩护,而哈尔萨尼(Harsanyi, 1975)则对正义论进行了批判。阿林汉姆(Allingham, 2002)以及彼得森(Peterson, 2009)等对期望效用理论提供了有帮助的介绍。

第七章
风险和不确定性下的决策制定

第一节 引 言

期望效用理论结合了第二章中效用的概念和第四章中概率的概念,并形成了一个精致且强大的风险下的选择理论,在前一章我们已有讨论,这个理论也被广泛使用着。但是存在一些人们不满足该理论的预测结果的情形,甚至在有些情形下违背它看上去才是理性的。在本节中,我们将考察这些情形。我们还将继续考察在出现了对标准理论的系统性偏离时,行为经济学家是如何做的。为了准确抓住人们在面临风险时实际是怎么作决策的,我们将对在第三章第五节中首次遇到的价值函数作进一步的假设,并且介绍概率权重函数。这两种函数都是展望理论的基础部分,展望理论是最著名的风险下的选择的行为理论。

第二节 风险下的选择的框架效应

假设你是公共卫生部门的官员,考虑下列问题:

例子 7.1 亚洲疾病问题一

假想美国正在应对一种突发的亚洲罕见疾病,该疾病可能会导致 600 人死亡。目前有两种应对该疾病的方案,针对这两种方案可能产生的后果的科学估计如下:如果采用 A 方案,200 人将得救;如果采用 B 方案,有 1/3 的机会 600 人全部得救,还有 2/3 的概率一个人都不能得救。这两种方案你喜欢哪个?

当这个问题首次让实验参与者们回答时,72% 的人选择了 A 方案,28% 的人选择了 B 方案。

例子 7.2 亚洲疾病问题二

假想美国正在应对一种突发的亚洲罕见疾病,该疾病可能会导致 600 人死亡。目前有两种应对该疾病的方案,针对这两种方案可能产生的后果的科学估计如下:如果采用 C 方案,400 人将死亡;如果采用 D 方案,有 1/3 的机会没有人会死亡,还有 2/3 的概率 600 人都会死亡。这两种方案你喜欢哪个?

当这个问题首次让实验参与者们回答时,只有 22% 的人选择了 C 方案,而 78% 的人选择了 D 方案。

这两种反应令人很困惑。撇开表面上的不同,我们发现其实 A 方案和 C 方案本质是一样的,B 方案和 D 方案本质是一样的。

在讨论为什么之前,我们先简单讨论一下为什么这种反应模式和期望效用理论不符合。正如我们在前面章节中所学到的,期望效用理论本身并没有说你是否应该选择安全的还是有风险的选项:该理论并没有指定你的风险态度应该是什么样的,但是该理论确实说了你的选择必须反映你的效用函数。重要的是图 7-1 中的"×"表示的点是落在效用函数上面还是下面。如果"×"落在曲线下方,你会选择安全的选项,这个情况会在效用函数是凹的时候发生,如曲线 A,说明你是风险厌恶的。如果"×"落在曲线上方,你则会选择赌局,这种情况发生在效用函数是凸的时候,如曲线 B,说明你是风险爱好的。如果"×"就在曲线上,则你对两个选项无差异,这发生在你的效用函数是直线的时候,如图中的虚线。关键在于只要你的行为与期望效用理论一致,你会偏好安全的选择,不管这个选择是怎么被描述的,或者偏好有风险的选择,而不管它是怎么被描述的,或者你在它们两者间无差异。你的偏好必然不应该取决于备选项是如何被描述的。

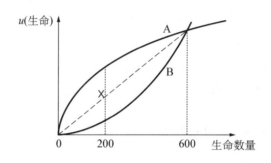

图7-1 生命数量的效用

那么我们该如何解释上述出现的行为呢?要点在于我们应该注意到该行为可以从框架的角度来理解。还记得在第三章第五节,当偏好和行为容易受到描述备选项的不同方式的影响,尤其是备选项是从收益的角度描述还是从损失的角度描述时,我们就说出现了框架效应。选项A和B按照比较正面的框架来描述,即可以挽救的生命数量,是按照收益框架来展现的;而选项C和D按照负面框架来描述,即可能失去的生命,是按照损失框架来展现的。

对收益和损失的讨论可能会让你想起价值函数来,我们在第三章第五节中用它来模型框架效应。我们了解到,与效用函数不同,它不是定义在所有的禀赋上,而是定义在禀赋的变化上。我们已经知道许多行为现象可以通过假设一个在损失方比在收益方陡峭的价值函数来模型。现在我们加入价值函数在损失和收益上有不同的曲度的假设。在损失区域内,我们假设曲线向上弯曲(从左向右移动时),所以人们是风险爱好的;在收益区域内,我们假设曲线向下弯曲,也即人们是风险厌恶的。换句话说,价值函数在损失区域内是凸的,在收益区域内是凹的。这就形成了一个S形的价值函数,如图7-2所示。

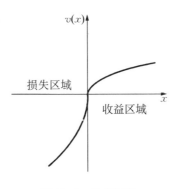

图 7-2 价值函数

价值函数的曲度有着非常有趣的含义。一方面,它意味着 $v(0)$ 和 $v(+10)$ 之间的绝对差比 $v(+1000)$ 和 $v(+1010)$ 之间的绝对差要大,这对损失和收益都满足。来看下面的经典案例,该问题有两个版本,一个是原始数据,一个是括号中的数据。

例子7.3 文件夹/计算器问题

假想你正准备去购买一个价格为 125 美元(15 美元)的文件夹,以及价格为 15 美元(125 美元)的计算器。计算器销售员告诉你,你想买的计算器在本商店的另一个分店打折促销,才 10 美元(120 美元),开车 20 分钟就到了。你会去另一家分店吗?

在初始的研究中发现,68%的参与者们愿意开车去另外一家,以省下 5 美元的钱去买那个 10 美元的计算器,只有 29%的人愿意为了省 5 美元而去买 120 美元的计算器。

上述观察到的反应模式与标准理论并不一致,标准理论要求你基于 20 分钟路程的机会成本来作决定。机会成本不取决于你如何省下这 5 美元。但是人们似乎认为当作为 15 美元的一部分时这 5 美元比作为 125 美元的一部分时更有价值。S 形的价值函数可以解释这一现象。

现在我们回到亚洲疾病问题中。价值函数在损失区域为凸以及在收益区域为凹的假设可以帮助解释人们在面对这个问题时的行为表现。核心的观点是当人们面对按照收益框架展示的问题时(如例子

7.1),将参照点设为没有生命被挽救(失去600条生命);而面对按照损失框架展示问题(例子7.2)的参与者们则将参照点设为没有损失生命(600人得救)。我们在一张图中使用两个价值函数来表示两组参与者们使用不同的结果来作为自己的参照点,在图7-3中,左上方凹的价值函数属于收益框架中的人们,而右下方凸的价值函数则属于损失框架中的人们。正如你从图中所能看到的,收益框架中的人相对于B更偏好于A,而损失框架中的人们相对于C更偏好于D。

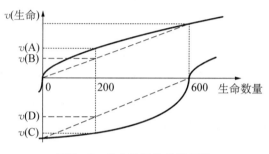

图7-3 生命数量的价值函数

练习7.1 鸵鸟农场

珍和乔拥有一个鸵鸟农场。他们刚刚了解到农场遭受了一种罕见病菌的袭击,根据他们请来的兽医的说法,如果现在不采取任何措施,600只动物中仅有200只能生存,但是兽医提供了一种实验性药物,如果使用该药物,有2/3的机会所有的动物都会死亡,但是有1/3的机会都会存活下来。珍说:"不值得用这个药物,能确定地存活200只总比冒险一只都救不了要好。"乔说:"我们认为我们应该使用这种药物,即便有风险,它是唯一能让我们不损失任何一只的方法,冒这个险总好过确定要失去400只吧。"请画图来解释,虽然这两人价值函数的形状一样,但他们还是会得出两种截然不同的结论。

下面的例子能从另一方面很好地解释这一现象。

例子7.4 前景评价

考虑下述两种问题:

(a) 除了你已经有的,现在额外给你 1 000 美元。现在你要在ⓐ50%的概率赢得 1 000 美元以及ⓑ确定赢得 500 美元之间进行选择。

(b) 你额外获得了 2 000 美元。现在你要在ⓒ50%的概率失去 1 000 美元以及ⓓ确定失去 500 美元之间选择。

从最终结果的角度看,ⓐ显然和ⓒ等价,ⓑ显然和ⓓ等价。但是 84%的参与者在第一个问题中选择ⓑ,而 69%的人在第二个问题中选择了ⓓ。

例子 7.4 中(a)和(b)的区别在于,前者的结果是按照收益的框架来描述的,而后者是按照损失的框架来描述的。因此,(a)中的赌局展示的是一个赢得大奖的机会,而(b)展示的是一个防止损失的机会。我们可以定量分析这个问题。

练习 7.2　前景评价(续)

沿用例子 7.4。假设你的价值函数 $v(\cdot)$ 定义如下:

$$v(x) = \begin{cases} \sqrt{x/2}, & 收益(x \geqslant 0) \\ -2\sqrt{|x|}, & 损失(x < 0) \end{cases}$$

其中,$|x|$ 是 x 的绝对值,即如果 x 有负号,则现在去掉了负号。

(a) 画出价值在 -4 和 $+4$ 之间的曲线,并且确保在收益区域为凹,损失区域内为凸。

(b) 假设你已经将这 1 000 美元纳入你的禀赋中了,那么ⓐ的价值是多少?

(c) 假设你已经将这 1 000 美元纳入你的禀赋中了,那么ⓑ的价值是多少?

(d) 假设你已经将这 2 000 美元纳入你的禀赋中了,那么ⓒ的价值是多少?

(e) 假设你已经将这 2 000 美元纳入你的禀赋中了,那么ⓓ的价值是多少?

注意ⓑ是如何比ⓐ好但ⓒ比ⓓ好的。

认为人们在收益区域内是风险厌恶的,在损失区域内是风险爱好的这一观点可以帮助解释一系列的现象。它可以解释为什么有些人没法戒掉赌博：一旦他们发现自己在红色区域中（在玩轮盘赌时，早晚都会发生的），他们就进入了损失区域中，于是马上会比之前更爱冒风险了。有证据表明，赌马的人在一天的比赛就要结束的时候更愿意冒险下大赌注。这一现象经常被说成是因为已经遭受损失的人更倾向于作冒险的行为。这个观点还可以解释为什么政客们会坚持已经失败的项目，将军们会继续打即将失败的仗：当初始的努力失败后，事件相关人就进入了损失区域，他们就愿意冒险打赌，并且赌得越来越大，从而越来越绝望地挣扎。下面是另一个例子。

练习7.3

某人的价值函数是：在收益方，$v(x) = \sqrt{x/2}$；在损失方，$v(x) = -2\sqrt{|x|}$。他面临下面的选择：要么确定收到 2 美元，要么得到一个 50∶50 的赌局；如果赢了，得到 4 美元，而输了则得到 0 美元。

(a) 计算表明这个人是损失厌恶的，即她失去 4 美元时的损失比得到 4 美元的好处来得更大。

(b) 如果结果是按照收益来标记的，也就意味着她将最差的结果作为参照点，那么，确定的金额以及赌局的价值是多少？她偏好于哪个？

(c) 如果结果是按照损失来标记的，也就意味着她将最好的结果作为参照点，那么，确定的金额以及赌局的价值是多少？她偏好于哪个？

不能混淆框架效应和财富效应。财富效应体现在当人们从贫穷变为富有（或者方向变动）时风险厌恶的变化，而且可以只使用一个效用函数表示。如果你的曲线随着财富的增加变得越来越平坦，从而使得你越来越不那么风险厌恶了，这也是很正常的。不是所有的数据都符合这个框架，多数还是用我们之前讲的价值函数才能更好地解释。在下面一节中，我们讨论这些思想的其他的应用。

第三节 归拢与心理账户

价值函数在收益区域为凹且在损失区域为凸的事实还有其他有趣的含义,其中一个就是结果是如何被**归拢**的很重要。假设你买了两张福利彩票,并且第一张你赢了 25 美元,第二张赢了 50 美元。现在有不同的方法来理解它(见图 7-4)。你可以**整合**你的结果,告诉自己刚刚赢了 75 美元,从价值的角度看就是 $v(+75)$,或者你也可以将结果**分离**开来,告诉自己刚刚先赢了 25 美元,又赢了 50 美元,从价值角度看意思就是 $v(+25)+v(+50)$。归拢可以视为框架的一种:你是将现在的变化视为一次大收益还是两次小收益。

图 7-4 收益的整合和分离(科迪·泰勒作)

根据标准理论的观点,归拢应该没有影响。效用函数定义在所有的禀赋上,不管你怎么形容你的结果,最终你的口袋里都多了 75 块钱。从效用的角度看,如果你开始是 $u(w)$,不管怎样你最终都将会是 $u(w+25+50)=u(w+75)$。

但是根据展望理论,归拢是有关系的。假设你的初始财富是 w,你将这个现状视为自己的参照点。当两种收益被整合到一起了,赢得 75 美元的价值可以用图 7-5(a)表示。但是当两种收益分离开来了,情况则不同了。这是因为在评估第二个收益之前,你可以有时间调整你的参照点。当两种收益分离开来时,你的图将更像图 7-5(b),图中灰线表示新参照点下你的价值函数。只需看图就能知道获得 25 美元的价值加上获得 50 美元的价值比获得 75 美元的价值要大,即 $v(+25)+v(+50)>v(+75)$。这个结果可从价值函数在收益区域内是凹的直接推出。结论是:当两个收益分开时,它们在人们心中的价值要比将它们整合起来大。

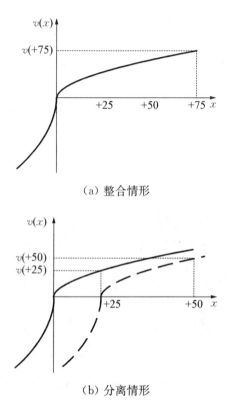

(a) 整合情形

(b) 分离情形

图 7-5 对两个收益的评价

将收益分开来看价值更大的事实可以帮助解释一系列的现象。举个例子,它可以解释为什么人们不将他们所有的圣诞礼物放进一个大盒子中,即使这会省下他们包装的时间:分开打包的两个礼物会促使收到礼物的人将礼物分开来看。我们的分析表明,甚至我们应该将礼物分几个晚上送出去,如光明节那样,而不是将所有的礼物在圣诞节一次送出,因为这会更加促使收到礼物的人将他们的收益分离开。我们的分析还表明,在一年中陆续送给别人很多小礼物要比一年只送一个大礼物好,比如,虽然在结婚纪念日送给你的配偶一个礼物会是很有品味的事,你还是会希望节省出一些钱来以便在剩下的时间里买些小礼物。再者,分离收益效应可以解释为什么工人们能收到年终奖:收到5万美元的薪水再加上5 000美元的年终奖的效果是一次收到55 000美元所达不到的。最后,分离收益的价值可以解释为什么在电视节目中销售厨房用具的人总是一个接一个地抛出盖子、刀、切菜板等,而不是简单地将所有东西放一个篮子里一起卖,同样,这是因为这样可以促使你把它们分离开来看。

练习7.4　收益评价

你昨天过得很不错:先是收到了48美元的退税,后来你又收到了朋友还你的27美元,而你早就忘了这笔钱。假设你的价值函数 $v(\cdot)$ 定义为:

$$v(x) = \begin{cases} \sqrt{x/3}, & \text{收益}(x \geqslant 0) \\ -3\sqrt{|x|}, & \text{损失}(x < 0) \end{cases}$$

(a) 如果你将两个收益整合起来,总的价值是多少?
(b) 如果你将两个收益分离开来,总的价值是多少?
(c) 从价值的角度看,是整合起来好,还是分离开来好?

同时,当各种损失整合起来时,人们的不满意要比分开来小。通过构造与图7-5类似的图,你可以确定,从价值的角度看,损失25美元再损失50美元比直接损失75美元更差,也就是说 $v(-25)+v(-50) < v(-75)$。这个结果源于价值函数在损失区域是凸的。注意,如果你真的在电视节目中购买了厨房用具,并且在讨价还价中得到了所有其他想买的东西,你将可以只刷一次信用卡,也就是说,损失是整合起来的。这并不是巧合:通过在促使人们分离收益的同时使他们整合损失,销售人员将这些效应利用得淋漓尽致。

损失整合时人们的不满意要小的事实可以帮助解释很多现象。它可以解释为什么汽车、房产以及其他价值比较大的商品的销售人员经常尝试搭售一些很昂贵的附带产品。虽然你可能永远不会花1 000美元买一个汽车收音机,但是当它和一辆价值 25 999 美元的车绑在一起时,听上去就不那么贵了:我们用前面讲的理论来解释,就是损失 26 999 美元看上去没比损失 25 999 美元差。相反,因为它们是完全不同的数量,你容易将汽车与收音机分开来看,这又更容易使你接受这种推销。类似地,婚庆公司也很好地利用了整合效应,它们加入一些产品或者服务,这些相比于顾客已经花费的钱来说并不贵,但是所有的加在一起也是一笔不小的开支。"如果你为婚纱花了 3 000 美元,那么你还在乎在每个请柬上多花 10 美元吗?"整合损失的效应还可以解释为什么这么多人宁愿刷信用卡而不愿意用现金。当你使用信用卡时,虽然每个月的账单可能很可观,但是每个月只来一次,所以这会促使你将损失整合起来看。相反,你购买的东西给你带来的满足却分散在这个月中,这又促使你分离这些收益了。

我们的分析还可以解释为什么人们会选择开汽车,即使他们知道从长期来看打的更划算。一个月在汽车身上的实际花销(包括保养、汽车贷款、保险支出、汽油以及洗车费等)如此之高,以至于对很多人而言把车卖了打的显得更合理。而人们之所以会犹豫(除了在主要的大城市),可能是因为汽车贷款是每月或者每周支付的,而打的却是每次都要付钱。所以,出租车公司其实可以允许乘客先乘车然后每个月付一次钱,这样可以带来更多的业务。以上分析还可以解释为什么人们愿意以月付的方式来承担手机服务、网络使用以及健身的费用:这样可以允许他们把损失整合起来,否则就是分离开来的损失。你可能不会希望去一个按照你在跑步机上跑的里程来收费的健身房吧!这有一部分是出于激励相容的原因:你不会希望去一个降低你锻炼的激励的健身房。但是,部分原因是你想整合自己作为健身房会员带来的成本。

练习 7.5 损失评价

你昨天过得非常不好:在去歌剧院的路上,你被开了 144 美元的超速罚单,然后你又要付一张 25 美元的门票,而你本来以为是免费的。假设你的价值函数与练习 7.3 中一致。

(a) 如果你将两个损失整合起来,总的价值是多少?

(b) 如果你将两个损失分离开来，总的价值是多少？

(c) 从价值的角度看，是整合起来好，还是分离开来好？

相关的现象还有遭受大的损失时又得到一笔小的收益，或者得到小收益时顺带了一个大的损失。人们将小损失和大收益整合起来时得到的价值会更大。那样的话，损失的痛苦不会那么明显。这个想象被称为**可撤销性**。假设你赢了100万美元，但是必须缴纳10%的税。我们的理论告诉你，如果你告诉自己你赢了90万美元而不是告诉自己赢了100万美元然后又失去了10万美元，你会感觉价值更高。

同时，人们把大损失和小收益分开来看会获得更大的价值，这样的小收益经常被描述为**一线希望**。这个分析可以解释为什么有些汽车、公寓以及其他一些比较昂贵的东西有时会附带上一些返现的让利行为。同样一辆汽车，相比于直接标价 26 000 美元，在标价 27 000 美元而返现 1 000 美元时顾客会更愿意购买：当二者分开时，这1 000美元的收益可以帮助抵消损失 27 000 美元带来的痛苦。我们的分析还可以解释为什么你花得越多信用卡公司就给你越多的奖励积分。虽然奖励积分的价值相比于每月的费用而言很少，但是信用卡公司希望你会将花销和奖励分开来看，这样的话，奖励积分会稍微弥补更大的损失。最后，一线希望的现象可以解释为何拒信中经常会用到一些对你的应聘表现印象深刻之类的话，这是希望用这种善意的谎言在一定程度上弥补求职者的失落。

练习7.6 一线希望

假设你的价值函数如下：在收入时为 $v(x) = \sqrt{(x/2)}$，损失时为 $v(x) = -2\sqrt{|x|}$。昨天晚上，你因打赌输了9美元，但是我们还有一线希望：在你回家的路上，你在路边捡到了2美元。

(a) 如果你将损失和收益整合起来，总的价值是多少？

(b) 如果你将损失和收益分离开来，总的价值是多少？

(c) 从价值的角度看，是整合起来好呢，还是分离开来好？

人们在什么时候将价值整合又什么时候把它们分离呢？马上想到的一件事就是人们将结果归拢以最大化价值。这被称为**享乐编辑假说**。

根据这个假说,人们将会分离收益、整合损失、从大收益中抵消小损失、从大损失中将小收益分离开来。不幸的是,数据表明这个假说总体上并不成立。特别地,似乎人们经常不会将连续发生的损失整合起来。你想一下,其实享乐编辑假说失效并不奇怪,我们总是需要父母、心理医生、男朋友以及女朋友等来提醒我们如何看待事情以避免不必要的不高兴。

归拢可能部分是因为**心理账户**而产生的:人们在心理上倾向于把钱分成不同的种类。心理账户可能会导致人们过度消费特定的商品,或者消费不足:如果心理上的"娱乐账户"中还有余钱,但是心理上的"衣服账户"已经透支了,人们会花费更多的钱用来娱乐而不会买衣服,哪怕买衣服会最大化效用。但是,心理账户还可能会影响商品是如何被归拢的。比如说,将商品视为属于相同的种类会鼓励整合行为,而把商品归结为不同的种类会鼓励分离行为。

第四节 阿莱问题和确定事件原则

下面的决策问题被称为阿莱问题。

例子7.5 阿莱问题

假设你面临下面的选择,你必须先在(1a)和(1b)之间选,然后在(2a)和(2b)之间选择。

(1a) 确定的100万美元。

(1b) 89%的概率得到100万美元,10%的概率得到500万美元。

(2a) 11%的概率得到100万美元。

(2b) 10%的概率得到500万美元。

一个很常见的反应就是选择(1a)和(2b)。对于第一组选择来说,人们可能会给出下面的理由:"当然,500万美元要比100万美元好,但是如果我选择了(1b),就有可能什么都得不到,如果是这样的话,我一定会后悔没有选择拿确定的100万美元。所以我会选(1a)。"也就是说,在(1a)和(1b)之间,选择前者可能是由于后悔厌恶(见第六章第二节)所导致的。对于第二组选择,人们可能会这么说:"当然,11%赢的概率要比10%赢的概率好,差别实在是不大,但是500万美元却要比100万美元好得多,所以我会选择(2b)。"对于第二组选择来说,潜在的后悔可能性就不那么突出了。

不幸的是,这种反应模式与期望效用理论并不一致。我们来看一下,想想选择(1a)而不是(1b)意味着什么,它意味着前者的期望效用必须比后者的期望效用大,即:

$$u(1M) > 0.89 * u(1M) + 0.10 * u(5M) \quad (7.1)$$

更偏好(2b)而不是(2a)意味着前者的期望效用必须大于后者的期望效用,所以有:

$$0.10 * u(5M) > 0.11 * u(1M) \quad (7.2)$$

但是因为 $0.11 * u(1M) = (1 - 0.89) * u(1M) = u(1M) - 0.89 * u(1M)$,(7.2)式等价于

$$0.10 * u(5M) > u(1M) - 0.89 * u(1M) \quad (7.3)$$

调整(7.3)式可以得到:

$$0.89 * u(1M) + 0.10 * u(5M) > u(1M) \quad (7.4)$$

(7.4)式与(7.1)式矛盾,所以这样的选择模式实际上与期望效用理论不一致。

还有另外一种方法来考察为什么这种选择模式与期望效用理论不一致。假设你转动有100个数字插槽的轮盘,其中89个是黑的,10个是红的,1个是白的。这使得我们可以将上面四个选项用表格形式来表示,如表7-1所示。

表7-1 阿莱问题

	黑色(89%) (单位:美元)	红色(10%) (单位:美元)	白色(1%) (单位:美元)
(1a)	1M	1M	1M
(1b)	1M	5M	0
(2a)	0	1M	1M
(2b)	0	5M	0

我们首先考虑第一个决策问题：即(1a)和(1b)之间的选择。表7-1显示,当出现黑色时,你选择什么都无所谓,不管怎样你都会得到100万美元。在这个意义下,出现黑色时的美元是**确定事件**。表达式$0.89 * u(1M)$在计算(1a)的效用时出现,但是因为它还出现在(1b)的期望效用中,它应该不影响决策。现在我们来考虑第二个决策问题,即(2a)和(2b)之间的选择问题。表7-1显示当黑色出现时,不管选择什么,你都得不到任何钱,所以这个0美元则是确定事件并且不应该影响对(2a)和(2b)的偏好。因此,标注"黑色"的一栏不应该影响你的选择。相反,你的选择应该取决于另外两栏。但是一旦你忽略了"黑色"那一栏,(1a)则应与(2a)一样,(1b)则应与(2b)一样：只要比较表7-1中的两个阴影区域即可。所以如果你严格偏好(1a),你就应该理性地选择(2a);如果你严格偏好于(1b),你就应该理性地选择(2b)。

确定事件原则告诉我们,你的决定不应该受到确定事件的影响。正如该讨论所表明的,这隐含在期望效用理论中。下面一个练习可能有助于使这个原则更清晰一些。

练习7.7 确定事件原则

假设你面临表7-2中的选择问题,你必须先在(1a)与(1b)之间进行选择,然后在(2a)与(2b)之间进行选择。什么样的选择模式会被确定事件原则排除?

表7-2 确定事件原则

	X	Y	Z
(1a)	80	100	40
(1b)	40	100	80
(2a)	40	0	80
(2b)	80	0	40

作为一个规范的原则,确定事件原则有它的吸引力,但也不是完全没有争议。有些人争论说违背确定事件原则完全可以做到理性,因此期望效用理论作为一个规范的标准存在一定的问题。其他人却争论说

确定事件原则是规范上正确的原则。但是我们能清楚地看到的是它在描述实际行为上是错误的,人们似乎总是会偏离它,我们甚至能预测到这种偏离行为。(我们将在下一节回到这个话题。)

一种描述阿莱悖论的方法就是声称人们赋予确定的结果过多的权重,认为它们会百分之百出现。这种倾向被称为**确定效应**。正如上文所说,确定效应可能是由于后悔厌恶所导致的:一旦你为了一个有风险的选择而放弃了一个确定的选择,就会存在一定的后悔的概率。所以,希望最小化可预期的后悔将导致拒绝带有不确定性的选择。

我们换一种稍微不同的背景,发现确定效应还是很明显的,正如下面的例子所示。

例子7.6 确定效应

下面的选项你更偏好于哪一个:(a)确定赢得 30 美元;(b)80% 的机会赢得 45 美元。下面的选项你更偏好于哪一个:(c)25% 的概率赢得 30 美元;(d)20% 的可能赢得 45 美元。

在这项研究中,有 78% 的参与者更偏好 a,但是 58% 的参与者选择了 d。

我们观察到的行为模式是确定效应的一个例子,因为从 100% 减少到 25% 带给人们的冲击比从 80% 降低到 20% 大得多。

练习7.8 确定效应(续)

证明在例子 7-13 中选择(a)而非(b)、选择(d)而非(c)违背了期望效用理论。注意,(c)和(d)可以通过把(a)和(b)除以 4 得到。

确定效应会出现在现实世界中吗?有可能。在一项对参加加州医学会的 72 名医生的研究中,医生被问到对肿瘤病人的治疗方案更倾向于哪一种,是直接手术这种激进的疗法(a 和 c)但是病人会有更大的概率马上死亡,还是像化疗这种温和一些的疗法(b 和 d)。如下列选项所示:

(a) 80% 的几率活着并且还能活得久,20% 的几率会马上死亡。

(b) 100%的概率活着但是不长,0%的概率会马上死亡。
(c) 20%的概率活着且活得久,80%的概率会马上死亡。
(d) 25%的概率活着但不长,75%的概率会马上死亡。

确定效应是很明显的:与期望效用不一致的是,65%的人更喜欢(B)而不是(A),但是68%的人更喜欢(C)而不是(D)。医生的行为模式与其他普通人一样并不奇怪,不管你是不是医生,了解这一点还是很有帮助的。

第五节 埃尔斯伯格问题和模糊厌恶

下面的决策问题被称为**埃尔斯伯格问题**。这个问题由丹尼尔·埃尔斯伯格提出,他是一位军事分析家,因为公开五角大楼文件而吸引世人关注。埃尔斯伯格是 2009 号文件《美国最危险的男人》的主角。

例子 7.7 埃尔斯伯格问题

假设丹拿给你一个壶,里面装有 90 个球。这些球共有三种球:红色、黑色和黄色。你(从一个权威机构)知道有 30 个是红的,但是你不知道剩下的 60 个球中有多少是黑色的,有多少是黄色的。表 7-3 显示了壶中球的组成情况。

表 7-3 丹的壶

	红色	黑色	黄色
壶中的球的数量	30	60	

丹邀请你随机从壶中选择一个球。你有下面两种赌局可以选:(I)如果球是红色的,则得到 100 美元;(II)如果球是黑色的,则得到 100 美元。你会选择哪一种?下面丹又给你两种选择:(III)如果球是红色或者黄色的,则得到 100 美元;(IV)如果球是黑色或者黄色的,则得到 100 美元。你会选择哪一种?

面对埃尔斯伯格问题时,很多人会选择(I),显然是因为他们知道赢的概率是1/3;如果他们选择(II)的话,赢的概率会在0～2/3之间。同时,许多人会选择(IV),显然是因为他们知道赢的概率是2/3;如果他们选择另一个,赢的概率会在1/3～1之间。

但是可能不幸的是,从第一对中选择(I)以及从第二对中选择(IV)违背了前面一节所讲的确定事件原则。如果我们用表7-4来表示这个问题,这种违背将更明显,表中展示了所有四种赌局的支付以及三种不同的结果。

表7-4 埃尔斯伯格问题

	红色(R)	黑色(B)	黄色(Y)
I	100	0	0
II	0	100	0
III	100	0	100
IV	0	100	100

正如表7-4所示,抽出黄球时会发生什么并不取决于你的选择。不管你从第一对中选择(I)还是(II),拿出黄球时你什么也得不到。抽到黄球时得到0美元是一个确定事件。不管你从第二对中选择(III)还是(IV),抽到黄球你都能得到100美元,这里的100美元就是确定事件。所以,确定性原则告诉你,你的选择不应该取决于你抽出黄球时会发生什么。也就是说,你的选择不应该取决于表7-4最后一栏的内容。你的选择必须反映你对左边两栏的评价。但是忽略"黄色"一栏后,你会发现(I)和(III)是等价的,与(II)以及(IV)一样:只要比较表中的两个阴影区。所以,除非你是无差异的,否则你必须要么选择(I)和(III),要么选(II)和(IV)。

还有另外一种方式证明选择(I)和(IV)这种行为与期望效用理论不一致。严格偏好(I)超过(II)要求 $EU(I) > EU(II)$,这就意味着:

$$\Pr(R) * u(100) + \Pr(B) * u(0) + \Pr(Y) * u(0) > \Pr(R) * u(0) \\ + \Pr(B) * u(100) + \Pr(Y) * u(0)$$

同时,严格偏好(IV)超过(III)要求 $EU(IV) > EU(III)$,这就意

味着：

$$Pr(R) * u(0) + Pr(B) * u(100) + Pr(Y) * u(100) >$$
$$Pr(R) * u(100) + Pr(B) * u(0) + Pr(Y) * u(100)$$

我们假设 $u(0) = 0$ 以及 $u(100) = 1$，这仅仅表明相比于什么也没有你更偏好 100 美元。如果是这样的话，这两个表达式意味着下面两个条件必须同时成立：

$$Pr(R) > Pr(B)$$
$$Pr(B) > Pr(R)$$

但显然这是不可能的，所以可以看出我们讨论的选择模式与期望效用理论不一致。

我们怎么解释人们会表现出这种不一致呢？两个被拒绝的选项(II)和(III)有一定的共同点，就是赢的精确概率是不清楚的。我们可以说概率是**模糊的**。相反，被选择的选项(I)和(IV)并不存在模糊的概率问题。我们观察到的选择行为似乎反映了不愿意接受带有模糊概率的赌局的心理，我们称之为**模糊厌恶**。有些人对模糊的容忍度大，但是任何对模糊的厌恶都可能导致对期望效用理论的背离。目前看来的确是这样，只要人们是模糊厌恶的，那么期望效用理论就不能很好地诠释人们的行为。只要作决定时考虑模糊是理性的，期望效用理论就不能诠释人们应该按照什么方式作决策。

练习 7.9 网球

你被邀请竞猜三场网球比赛中的一场。已知第一场比赛是两个网球顶尖高手对决；第二场比赛是两个水平都非常差的选手对决；第三场比赛中是一个高手对决一个水平很差的选手，但是你不知道谁是高手，就你所知，这两个人每人都有 50% 的概率获胜。假设你是模糊厌恶的，这三场比赛中你最不可能去竞猜哪一场？

没有什么原则上的原因来解释为什么人们不是**模糊爱好**的，而总是模糊厌恶的。实际上，有证据表明当面对模糊的概率时人们的行为取决于不同的场景。比如，根据**能力假说**，当人们认为自己的知识非常渊博时,则对模糊的厌恶会少一些。所以,一个球迷可能会在埃尔斯伯格例子(结果是完全随机的)中是模糊厌恶的,但是在预测足球比赛结果时却又是模糊爱好的(这时他/她会觉得自己是专家)。

即便这样,埃尔斯伯格悖论和模糊厌恶还是有着重要的含义。它们表明人们一般不会给带有模糊概率的事件赋予满足概率计算公理的概率。在现实世界中,模糊概率十分常见。破产、石油泄漏以及核熔化的概率可以被估计,但是除了作为概率游戏之外,总是会留下一些模糊性的。所以,很可能人们的选择确实反映了人们是模糊厌恶(或爱好)的事实,而且也许选择还应该反映概率的模糊。

第六节 概率权重

价值函数在收益区域为凹、在损失区域为凸的思想可以帮助我们分析很多行为问题,正如我们在本章第二节与第三节所看到的。但是我们观测到还有很多行为不能在这个框架下得到解释,比如有些人在赌博的同时又购买保险。从期望效用理论的角度来看,这是矛盾的:如果人们是风险厌恶的,他们应该购买保险但是不赌博;如果人们是风险中性的,他们应该什么都不做。理论上有可能人们的效用函数是倒 S 型的,如图 6-9 中的虚线所示,而拐点 x^* 则正好表示人们现在的禀赋。但是适用于这么多人的效用函数似乎太巧合了。

从本章所学的理论来看,同时赌博和购买保险也是矛盾的。因为可能会赢得一大笔钱,人们愿意去赌博,这表明他们在收益区域是风险爱好的,而因为他们可能会输掉自己的房子所以拒绝赌博又表明他们在损失区域是风险厌恶的。这要求他们的价值函数在收益区域为凸,而在损失区域为凹,这与我们目前为止所作的假设完全相反。唯一个可以在上述框架下解释这种行为的方法就是假设人们在赌博时将获得大奖作为自己的参照点,而购买保险是将失去东西的状态作为自己的参照点。但是,这看上去似乎有些肤浅,因为有证据表明人们常常把禀赋作为自己的参照点。

另一种理解上述行为的方法就是将赌博和购买保险的人都视为倾

向于过度关注不太可能的事件。你越是认为获大奖的概率大,即你给获胜赋予的权重高,你就越有可能去赌博。而你越赋予房屋毁损、汽车损坏、失去生命、残疾等的概率更多的权重,你就越可能去购买保险。这个观点给出了一个更系统的方法来解释人们为什么在购买彩票的同时又购买保险。

展望理论通过引入**概率权重**解释了这种行为。我们从定义 6.2 中知道,期望效用理论认为人们会最大化如下的表达式:

$$EU(A_i) = \Pr(S_1) * u(C_{i1}) + \Pr(S_2) * u(C_{i2}) + \cdots + \Pr(S_n) * u(C_{in})$$

相反,展望理论说的是人们最大化的应该是用价值函数 $v(\cdot)$ 替代了效用函数 $u(\cdot)$,并且概率被通过**概率权重函数** $\pi(\cdot)$ 赋予了权重。

定义 7.1 价值

给定如表 6-4 所示的决策问题,行动 A_i 的价值(或者权重价值)$V(A_i)$ 由下式给出:

$$\begin{aligned}V(A_i) &= \pi[\Pr(S_1)] * v(C_{i1}) + \pi[\Pr(S_2)] * v(C_{i2}) \\ &\quad + \cdots + \pi[\Pr(S_n)] * v(C_{in}) \\ &= \sum_{j=1}^{n} \pi[\Pr(S_j)] u(C_{ij})\end{aligned}$$

概率权重方程 $\pi(\cdot)$ 给概率赋予权重,从 0 到 1 不等。直接假设 $\pi(0) = 0$ 且 $\pi(1) = 1$。但是,正如图 7-6 所示,对于严格介于 0~1 之间的值,曲线并不与 45°曲线重合。对于较小的概率,我们假设 $\pi(x) > x$;对于中间及偏大的概率,我们假设 $\pi(x) < x$。

概率权重方程可以帮助解决一些人会同时购买彩票和保险的悖论。一个信息充分的期望效用最大化者赋予赢得大奖的权重就是它的概率,我们从第四章第四节中知道,这个概率确实比较小。所以,期望效用理论说的是在我们的决策制定中这种结果不会显得很突出。展望理论则会给出不同的预测,赢得大奖和房屋毁坏、汽车损坏、失去生命以及残疾等是正(但是小)概率事件,所以概率权重方程意味着它们应

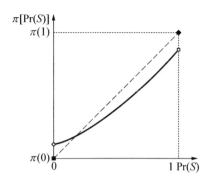

图 7-6 概率权重函数 π(·)

该更为突出,这样的话人们就会愿意购买彩票和保险。这还可以解释为什么人们购买电脑灯这类设备的延期保修单,即使简单的价值计算就可以看出,对于大多数人而言,延期保修并不是一个划算的交易。参见练习 6.10。

例子 7.8 魔鬼经济学

《魔鬼经济学》一书讨论了可卡因经济学。与大多数人想的相反,大部分的毒贩子赚钱很少——经常少于美联储规定的最低工资。根据该书作者所说,他们之所以还从事这行,是因为有很小的机会可以加入该组织的上层,成为高级的"董事会成员"后,挣的钱就很可观了。

即便如此,这仅仅解释了一部分。高级成员赚的钱并不是天文数字,加入这个队伍的概率很低,被枪杀或者蹲监狱的概率又很高。因此,为了使解释更到位,我们可以补充解释说这些有"雄心抱负"的毒贩可能给了升入上层这个小概率事件过高的权重,这就是展望理论的预测。

正如作者所言,同样的解释适用于分析具有雄心壮志的模特、演员、钢琴演奏家、CEO 等。在这些行业中,任何一个成功的可能性都很低,但是人们还是持续赌一把:自己会成为成功的一员。他们的抱负就可能部分源于他们赋予成功的概率以过高的权重。

概率权重方程还可以解释确定效应,即赋予确定结果过高权重的倾向。如图 7-6 所示,概率逼近 1 时存在一个不连续性,所以随着

$x \to 1$,$\lim \pi(x) < \pi(1)$。因此,不太确定的结果(即使概率很高)相对于确定的结果将被赋予较低的权重。

所以,人们面对风险时的行为并不仅仅取决于结果相对于某个参照点来说是被视为收益还是损失,还取决于相关的概率是否较小。在损失区域,人们倾向于风险爱好的,除了一些包含有低水平概率获得巨大(负的)值的赌局,而此时,他们可能是风险厌恶的。在收益区域,人们的倾向是风险厌恶的,除了那些有较低水平概率出现极大(正的)值的赌局,因为此时他们可能是风险爱好的。参见表 7-5 中所作的总结。

表 7-5 根据展望理论得出的风险态度

	损失区域	收益区域
低概率	风险厌恶	风险爱好
中等概率	风险爱好	风险厌恶
高概率	风险爱好	风险厌恶

第七节 讨 论

本章我们已经讨论了人们表现出违背第六章中所讲的期望效用理论的情形。问题不是人们没有成功地在脑中最大化某个数学效用函数,问题是我们观测到的人们的选择行为偏离了该理论的预测。虽然这种偏离并不常见,但是足够引起注意,是系统且可预测的,对人们的决策制定起实际的、有时甚至是反向的效应。行为经济学家认为,这些偏离的行为削弱了期望效用理论在描述上的充分性。显然,本章并不想列出所有违背期望效用理论的情况。我们还讨论了人们关于理性行为的强烈的直觉也与期望效用理论的预期不一致,比如在出现模糊概率时。这引出了关于理性的本质的深入思考。

我们还考察了行为经济学家发展出的研究人们在实际作决策时的行为的理论工具。其中我们研究了展望理论其他组成部分,包括 S 形的价值函数以及概率权重方程这些总结了展望效用的观点。这些工具不仅可以用来解释和预测,还可以影响其他人的评价。似乎在一定条件下,一个人的风险态度可以通过简单改变相关选择项的框架而发生变化。这给行为经济学家更多的筹码,并且对于心理医师、销售人员、公共卫生部门官员以及其他希望影响人们行为的人来说十分重要。但是,话说回来,了解这些工具也可以帮助我们预测并阻止别人试图使用这些工具。

在第四部分,我们将在进一步的分析中加入更多的复杂性,比如引入对时间的考虑。

练习 7.10 储蓄决定

你很幸运地在银行拥有百万美元的财产。你已经决定,现在只有三种投资选择:把钱藏在你的地毯下、投资于股票或者投资债券。你的效用函数是 $u(x)=\sqrt{x}$,并且假设没有通货膨胀。

(a) 如果你坚持把钱藏在地毯下(这里我们可以假设这是完全安全的),到年末时你的效用将会是多少?

(b) 债券一般非常可靠,但是目前市场越来越紧张。你估计有 90% 的可能有 4% 的收益率,但还有 10% 的可能什么也得不到(0%)。那么,将这 100 万美元投资债券的期望效用是多少?

(c) 目前的股票市场变得异常波动,如果你投资于股票,你有 40% 的可能得到 21% 的收益,还有 40% 的可能什么也得不到(0%),还剩 20% 的概率将损失 10%。那么,现在投资 100 万美元在股票上的期望效用是多少?

(d) 如果你是一个期望效用最大化者,那么,你应该如何合理使用你的钱?

(e) 如果你没有最大化效用,而是极端的损失厌恶,那么,你应该怎么做?

练习 7.11

分别说出下列每种表述符合哪种现象:模糊厌恶、可撤销性、确定效应、能力假说、一线希望以及心理账户。如果有些不能确定,则选择最合适的。

（a）亚伯拉罕现在非常沮丧,因为与他谈了好几年的女朋友跟他最好的哥们跑了。他的心理医生告诉他：每当一扇门关闭时,就会有另一扇门打开。亚伯拉罕回想了一下所有可能成为他下一个女朋友的人,心里感觉好点了。

（b）贝丽特正试图通过节衣缩食来存钱,她告诉自己每周在餐厅吃饭的钱必须控制在 100 美元以内。现在是周末晚上,贝丽特发现过去一周她花的钱没超过 60 美元。她不是很想出去,可是她告诉自己不能浪费出去享用 40 美元大餐的机会。

（c）查理斯不是一个好赌博的人,也很少和人打赌,除了在政治上。他自认为是一个真正的政治专家,所以每到地方和全国选举时他总是很乐于对竞选结果打赌。他的朋友们注意到他赢的次数还不到一半。

（d）有一句俗语说："明枪易躲,暗箭难防。"

（e）艾丽莎非常想去读医学院,但是她一想到不能通过严格的课程就头疼,所以她决定报名参加她自信能通过、要求没那么难的理疗课程。

问题 7.1

根据你的经验,编一些如练习 7.11 中所讲的故事来阐述你在本章学到的观点。

扩展阅读

作为展望理论的一部分,卡内曼和特沃斯基（Kahneman and Tversky,1979）讨论了框架效应和概率权重；另外,还可以参见特沃斯基和卡内曼（Tversky and Kahneman,1981）,亚洲问题和夹克/计算器问题就源于此文。从原始的展望理论文献中找出的例子出现在卡内曼和特沃斯基（Kahneman and Tversky,1979, p.273）,关于确定效应的两个例子出现在特沃斯基和卡内曼（Tversky and Kahneman,1986）。塔勒尔（Thaler,1980）讨论了归拢和心理账户问题,塔勒尔和约翰逊

(Thaler and Johnson，1990)讨论了享乐编辑问题。阿莱问题参见阿莱(Allais，1953)，埃尔斯伯格问题参见埃尔斯伯格(Ellsberg，1961)，能力假说参见希思和特沃斯基(Heath and Tversky，1991)，魔鬼经济学参见莱维特和杜伯纳(Levitt and Dubner，2005)。

第四部分
跨期选择

第八章
贴现效用模型

第一节 引 言

到目前为止，我们都是按照所有行动的结果都是即刻发生的来处理决策问题，即我们已经假设所有相关结果都或多或少立刻发生或者同时发生。有些时候这个假设是完全合理的，比如，你玩一次轮盘赌博，对金钱有偏好，那么不管发生什么结果，或多或少都会同时发生。

但是通常，时间是一个重要因素。当你决定是否要为你新买的平板电脑购买一年期质保时（见练习 6.10），你面临的不仅仅是在一个确定的选项（买这份质保）和一个有风险的选项（不买）之间选择，你还是在确定的损失（因为购买质保必须现在支付）和后面可能遭受的损失（未来某天电脑坏时要花钱重买的可能性）之间作选择。

可能大多数决策的结果出现在不同的时间点。有些决策会产生即刻的收益和滞后的损失，如拖延症，偏好现在的东西（和朋友吃顿饭或者看场电影）胜过后来的东西（干净的屋子）。有些决策会产生即刻的成本与滞后的收益，如储蓄行为就是偏好后来的好处（舒适的退休生活）胜过现在的东西（一辆新车）。在本章及以后，我们将考虑当时间成为一个因素时如何模型决策问题。

第二节 利　率

在我们开始这个理论之前,我们先讨论一下**利息**。大家一定很熟悉它,但是知道了如何去思考它之后会发现回顾一下是有必要的。比如练习1.2那样的研究表明许多人对于利息是如何发挥作用的了解并不充分。

例子8.1　利息

假设你按照年利率9%借了100美元,为期1年。那么1年后,你将欠债权人多少钱?

答案是 100 * 0.09 = 9(美元)。

稍微正式地讲,令 r 为利率,P 为本金(即你借的钱的数量),I 为利息。那么:

$$I = Pr \tag{8.1}$$

这个表达式可以用来评价不同信用卡给出的各种业务。表8-1摘自某网站挂出来的为信用较差的消费者提供的信用卡。给定这个信息,我们可以计算给定一定的借款所花费的成本。

表8-1　为信用较差的顾客提供的信用卡业务

信用卡业务	年利率(APR)	费用(美元)
Ⅰ	19.92%	48
Ⅱ	13.75%	250
Ⅲ	19.92%	49
Ⅳ	17.75%	36
Ⅴ	19.75%	99
Ⅵ	18.25%	150
Ⅶ	22.25%	72

例子8.2　信用成本

假设你需要在一辆新车上投资1 000美元,为期一年。如果你用信用卡Ⅱ的话,这笔信用的总成本是多少?记住:你不仅要付利息还要付年费。

给定年利率 r(APR)为 19.92%(0.199 2),你可以计算出 $I = Pr = 1\,000 * 0.199\,2 = 199.2$(美元),年费是 48 美元,所以总成本是利息加年费,即 247.2 美元。

如果用占本金的比来表示,几乎等于 25%,这还不是最差的业务,下面的练习可以看得更清楚。

练习 8.1 信用成本(续)

如果使用表中其他的信用卡借 1 000 美元,为期 1 年,那么成本是多少? 如果你需要 100 美元或者 1 000 美元呢?

年费和年利率会波动,永远不要不看上一年的数据就对选用哪种信用卡作出决定。

年末时,债权人希望收回本金。在例子 8.1 中,债权人希望得到 100 美元的本金以及 9 美元的利息,加起来是 109 美元。用 L 表示**负债**,即年末你欠债权人的债务总额。那么,就有:

$$L = P + I \tag{8.2}$$

用式(8.1)替换 I,可以得到:

$$L = P + I = P + (Pr) = P(1+r) \tag{8.3}$$

有时,定义 R 等于 1 加上 r 会更方便:

$$R = 1 + r \tag{8.4}$$

式(8.3)和式(8.4)一起意味着:

$$L = PR \tag{8.5}$$

回到例子 8.1 中,我们可以使用这个表达式来计算负债:$L = 100 * (1+0.09) = 109$(美元)。在已知本金和负债的前提下,这些表达式还可以用来计算利率。

例子 8.3 隐含利息

假设有人提出借给你 105 美元,条件是 1 年后你还给他 115 美元。

这笔业务隐含的利率 r 是多少?

我们知道 $P = 105$ 美元，$L = 115$ 美元。式(8.5) 意味着 $R = L/P = 115/105 = 1.095$。由式(8.4) 可以推出 $r = R - 1 = 1.095 - 1 = 0.095$。所以，这个潜在的债权人给你了一笔年利率为 9.5% 的借款。

练习 8.2 发薪日贷款

发薪日贷款，贷款机构给借款人提供了一种下个发薪日还款的短期贷款。费用是波动的，但是这种贷款机构可以在这个月的 15 号借给你 400 美元，两个星期后你还给他 480 美元就可以了。在这两周中这笔业务隐含的利率 r 是多少?

在有些美洲国家，发薪日贷款机构的数量会超过星巴克和麦当劳合在一起的总数。练习 8.2 的答案说明了这是为什么（还可以参见练习 8.4）。

我们可以在更长的时间期限内拓展分析。宽泛地讲，有两种情形值得我们注意。下面是第一种情形：

例子 8.4 单利

假想你使用一张信用卡借款 100 美元，每个月信用卡公司会按照 18% 的利率收费。你只要每个月付利息就行，但是要全额付息。到年末时，你还需要还 100 美元的本金。全年的总利息是多少？分别用绝对数额和占本金的比表示。

由式(8.1)知，每个月你必须还给信用卡公司的利息 $I = Pr = 100 * 0.18 = 18$（美元），你要还 12 次，所以利息总额为 $12 * 18 = 216$（美元）。按照本金的百分比表示就是 216%。

这就是**单利**的一个例子，你可以直接通过将 18% 乘以 12 得到一样的结果。下面是另一种情形。

例子 8.5 复利

再假设你用信用卡借款 100 美元，月利率是 18%。与前面的例子不同的是,你不用每个月支付利息,而是将每个月的利息加入本金中。那么全年的总利息是多少?分别用绝对数额和占本金的比表示。

在第一个月结束时,由式(8.3)可知 $r=0.18$,你将欠债 $L = P(1+r) = 118$(美元)。在第二个月结束时,你的债务将变成 $L = 118 * 1.18 = 139.24$(美元)。注意到你可以通过计算 $L = 100 * 1.18 * 1.18 = 100 * 1.18^2$ 得出相同的答案。在第三个月结束时,你的债务将变成 $L = 100 * 1.18 * 1.18 * 1.18 = 100 * 1.18^3 \approx 164.30$(美元)。到第十二个月结束时,你的负债约等于 728.76 美元。年末,你的负债包含了 100 美元的本金,因此你的利息一共约为 628.76 美元。作为本金的比例的话就等于 678.76%。

例子 8.5 的答案中的数值比例子 8.4 的答案中的数值要大得多,因为前者使用了**复利**。这里,与单利的情形不同,第一期累积的利息将被加入本金中,所以你将为前一期累积的利息付利息。注意,在复利的情形下,你不能像在单利的情形中那样简单地将第一期累积的利息乘以期数。在复利计算中,t 期之后的负债的计算为:

$$L = PR^t \tag{8.6}$$

这个表达式为练习 1.2 的(c)提供了答案,即 $200 * (1 + 0.1)^2 = 242$(美元)。

有时人们会引用爱因斯坦说过的话,即复利是全宇宙中最强大的力量之一。如果他确实说过这样的话,那么人们的引用真是妙极了,遗憾的是没有证据表明他的确说过这样的话。即便如此,你可以通过储蓄并按照复利计算利息来窥得其中的力量。

练习 8.3 储蓄

假设你今天将 100 美元放入你的储蓄账户,银行向你承诺 5% 的年利率。

(a) 1 年后银行的负债是多少?

(b) 10 年后呢?

(c) 50 年后呢?

最后，让我们回到发薪日贷款机构的问题上来。

练习 8.4　发薪日贷款(续)

假设你从一个发薪日贷款机构借了 61 美元。一周后，它需要你归还本金加上 10% 的利息。可是你没有钱，所以你去了另外一家发薪日贷款机构借了钱还给第一家机构，你这样持续了一年，假设每家机构的利率都一样，并且每周都一样。

(a) 年末时你一共欠债多少？
(b) 年末时你一共要还多少利息？用绝对数值表示。
(c) 年末时你一共要还多少利息？用占本金的比表示。
(d) 这给了你关于发薪日贷款什么样的教训？

发薪日贷款机构引起了争议，有些州的立法部门对它们要求的利率进行了限制。其实这种争议早已不新鲜了，基督教传统中基本认为对贷款征收利息或者说放**高利贷**是违背自然的。在但丁的《神曲》中，高利贷债主将与亵渎者和鸡奸者(同性恋)一起被判入第七层地狱，你就知道但丁认为哪里能找到发薪日贷款职员了。另一方面，发薪日贷款为理性且学识渊博的人们提供了一种他们完全有理由需要的服务。比如父母会愿意在圣诞节而不是一月购买圣诞节礼物并支付一定的溢价。

不管怎样，正如从这些练习中看到的，对利率基础的了解非常有帮助。现在让我们回到决策理论的讨论中。

第三节　指数贴现

今天的 100 美元和明天的 100 美元哪个更好？今天的 1 000 美元和明年的 1 000 美元呢？可能你会偏好今天的钱。也会有例外(下一章中我们会讨论一些这样的例子)，但是一般而言，人们喜欢更早的钱而不是更晚的钱。这并不是说到了明天 1 美元带给你的享受比今天 1 美元给你的享受要小，而是从今天的角度来看，今天的 1 美元给你带来的效用要比明天的 1 美元给你带来的效用来得大。

你之所以会这么想,理由有很多。你越早得到钱,你的选择则会越多;有些选择是有一定时限的,并且你总是可以把钱储存起来留到后面用。再者,你越早得到钱,你的储蓄时间越长,你就能得到更多的利息。不管出于什么原因,只要站在今天的角度看,未来发生的事带给你的效用不如发生在今天,我们就说你**贴现了未来**。更一般的术语是**时间贴现**,你贴现未来的程度被视为你的个人偏好,我们称之为**时间偏好**。

有一个模型可以清晰地表示人们偏好钱来得越早越好:**指数贴现模型**。假设 $u>0$ 是你今天收到 1 美元得到的效用,那么从你现在的角度来看,明天收到 1 美元的效用则小于 u。我们可以通过将现在得到 1 美元的效用乘以一个比例来表示,用希腊字母 δ 表示这个比例,我们称之为**贴现因子**。所以,站在现在的角度看,明天的 1 美元的价值为 $\delta * u = \delta u$。我们一般这么假设,只要 $0<\delta<1$,就意味着 $\delta u < u$,所以今天你会偏好今天的 1 美元胜过明天的 1 美元。而从今天的角度看,后天的 1 美元的价值为 $\delta * \delta * u = \delta^2 u$,因为 $\delta^2 u < \delta u$,那么今天你会偏好明天的 1 美元胜过后天的 1 美元。

一般而言,我们希望可以评估整个效用序列,也就是**效用流**。令 t 表示时间,我们用 $t=0$ 表示今天,$t=1$ 表示明天,以此类推。同时,用 u_t 表示在时间 t 你得到的效用,那么 u_0 表示你今天得到的效用,u_1 表示你明天得到的效用,以此类推。$U^t(\mathbf{u})$ 表示从时间 t 开始的效用流的效用 $\mathbf{u}$,我们要研究的就是整个效用流 $\mathbf{u} = \langle u_0, u_1, u_2, \ldots \rangle$ 的效用 $U^0(\mathbf{u})$。

定义 8.1 δ 方程

根据 δ 方程,站在 $t=0$ 的角度看,效用流 $\mathbf{u} = \langle u_0, u_1, u_2, \ldots \rangle$ 的效用 $U^0(\mathbf{u})$ 为:

$$U^0(\mathbf{u}) = u_0 + \delta u_1 + \delta^2 u_2 + \cdots = u_0 + \sum_{i=1}^{\infty} \delta^i u_i$$

所以,你通过把现在收到的效用、下一轮收到的效用乘以 δ 以及再下一轮收到的效用乘以 δ^2 等加起来就可以得到不同的效用流的效用。这个模型就叫作 **δ 模型**。

效用流可以用表来表示,如表 8-2 所示。空格表示在该时间收到的效用为 0。为了从第 0 期或者其他任意一期的角度来计算效用,你只需要知道 δ 是什么即可。只要我们知道贴现因子,我们就可以使用定义 8.1 来确定你的选择应该是什么。

表 8-2　简单的时间贴现问题

	$t=0$	$t=1$	$t=2$
a	1		
b		3	
c			4
d	1	3	4

例子 8.6　指数贴现

假设 $\delta=0.9$,并且每个效用流都是从 $t=0$ 的角度进行评价。这样一来,$U^0(\mathbf{a})=u_0=1$,$U^0(\mathbf{b})=\delta u_1=0.9*3=2.7$,$U^0(\mathbf{c})=\delta^2 u_2=0.9^2*4=3.24$,并且 $U^0(\mathbf{d})=u_0+\delta u_1+\delta^2 u_2=1+2.7+3.24=6.94$。所以,如果可以在四个选项中选择,你会选择 d;如果只能在 a、b 和 c 之间选择,你会选择 c。

练习 8.5　指数贴现(续)

假设现在 $\delta=0.1$,其他条件不变。

(a) 站在第 0 期的角度计算以上每种效用流的效用。

(b) 如果能在这四个选项之间选择,你会怎样选择?

(c) 如果只能在 a、b 和 c 之间选择呢?

正如从这些计算中所看到的,你的贴现因子对你的选择影响非常大。如果你的贴现因子很高(接近于 1),那么未来发生的事对你而言也很重要,也就是说你是有**耐心**的:你对未来的贴现不是很严重;如果你的贴现因子很小(接近于 0),你就不那么在乎未来发生的事,也就是说你是**不耐心**的:你对未来的事贴现得很严重。δ 如何体现你的时间的偏好现在很明确了。

经济学家相信贴现因子可以用来解释很多行为。如果贴现因子比较低,你会更愿意花钱、拖延、嗑药或者进行不安全的性行为。如果你的贴现因子很高,你会更愿意储蓄、规划好未来、拒绝毒品以及使用一些保护措施。注意,在这种思想下所有这些行为都可能是理性的。对于一个对未来非常不在乎的人,他吸食可卡因的行为则一点都算不上不理性。实际上,加里·贝克尔(我们在第二章第八节中提到过)还因为力挺**理性成瘾**理论而闻名。

练习8.6 贴现因子

指出下列每种情形下贴现因子δ是高(接近于1)还是低(接近于0):

(a) 某人抛售了自己的信托基金而购买了可转换债券。

(b) 某人选择读硕士/博士研究生。

(c) 某人在离开家之前仔细地涂抹了防晒霜。

(d) 某人翘课去玩攀岩。

(e) 美国的易洛魁族土著人要求做任何事情都必须考虑它对第七代子孙的影响。

我们还可以用图表示贴现,用x轴表示时间,y轴表示效用。在时间为t、高度为u的条形柱表示你在时间t获得的价值效用u的一笔报酬。曲线代表站在时间t之前来看在时间t你收到的这笔报酬对你的价值。正如我们从定义8.1中知道的,在$t-1$时为δu、$t-2$时为$\delta^2 u$,以此类推。结果,我们就得到了图8-1。当你从t向左移动时,这笔报酬则越来越遥远,它的效用的价值也变得越来越低。

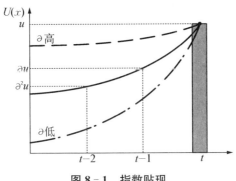

图8-1 指数贴现

我们可以用这种图形工具来表示 δ 高的人和 δ 低的人的不同。如果 δ 比较高，δu 则不会与 u 有太大的不同，曲线相对而言则平坦一些：向左移动时它会慢慢靠近 x 轴，如图 8-1 中的虚线所示。如果 δ 比较低，δu 则会比 u 低很多，曲线则相对更陡峭了：在图中向左移动时会迅速地靠近 x 轴，如图 8-1 中的点虚线所示。总结起来就是：如果 δ 比较高，这个人将未来贴现得不是很重，则曲线平坦一些；如果 δ 比较低，这个人将未来贴现得很重，则曲线比较陡峭。

到目前为止，我们已经使用我们对 δ 的了解来确定一个人对效用流的偏好。定义 8.1 还可以使我们走向另一个方向，即知道一个人对效用流的偏好后我们就可以确定他的贴现因子的值。

例子 8.7　无差异

假设亚历山德拉在时间 0 这个点上对效用流 **a**（在 $t=0$ 得到 2 单位效用）和效用流 **b**（在 $t=1$ 得到 6 单位效用）无差异。她的贴现因子 δ 是多少？

已知亚历山德拉在时间 0 这个点上对 **a** 和 **b** 无差异，于是 $U^0(\mathbf{a}) = U^0(\mathbf{b})$，这就意味着 $2 = 6\delta$，即 $\delta = 2/6 = 1/3$。

当实验经济学家在实验室里研究时间贴现时，他们非常依赖这种计算。只要实验的对象对一个瞬时的报酬和一个滞后的报酬无差异，他/她的贴现因子很快就可以被估计出来。

无差异可以用类似图 8-1 的图表示出来。例子 8.7 中对选择 **a** 和 **b** 无差异就意味着图像应该如图 8-2 所示。我们可以简单地确定，

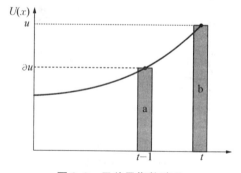

图 8.2　无差异指数贴现

严格偏好 a 胜过 b 就意味着 $\delta < 1/3$，严格偏好 b 胜过 a 则有 $\delta > 1/3$。

练习 8.7

根据图 8-2 来回答下列问题：
(a) 如果 $\delta < 1/3$，曲线应该是什么样？
(b) 如果 $\delta > 1/3$ 呢？

练习 8.8

这个练习中的效用流参见表 8-2。计算以下每个人的 δ 值。
(a) 在 $t = 0$，阿米德在效用流 a 和 b 之间无差异。
(b) 在 $t = 0$，贝拉在效用流 b 和 c 之间无差异。
(c) 在 $t = 0$，凯西在效用流 a 和 c 之间无差异。
(d) 在 $t = 1$，戴伦斯在效用流 b 和 c 之间无差异。

练习 8.9

对于表 8-3 中的每个决策问题，假设某个人在时间 0 点上对 a 和 b 之间无差异，计算 δ。

表 8-3(a)　时间贴现问题

	$t = 0$	$t = 1$
a	3	4
b	5	1

表 8-3(b)　时间贴现问题

	$t = 0$	$t = 1$	$t = 2$
a		6	1
b		3	4

表 8-3(c)　时间贴现问题

	$t = 0$	$t = 1$	$t = 2$
a	1		1
b			5

到目前为止，我们在本章中遇到的所有的决策问题都是根据效用矩阵定义的。但是通常，相关的结果是以美元、拯救的生命等形式出现的，不过只要给定合适的效用函数，我们一样知道如何处理这些问题。

例子 8.8

假设你对表 8-4(a) 中的效用流 **a** 和 **b** 无差异。你的效用函数是 $u(x) = \sqrt{x}$，那么，你的 δ 值是多少？

已知效用函数，表 8-4(a) 可以转化为如表 8-4(b) 所示的效用矩阵。我们可以通过构建下列等式来计算 $\delta: 3 + \delta 2 = 1 + \delta 5$。或者我们也可以简单地构建下述等式：$\sqrt{9} + \delta\sqrt{4} = \sqrt{1} + \delta\sqrt{25}$，不管怎样，$\delta = 2/3$。

表 8-4(a)　时间贴现问题（按美元计价）

	$t=0$	$t=1$
a	9	4
b	1	25

表 8-4(b)　时间贴现问题（按效用计价）

	$t=0$	$t=1$
a	3	2
b	1	5

练习 8.10

假设现在效用函数变为 $u(x) = x^2$。那么，表 8-4(b) 应该是什么样？δ 应该等于多少？

> ### 贴现率
>
> 有时贴现会用**贴现率** r 而非体现因子 δ 表示。它们之间的转化很简单:
>
> $$r = (1-\delta)/\delta$$
>
> 你可以确定当 δ = 1 时 r = 0,并且随着 δ 趋向于 0,r 增加。如果知道 r,你可以按照下述方式计算 δ:
>
> $$\delta = 1/(1+r)$$
>
> 在本书中,我倾向使用贴现率而非贴现因子,但是区分它们对我们也有帮助。

第四节 讨 论

本章我们考察了指数贴现。指数贴现模型有一个很重要的特征,即它是唯一要求时间一致性的贴现模型。一致性是跨期决策制定中一个很重要的话题,我们将在第九章第二节进行讨论。虽然相对简单,指数贴现还是给我们提供了一个强大的模型。因此,对于很多领域来说它都是很重要的,包括成本-收益分析中用来估计未来出现结果的成本和收益,以及在金融实践中确定不同投资的现值。这个模型看上去符合直觉并且不管从描述性角度还是规范性角度看都毫无争议,但是正如下一章中我们即将看到的,事实恰恰相反。

我们现在通常将 δ 以及 r 的值视为人们的偏好。但是从历史的角度看,时间贴现(δ<1 以及 r>0)被认为是由智力或者道德上的缺陷所引致的。福利经济学之父、经济学家庇古(A. C. Pigou)曾经写道:"这种对现有快乐的偏好……仅仅意味着我们的远视能力是有缺陷的,因此我们对未来的快乐的感知要比实际情况缩水很多。"对哲学和经济学作出开创性贡献(他的储蓄理论至今还存在于研究生的宏观课程中)的哲学家弗兰克·拉姆齐(Frank Ramsey)在他 26 岁离开人世之前称时间贴现为"一种道德上站不住脚,纯粹出于想象力的弱点而导致的习惯"。

最近,这个话题经常在讨论气候变化中被提及。基于采取行动阻止或者减轻气候变化带来的负面效应短期内代价很高但是(至少潜在地)可以带来长期利益的假设,在 δ 足够高的情况下的成本-收益分析会倾向于选择采取行动,但是如果 δ 比较低,成本-收益分析会得出不采取行动的结论。所以,采取行动防止或者减轻气候变化带来的影响是否理性取决于 δ 值的大小,但是这个值应该是多少才比较合理还没有一致的看法。

在下一章,我们将讨论时间贴现指数模型能在多大程度上成功解释人们实际的决策行为,以及从规范性角度看是否该模型也是合理的。

练习 8.11 时间贴现和利率

你应该消费还是储蓄不仅取决于你的时间偏好,还取决于如果将钱存起来可以得到的利息。假设你现在可以选择消费 w 美元或者存进银行留到明年花。如果选择存起来,银行存款利率为 i。

(a) 假设你的效用函数是 $u(x) = x$。如果你对这笔钱现在花还是存到明年再消费无差异,那么你的贴现因子 δ 应该是多少?贴现率 r 呢?

(b) 假设你的效用函数是 $u(x) = \sqrt{x}$。如果你对这笔钱现在花还是存到明年再消费无差异,那么你的贴现因子 δ 应该是多少?贴现率 r 呢?

扩展阅读

马斯-柯勒等(Mas-Colell et al., 1995)对跨期效用有更进一步的讨论。关于发薪日贷款机构的争议可以参见阿南德(Anand, *The Wall Street Journal*, 2008)。庇古(Pigou, 1952[1920], p. 25)讨论了有缺陷的远观能力,拉姆齐(Ramsey, 1928, p. 543)讨论了想象力的弱点。

第九章
跨期选择

第一节 引 言

正如前面章节中的许多例子所示,指数贴现模型符合很多行为模式。正因为此,以及它在数学上的简易,我们很多时候都依赖这个模型,但是对于某些事,它还是不能解释。在本章,我们专注于两种使用标准模型不容易解释的现象。一种现象是人们在时间上不一致,即人们的偏好总是随着时间莫名地变化,就好比一个发誓戒毒的吸毒者早晨起来后又向毒品投降,下午吸更多的毒品。由于人们有时会预期时间不一致的问题,因此他们干脆选择不作任何选择,就是说他们会采取一些行动以阻止自己可以采取行动。另一种现象就是人们似乎对效用流也有一定的偏好,也就是说人们在意效用流的形状,而不只是贴现后的个人效用。我们还将学习行为经济学家是如何刻画这些现象的。时间的不一致性可以通过双曲贴现模型来刻画,这个模型是多功能的。我们将看到双曲贴现模型可以很好地刻画时间的不一致性,但是还不足以解释对效用流的偏好。

第二节 双曲贴现

正如我们在前面的章节中所看到的，指数贴现模型可以解释很多行为，包括（也许你会觉得很奇怪）成瘾行为。但是理性成瘾还是与观察到的行为以及很多以第一人称方式所作的关于成瘾的报告不符。作为"垮掉的一代"，威廉·巴勒斯（William Burroughs）在他的自传体小说《瘾君子》的序言中写道：

> 有个问题经常被问道：为什么有人会有毒瘾？答案是因为他通常并不是自己故意要上瘾的。你不会有一天早晨醒来然后决定成为一个有毒瘾的人……一天你醒来觉得不舒服，并且你染上毒瘾了。

在本章后面的部分，我们将讨论其他一些与指数贴现不符合的行为。

指数贴现隐含表示个体的行为是**时间一致**的，即他/她对两种选择的偏好不会简单因为时间的变化而发生变化。如果你是时间一致并且（今天）觉得 a 比 b 好，那么昨天你也是这么看待 a 和 b 的，明天也还是一样。

相对来说，证明一个指数贴现未来的人是时间一致的比较容易。但是首先我们需要回顾一些表示法。我们继续用 $U^t(\mathbf{a})$ 表示站在时间 t 的角度来看效用流 $\mathbf{a}$ 的效用，令 u_t 表示在时间 t 得到的效用，那么 $U^t(u_{t'})$ 表示从时间 t 角度来看时间 t' 得到效用 $u_{t'}$ 的效用。举个例子，如果 $u_{明天}$ 表示你明天吃冰激凌将得到的效用，那么 $U^{今天}(u_{明天})$ 就是站在今天的角度来看你明天吃冰激凌的效用。这个数字通常会比较高，但不至于高到等于 $U^{明天}(u_{明天})$，这是你明天吃冰激凌时明天会得到的效用。

假设你面临两种报酬 a 和 b，如图 8-2 所示。我们说 a 让你在时间 t 得到效用 u_t，而 b 让你在时间 $t+1$ 得到效用 u_{t+1}。假想，从时间 t 的角度看，你严格偏好 a 超过 b，也就是说 $U^t(\mathbf{a}) > U^t(\mathbf{b})$。如果这样的话，给定你是一个指数贴现者，$U^t(\mathbf{a}) > U^t(\mathbf{b})$ 就意味着 $u_t > \delta u_{t+1}$。现在让我们看一下在 t 之前会怎样，比如，在 $t-1$，会出现相比 a 而言弱偏好于 b 吗？如果确实如此，就有 $U^{t-1}(\mathbf{b}) \geqslant U^{t-1}(\mathbf{a})$，以及 $\delta^2 u_{t+1} \geqslant \delta u_t$，由于 $\delta > 0$，则两边同时除以 δ 得到 $\delta u_{t+1} \geqslant u_t$，这就出现矛盾了。所以在 $t-1$，你一定是严格偏好 a 超过 b。那么，在 $t-2$ 呢？同样的原因下我们会得出同样的结论。那么，在 $t-3$ 呢？我们可以一直这么继续下去。

简单地说，如果你指数贴现未来，你一定是时间一致的。用图表示就是你要么在任何时候都偏好 a 超过 b（如图 9-1 中的点线），要么在任何时候都偏好 b 超过 a（如图 9-1 中的虚线），要么你对这两者无差异（如图 8-2）。这两条线不会相交于任何一点，你对 a 和 b 的偏好不会简单地因为时间的变化而变化。

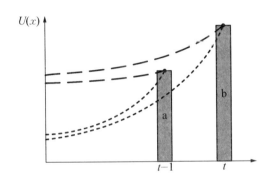

图 9-1　时间不一致的偏好

然而，坏消息是人们总会违背这个模型所得出的时间一致性（图 9-2）。早晨，我们发誓一定不再碰酒了，但是狂欢时刻来临时我们总是兴高采烈地又点上一杯马提尼。在 1 月 1 日，我们向伴侣承诺戒烟并开始锻炼身体，但是只要机会来临，我们就会完全把承诺抛在脑后。如果这些情形对你而言不熟悉，那真是太好了！可是你大概还是会赞同时间不一致是很普遍的。如果用图表示的话，我们似乎是按照图 9-3 来贴现未来的。也就是说，在时间 $t-1$（或者刚好在这之前），我们想要低一点但是更及时的报酬，而比那更早的时候，我们想要高一点、遥远一点的报酬。

结果是这种行为可以通过适当变化一下定义 8.1 来模型。

图 9-2 时间不一致性(科迪·泰勒作)

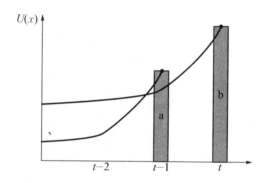

图 9-3 时间不一致的偏好

定义9.1 β-δ 方程

根据 β-δ 方程,站在 $t=0$ 的角度看,效用流 $\mathbf{u} = \langle u_0, u_1, u_2, \ldots \rangle$ 的效用 $U^0(\mathbf{u})$ 是:

$$U^0(\mathbf{u}) = u_0 + \beta\delta u_1 + \beta\delta^2 u_2 + \cdots = u_0 + \sum_{i=1}^{\infty} \beta\delta^i u_i$$

如果你的行动符合这种形式,你就是通过把现在收到的效用、下一轮收到的效用乘以 $\beta\delta$、再下一轮收到的效用乘以 $\beta\delta^2$ 等相加来评价效用流。与指数贴现方程唯一的不同点在于所有除了 u_0 以外的效用都乘以 β,而 β 满足 $0 < \beta \leq 1$。注意,对于越来越远的报酬 δ 的幂越来越

大,而 β 却没有。这种形式的贴现就叫作**拟双曲贴现**,这里为了方便我粗略地称之为**双曲贴现**。我们将这个模型称为 **β-δ 模型**。

引入参数 β 后,一切发生了有趣的变化。当 $\beta = 1$ 时,某人对未来的双曲贴现与一个指数贴现未来的人的行为模式完全一样。因为当 $\beta = 1$ 时,双曲贴现者会最大化下面的表达式:

$$U^0(\mathbf{u}) = u_0 + \beta\delta u_1 + \beta\delta^2 u_2 + \cdots = u_0 + \delta u_1 + \delta^2 u_2 + \cdots$$

这与 δ 方程是完全一致的。但是当 $\beta < 1$ 时,情况就不同了,除了现在,其他所有的结果都比指数贴现时贴现得更严重了,如图 9-4 所示。将图 9-4 与图 8-1 比较,你可以看出双曲曲线在 t 和 $t-1$ 之间更陡峭,而在 $t-1$ 之前则更平坦些。

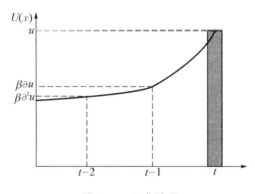

图 9-4 双曲贴现

当一个人双曲贴现未来时,如果给定两种选择,即小一点但是更早的报酬和大一点但是较晚的报酬,最终得到的图会与图 9-3 类似。双曲贴现导致时间不一致的事实也可以用代数方法得出。

例子9.1 双曲贴现

假设你正在节食,但是在某个星期六参加的派对上你必须决定是否要吃一块红丝绒蛋糕。吃了它你得到的效用为 4,可是如果吃了它,你就必须在星期天锻炼几个小时,而这带给你的效用为 0。另一个选择是不吃这块蛋糕,带给你的效用为 1,而且你可以在星期天放松地坐在电视前看电视,这带给你的效用是 6。因此,你面临的是如表 9-1

中的选择问题。你是双曲贴现者,其中 $\beta = 1/2$, $\delta = 2/3$。问题如下:(a)站在星期五的角度看,吃这块蛋糕(**c**)和不吃它(**d**)的效用是多少?你更偏好于哪种选择?(b)站在星期六的角度看,吃这块蛋糕和不吃它的效用是多少?你更偏好于哪种选择?

表 9-1 红丝绒问题

	星期六	星期天
c	4	0
d	1	6

(a)站在星期五的角度来看,星期五时 $t=0$,星期六时 $t=1$,星期天时 $t=2$。这样,吃这块蛋糕带来的效用流 **c** $= \langle 0,4,0 \rangle$,不吃的效用流 **d** $= \langle 0,1,6 \rangle$。结果,吃蛋糕的效用为:

$$U^0(\mathbf{c}) = 0 + \frac{1}{2} * \frac{2}{3} * 4 + \frac{1}{2} * \left(\frac{2}{3}\right)^2 * 0 = \frac{4}{3}$$

同时,不吃蛋糕的效用是:

$$U^0(\mathbf{d}) = 0 + \frac{1}{2} * \frac{2}{3} * 1 + \frac{1}{2} * \left(\frac{2}{3}\right)^2 * 6 = \frac{5}{3}$$

所以,站在星期五看,你会选择不吃蛋糕,坚持节食计划。

(b)站在星期六的角度看,星期六时 $t=0$,星期天时 $t=1$。这样,吃这块蛋糕带来的效用流 **c** $= \langle 4, 0 \rangle$,不吃的效用流 **d** $= \langle 1, 6 \rangle$。结果,吃蛋糕的效用为:

$$U^0(\mathbf{c}) = 4 + \frac{1}{2} * \frac{2}{3} * 0 = 4$$

同时,不吃蛋糕的效用是:

$$U^0(\mathbf{d}) = 1 + \frac{1}{2} * \frac{2}{3} * 6 = 3$$

所以,站在星期六看,你会选择吃蛋糕。

这个例子展示了时间的不一致性。一开始,你偏好于坚持节食计划而坚决不吃蛋糕。可是,当机会来临后,你又忽略节食计划而选择吃蛋糕。这意味着你表现出了**冲动**。如果你对冲动不熟悉,那么你就属于为数不多的那群幸运的人了。正如例子中所看到的,你可能同时是冲动和无耐心的。下一个练习阐述了这两者之间的互动关系。

练习9.1 冲动和不耐心

假设你可以在 **a**(星期四获得效用 8)和 **b**(星期五获得效用 12)之间选择。

(a) 假设 $\beta = 1$,$\delta = 5/6$。站在星期四的角度看,你会选择哪个?站在星期三的角度看,你会选择哪个呢?

(b) 假设 $\beta = 1$,$\delta = 1/6$。站在星期四的角度看,你会选择哪个?站在星期三的角度看,你会选择哪个呢?

(c) 假设 $\beta = 1/2$,$\delta = 1$。站在星期四的角度看,你会选择哪个?站在星期三的角度看,你会选择哪个呢?

(d) 假设 $\beta = 1/2$,$\delta = 2/3$。站在星期四的角度看,你会选择哪个?站在星期三的角度看,你会选择哪个呢?

双曲贴现不仅可以解释人们重视现在的福利超过未来的福利,还可以解释为何人们对如何平衡现在和未来的看法会发生改变。因此,它可以解释人们本来完全打算节食、戒烟、做作业以及戒毒等,可是后来完全没做到。下面是另一个例子。

练习9.2 防癌普查

大部分结肠癌都是因为息肉引起的。由于早期的检查可以观测到癌变前以及已患结肠癌的息肉,所以医生建议患者到一定年龄后要作结肠镜检查。不幸的是,结肠镜检查会令人很尴尬而且也痛苦。人们典型的做法就是,在年轻时决定等年龄再大些就去作结肠镜检查,可是等到日子临近时他们又改主意了。假设有两个病人,阿贝里塔和班尼,下面有两种选择:(**a**)在时间 1 接受结肠镜检查(效用为 0)而在时间 2 享受健康(效用为 18);(**b**)时间 1 不去检查(效用为 6)而在时间 2 不健康(效用为 0)。

阿贝里塔属于指数贴现未来。她的 δ 值为 2/3。

(a) $t=0$：**a** 对她的效用是多少？**b** 的效用呢？

(b) $t=1$：**a** 对她的效用是多少？**b** 的效用呢？

班尼属于双曲贴现未来。他的 β 值为 1/6，δ 值为 1。

(c) $t=0$：**a** 对他的效用是多少？**b** 的效用呢？

(d) $t=1$：**a** 对他的效用是多少？**b** 的效用呢？

(e) 谁表现得更像一个典型的病人的做法？

(f) 最后谁更容易出现健康问题？

β-δ 方程还可以使你反向思考，如果知道了一个人的偏好，这个方程就可以使你计算出他们的 β 值和（或者）δ 值。来看下面这个练习。

练习 9.3

假设你是双曲贴现的，即根据 β-δ 方程来作决策，站在星期四来看，你对选择 **a**（星期四得到 1 单位效用）和 **b**（星期五获得 3 单位效用）是无差异的。

(a) 如果 $\beta=1/2$，那么，δ 是多少？

(b) 如果 $\delta=4/9$，那么，β 应该是多少？

练习 9.4

假设你是双曲贴现的，并且 β 和 δ 都严格大于 0 且严格小于 1。当 $t=0$ 时，你面临下面三种选择：**a**（在 $t=0$ 时得到 1 单位效用），**b**（在 $t=1$ 时得到 2 单位效用），**c**（在 $t=2$ 时得到 3 单位效用）。实际上，当 $t=0$ 时你在 **a** 和 **b** 之间无差异，在 **b** 和 **c** 之间无差异。

(a) 计算 β 和 δ。

(b) 假设在 $t=0$ 时你在 **c** 和 **d**（在 $t=3$ 获得 x 单位效用）之间也是无差异的，那么，x 是多少？

练习 9.5

假设你是双曲贴现的，β 和 δ 都严格大于 0 且严格小于 1。在 $t=0$

时,你面临下面三种选择:a(在 $t=0$ 时得到 2 单位效用),b(在 $t=1$ 时得到 5 单位效用),c(在 $t=2$ 时得到 10 单位效用)。假设在 $t=0$ 时你在 a 和 b 之间无差异,且在 b 和 c 之间无差异。计算 β 和 δ。

下面两节包含了更多关于双曲贴现的练习。

第三节　选择不作选择

人类行为的另一个特征是我们有时候会选择不去作任何选择,即我们会采取行动以阻止我们自己采取行动。我们愿意支付溢价去购买小袋装的点心,从自动售货机购买价格更高的饮料或者买小份的啤酒,尽管我们知道我们完全可以以更便宜的价格去买大份包装的商品,我们担心这样做会让我们暴饮暴食从而导致肥胖、醉酒或者担心并不省钱。

这种行为从理论上看令人费解。从指数贴现来看,选择不去作选择似乎说不通。根据这个模型,如果你现在不想暴饮暴食,那么你以后也不会想要暴饮暴食的。但是双曲贴现似乎也得不出这样的行为模式,因为你可能会完美计划好不暴饮暴食,可是后来又开始暴饮暴食了。因此,我们目前接触到的这两种模型都不能合理解释上面提到的这些很常见的行为。

行为经济学家通过区别**天真的**和**成熟的**双曲贴现者来解决这个问题。当人们时间不一致时(即在某个时点之前偏好 x 胜过 y,可是当这个时间来临时又偏好 y 胜过 x),我们称出现了**自我控制问题**。天真的时间不一致的人(或者简称天真的人)并不知道自己有自我控制的问题。天真的人基于他们未来的偏好将与现在的偏好一样这种不准确的假设来作出选择。而成熟的时间不一致的人(或者简称成熟的人)知道自己的自我控制问题。他们根据对他们未来行为的准确预测来作出选择。

下面的例子讲述了一个指数贴现者、一个天真的双曲贴现者以及一个成熟的双曲贴现者的行为模式。

例子9.2 强尼·戴普1

当地的电影院本周将上映一部普通的电影($u_0 = 3$),下周有部好电影($u_1 = 5$),第三周有部很好的电影($u_2 = 8$),而下面第四周有一部特棒的强尼·戴普的电影($u_3 = 13$)。不幸的是这四部中必须有一部你不能去看。假设$\beta = 1/2$,并且$\delta = 1$以下是四种选择:a:不看普通的那部电影;b:不看好电影;c:不看很好的那部电影;d:不看特棒的那部电影。你会选择哪一种呢?

如果你是指数贴现者,你将不看最差的那部电影。在$t = 0$时,你知道$U^0(\mathbf{a}) = 5+8+13 = 26$ 比$U^0(\mathbf{b}) = 3+8+13 = 24$要好,而后者又比$U^0(\mathbf{c})$好,以此类推。因为你是一个指数贴现者,从而是时间一致的,那么你会坚持你的计划。

如果你是个天真的双曲贴现者,你会拖到最后一刻从而不能看特棒的那部电影。当$t = 0$时,你在$U^0(\mathbf{a})(1/2(5+8+13) = 13)$、$U^0(\mathbf{b})(3+1/2(8+13) = 13.5)$、$U^0(\mathbf{c})(3+1/2(5+13) = 12)$以及$U^0(\mathbf{d})(3+1/2(5+8) = 9.5)$之间选择,你会看普通的那部电影而打算不看好的那部电影。但是到$t = 1$时,事情就不一样了,此时你没有跳过普通电影不看的选择了,而是在$U^1(\mathbf{b})(1/2(8+13) = 10.5)$、$U^1(\mathbf{c})(5+1/2 \times 13 = 11.5)$以及$U^1(\mathbf{d})(5+1/2 \times 8 = 9)$,你会看好看的那部,而决定不去看很好的那部了。到$t = 2$时,你又在$U^2(\mathbf{c})(1/2 \times 13 = 6.5)$以及$U^2(\mathbf{d})(8)$之间选择,这时你会看很好看的那部。到$t = 3$时,你就没别的选择而只能不看特棒的那部了。

相反,如果你是一个成熟的双曲贴现者,你会跳过好看的那部。你的成熟让你可以预测到在$t = 2$时的自我控制问题将会让你看不成特棒的那部电影。结果,在$t = 1$时你就是在跳过好看的那部电影从而得到效用$U^1(\mathbf{b})(10.5)$与只能得到$U^1(\mathbf{d})(9)$之间选择。所以你在$t = 0$时就知道到$t = 1$的时候你会选择 b,那么在$t = 0$时你就是在$U^0(\mathbf{a})(13)$和$U^0(\mathbf{b})(13.5)$之间选择,所以你最终会选择观看普通电影,跳过好看的那部,观看很好看的和特棒的电影。

这个例子说明了成熟如何能帮助人们预测时间不一致可能产生的

问题。这种行为可能很常见。在晚上,很多人都决定第二天早上要早起,即便他们预测到明天早上他们还是会赖床。为了不让第二天睡懒觉,他们会设定闹钟并且将闹钟放在房间对面窗台上的仙人掌的后面。有的闹钟甚至设计成会在响起时从床边桌子上滚到床底下,或者满屋子跑,逼着你到第二天早上起床到处追它,到那时你就是想回去睡也睡不着了。如果这听起来很熟悉,那么你就是一个成熟的双曲贴现者。

但是奇怪的是,正如下面的练习中看到的,成熟也可能加重自我控制问题。

练习9.6 强尼·戴普2

本练习参考例子9.2。现在假设你只能看四部电影中的一部。a:普通的那部电影;b:好的电影;c:很好的那部电影;d:特棒的那部电影。你会选择看哪部电影呢?(a)证明一个指数贴现者会选择 **d**。(b)证明一个天真的双曲贴现者会选择 **c**。(c)证明一个成熟的双曲贴现者会选择 **a**。

问题在于成熟的双曲贴现者倾向于**提前**,也就是说本来等等更好,但是他们现在就做了。从某方面看,提前刚好是天真的双曲贴现者出现拖延的反面。结果有的时候天真的人反而比成熟的人更好。也许很清楚自己有自我控制问题的人试图预期未来行为的程度不要像现在这样反而会更好吧!

第四节 对效用流的偏好

双曲贴现模型,尤其是在引入天真和成熟两种类型之后,可以解释很多与指数贴现模型不一致的现象。但是还有很多情况是指数贴现和双曲贴现都无法准确解释的。通过下面的练习,你将会看得很清楚。

练习 9.7 房屋清洁

现在是星期天的早晨 ($t=0$),你决定今天要完成两件事:打扫公寓以及看电影。你可以早晨打扫卫生 ($t=0$),然后下午去看电影 ($t=1$),你也可以早上去看电影,下午回来打扫卫生。你很讨厌打扫房间,它带给你的效用只有 2,但是你喜欢看电影,它带给你的效用高达 12。

关于前两个问题,假设你是指数贴现未来者,$\delta=1/2$,且站在 $t=0$ 的角度看:

(a) 先打扫后看电影的效用是多少?

(b) 先看电影后打扫的效用是多少?

在后两个问题中,假设你是双曲贴现未来者,$\beta=1/3$,$\delta=1/2$,并且站在 $t=0$ 的角度看:

(c) 先打扫后看电影的效用是多少?

(d) 先看电影后打扫的效用是多少?

这个练习想要说明的是,无论你是指数贴现者,还是双曲贴现未来者,你总是会选择先做让你快乐的事再做让你讨厌的事。

这与人们的实际行为存在极大的差别。个人经历显示,在为一系列的事件排序时,人们非常强调将不大令人快乐的事先安排在前面做,而将令人愉悦的事情安排在后面做。有证据支持这样的现象。在一项研究中,研究者向人们展示了用语言描述加上图示的递增和递减的工资序列,试图发现人们对不同序列的偏好。得出的结论是,在其他事情相同的情况下,总的来说,绝大多数的工人倾向于喜欢递增的工资序列,而不是平坦甚至递减的工资序列。

这种对**递增效用流的偏好**原则上可以通过放松 δ 小于 1 的假设(我们在第八章暂时引入的假设)来解释。如果 δ 比 1 大,一个理性的贴现者会尽可能地推迟好的事情。当 $\delta>1$ 时,相应地会有 $r<0$,这就是为什么我们将相应的偏好称为**负时间偏好**。可是这个答案看上去太奇怪了,因为将一个早上打扫卫生下午去看电影的人换一个情景时,他又变成按照 $\delta<1$ 以及 $r>0$ 来贴现未来了。

再者,有证据表明,人们还展现出**对分摊的偏好**,即有时人们喜欢将各种好事分散到不同的时间来享受。当有些小孩一次性吃完所有的万圣节糖果时，有些小孩喜欢在接下来的几天甚至几周内平均享受这些糖果。这个现象无论是负时间偏好还是正时间偏好都解释不了。

所有这些表明了人们**对效用流有偏好**：他们在关心贴现后的效用的同时也关心效用流的形状。人们通常会把最好的留到最后：也许是因为他们想有一个愉快的结束，于是就一劳永逸地做完不愉快的事，或者他们想用一个愉快的愿景来激励自己赶紧度过现在的不愉快。人们还希望可以将快乐和不快乐的事分散到不同的时间里。这种对效用流的偏好是我们目前为止讨论的任何一个贴现模型都无法解释的，可是它似乎是一个非常重要的现象。

例子9.3 经济学教授

有谣言称即便是经济学教授自己也常常选择按照12期得到薪水支付而不是9期，即使他们知道如果要求按照9期来支付自己的薪水的话可以最大化贴现效用，显然他们可以通过将钱存起来进行平滑消费。偏好一个平滑的收入流就可以解释这个现象。

对效用流形状的偏好多次在有关**峰-终定律**的文献中提及，峰-终定律被用来评估效用流或者"一段经历"的好坏。当遵循这个准则时，人们有意或者无意地根据峰点（这段经历中最大的效用）和终点（即接近这段经历终点的效用）的平均值来为效用流排序并依此进行选择。正是因为人们是按照峰-终定律行动的，效用流的形状（而不仅仅是贴现后的效用和）变得非常重要。

峰-终定律有一些很有趣的含义。我们来观察图9-5。一个使用峰-终定律的人会认为经历(a)比经历(b)来得好。如果乍一看不那么明显，我们细看就会发现这两种经历的峰点效用是一样的，但是(a)结束时的效用要比(b)高，所以如果你按照峰-终准则在(a)和(b)之间选择，你会选择(a)。但是这种排序有个奇怪的地方：(b)中包含了(a)中所有的效用，还多出了其他效用。峰-终定律意味着存在**过程忽略**，即对一段经历的长度是没有影响的，这与指数贴现和双曲贴现模型相反。

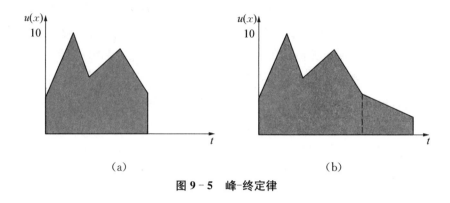

(a)　　　　　　　　　　(b)

图 9-5　峰-终定律

有人使用峰-终定律吗？在一个著名的对病人作结肠镜检查（如练习 9.2）的研究中，研究者发现事后评估反映了峰点效用和终点效用，而这段经历的长度相对不重要。给一段已经很痛苦的经历添上一个痛苦的尾巴会让人觉得这段经历总体来说不那么痛苦了，这不是很奇怪嘛！

练习 9.8　峰-终定律

假设你给一段已经很愉快的经历加上一个愉快的尾巴。如果人们根据峰-终准则来整体评价这段经历，那么就整体而言，人们会认为这段经历是更愉快了还是没那么愉快了呢？

练习 9.9　峰-终定律(续)

这个练习参照图 9-6。一个按照峰-终准则行动的人会选择实线表示的经历还是虚线所表示的经历？

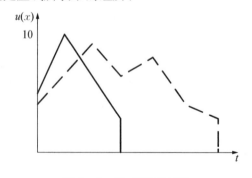

图 9-6　峰-终定律(续)

峰-终定律也许可以解释为什么人们一直生小孩,即使有系统性的数据表明为人父母的人平均要比没有当父母的人更不快乐,平均而言,父母在照顾小孩时要比做其他许多事时更不快乐。保持终点经历不变,只要孩子带来的最强烈的愉悦感能比做其他事情带来的最强烈的愉悦感高,人们就会认为抚养小孩比其他经历更好。过程忽略使得在最终评估时诸如那些漫长的睡不了多久的夜晚已经显得不那么重要了。

有些选择表面上看是效用流偏好下的结果,但其实不是。一方面,只要期待一件愉悦的事本身是令人愉悦的,我们就可以理性地推迟这件愉悦的事。假设现在是星期六,你要选择今天吃糖果还是明天吃。如果今天吃,你将得到 6 单位效用,明天吃就只有 0 的效用了,如果你推迟到明天吃,你今天会得到 2 单位的效用(因为正在期待一件愉悦的事),而明天可以得到 6 单位效用(这件愉悦的事本身带来的效用)。在这种情形下,一个理性的贴现者可以将吃糖果推迟到星期天,即使他(她)多少会贴现未来。这样的故事与标准理论一致。

第五节 讨 论

在本章,我们已经讨论了当时间成为一个因素时人们作选择的方式。我们发现了一些指数贴现模型(第八章所讨论的)所不能解释的现象。对于其中的很多现象来说,这种分歧十分明显且是系统性的,因而是可以预测的。再者,了解这些现象不仅使我们可以解释和预测其他人的行为,还可以影响他人的行为,并且可以防止其他人试图影响我们的行为。

其他还有很多想象与我们在第八章第三节中学到的指数贴现模型不一致。**符号效应**是指收益的贴现率要高于损失的贴现率。**数量效应**是指大结果的贴现率比小结果的贴现率低。我们还要看当我们变得困了、饿了、渴了、兴奋或者老了时偏好变化的可能性,这样的变化是非常重要的,不仅是因为它们意味着人们的行为能够可预测地随着时间变化而发生改变,还意味着人们可以对他们对自己的偏好将如何变化的预测作出回应。比如,许多人知道他们在肚子饿的时候购物会购买过多的食物,从而据此来调整自己的行为。经济学家已经构建了一些偏好改变是内生的模型,但是可能直接假定存在随时间变化的偏好关系会更简约一些。

行为经济学家利用这些现象来证明指数贴现模型以及稳定的偏好的假设是描述上不充分的。其中的一些现象还可以质疑该模型在规范上的正确性。确实,一些背离指数贴现的现象(严重的拖延症、极端冲动或者类似的等)可以伤害到个人。尽管一定程度的成熟可以帮助减轻双曲贴现效应,但还是会造成一定的伤害,正如在练习9.6中所看到的。但是另一方面,对于时间贴现的理性问题却存在争议(见第八章第四节)。前一节中对于效用流的讨论进一步强调了这些顾虑。大家可以争辩说想要一个递增的,或者有上有下的,或者其他任意形状的效用流完全都可以是理性的。如果是这样的话,指数贴现和双曲贴现模型都不符合规范性标准,并且如果指数贴现不是唯一用来评估滞后的结果的理性的方式,它在成本-收益分析以及金融领域的广泛使用就带来问题了。

在第五部分,我们将考虑策略互动问题,这又会给分析带来另一个层次的难度。

练习 9.10 退休储蓄

当人们年轻的时候,很多人都竭力为退休而进行储蓄。但是当他们大学毕业开始挣钱后,他们往往倾向于马上把钱花光。假设席美娜和伊夫斯有下面两种选择:(a)在第 1 期为退休储蓄($u_1 = 0$),在第 2 期富足地退休($u_2 = 12$);(b)在第 1 期拥有更多的可支配收入($u_2 = 6$),在第 2 期贫穷地退休($u_2 = 0$)。

席美娜是一个指数贴现者,她的 $\delta = 2/3$。

(a) 在 $t = 0$ 时:对她而言,a 的效用是多少? b 的效用是多少?

(b) 在 $t = 1$ 时:对她而言,a 的效用是多少? b 的效用是多少?

伊夫斯是一个天真的双曲贴现者,他的 $\beta = 1/3, \delta = 1$。

(c) 在 $t=0$ 时:对他而言,a 的效用是多少? b 的效用是多少?

(d) 在 $t=1$ 时:对他而言,a 的效用是多少? b 的效用是多少?

(e) 谁更有可能经历后悔?

(f) 谁更有可能富足地退休?

练习 9.11

下列描述分别对应什么现象:双曲贴现、对效用流的偏好、选择不进行选择。如果有疑问,挑选一个最合适的。

(a) 阿丽晚上上床时打算早上 5 点起床,在中午之前要好好学习。但是当闹钟响时,她拍了几下闹钟又直接睡过去了。

(b) 伯特想储蓄更多的钱,但是每次到月底就觉得自己的钱不够了。为了鼓励自己储蓄,他设置了一个自动转账功能,每个月的第一天将一部分钱从他的活期存款账户转到储蓄账户,想从储蓄账户取钱就比较麻烦了。

(c) 查丽每学期只能到餐馆吃一次大餐,她每次都将这顿大餐安排在期末,这样,她在每次吃拉面时心中就有期待了。

(d) 达利斯知道如果他多花些时间做家务,他的妻子会更开心,他的婚姻生活会更健康。他一直在想做做家务会很好。可是一旦要做家务时,总是会有一些电视节目吸引着他,使得他不自觉地又开始看电视而不做家务了。

(e) 不像她认识的有些人,艾丽不会一次吃掉一桶冰淇淋,相反,她只允许自己每天吃上满满一勺。

问题 9.1

根据你自身的经验,编一些类似练习 9.10 中的故事来阐释你在本章中学到的各种观点。

扩展阅读

第九章第二节中一开始引用的《瘾君子》中的话来自于巴罗斯(Burroughs, 1977[1953], p. xv)。弗雷德里克等(Frederick et al.,

2002)中有关于背离指数贴现模型的有用的回归,在洛温施泰因等(Loewenstein et al.,2003)的第一章中又出现了一遍。双曲贴现模型参见安斯利(Ainslie,1975)。奥多诺霍和拉宾(O'Donoghue and Rabin,2000)中讨论了天真的和成熟的双曲贴现,关于强尼·戴普的例子也从这篇文章中来(第237—238页)。工人的偏好的研究参见洛温施泰因和西奇曼(Loewenstein and Sicherman,1991),峰-终定律参见卡内曼等(Kahneman et al.,1997),结肠镜检查研究参见雷德迈和卡内曼(Redelmeier and Kahneman,1996)。洛温施泰因和安格内尔(Loewenstein and Angner,2003)从描述性和规范性角度考察了偏好的变化。

第五部分
策略性互动

第十章
分析性博弈理论

第一节 引 言

到目前为止,我们假定你最终所享受或忍受的结果是由你的选择和世界的状态共同决定的(虽然你在进行选择时可能并不了解世界的状态)。不过,对于很多实际决策而言,这种假定的偏差还是很大的。在现实生活中,你所面临的许多决策问题具有互动性和策略性。这也就是说,不管发生的是什么,它都不单纯决定于你的行为,而是同时也受其他人的行为活动的影响。比如下棋,不论你是赢还是输,都不仅仅取决于你怎样做,还取决于你的对手怎样做。再如股票投资,你是否赚钱不仅依赖于你对股票的选择,同样依赖于股票本身是涨是跌——那将是一个关于供给和需求的函数,涉及其他人是否购买或抛出股票。

策略性互动的存在为我们的分析增加了新一层次的难度。如果你是一个辩方律师,那么你所辩护的案子的结果不仅仅取决于你的行动,也有赖于控方律师的行动。如果你对此有清醒的认识,你将尽可能地预测他的行动,而他的决定将在一定程度上反映他认为你会如何做,所以你的决定将依赖于你认为他认为你将如何行动。但他认为你将怎样做又在一定程度上依赖于他认为你认为他将如何行动等等。显然,对策略性互动作出正确的分析并不是一件很容易的事情。

对策略性互动的分析属于**博弈论**的范围。在本章中,我提供了一个对标准理论的简要概述。有时,标准理论也被称为**分析性博弈理论**。

第二节 纯策略纳什均衡

例子10.1 补考

有两个学生选修了化学课程,他们在课堂问答、期中考试和实验中都做得很不错。期末考试前他们两个决定出城参加派对,然后度过了一个非常愉快的周末。然而非常戏剧性的一幕发生了:他们睡过了头,没来得及赶回学校参加考试。

于是,他们打电话跟教这门课程的老师说,在赶回学校参加考试的路上他们的车爆胎了但又没有备用胎,因此不得不在路上耽搁了很长一段时间。教授考虑了一会儿说,他愿意明天给他们一次补考的机会。于是,这两个同学复习了通宵。

第二天考试时,教授将他们分开安排不同的房间,递给他们试卷并告诉他们可以开始答卷。两名学生发现第一题是关于摩尔浓度的一个非常简单的问题,共 5 分。"容易!"他们这样想。接着他们翻到下一页,看到了第二题:"爆胎的是哪个轮胎?(95 分)"

许多决策问题同这个案例一样,具有互动性和策略性。这里,两名学生的最终成绩并不仅仅依赖于他们自己的答案,同样取决于另外一名同伴的回答。如果他们给出了相同的答案,那么显然他们将得到 A;如果他们的回答不同,就只能得到 F。

更正式地讲,如果在你面临决策时,最终结果不仅仅依赖于你的行动和世界所处的状态,还取决于其他至少一名参与者的行动,那么你就是在参与一个**博弈**。根据这一定义,这两个学生实际上是在同对方博弈——不过要注意的是,参与博弈并不一定意味着与对方竞争。在这里,博弈是合作的、协同的。参与到博弈中的个体被称为**参与者**。一个

策略是一个关于行动的完整计划,描述了博弈参与者在所有可能的情形下将如何行动。在这个补考的例子中,每个学生都有四个策略可供选择:"左前胎(FL)""右前胎(FR)""左后胎(RL)",或者"右后胎(RR)"。

给定一定数量的博弈参与者,每名参与者都有一组可用的策略,且每种可能的策略组合都有与之相对应的支付结果(奖励或惩罚),那么一个博弈可用一个**支付矩阵**所表示。支付矩阵是一个列示了每种可能的策略搭配下的支付的表格。前述补考博弈中两个学生的支付矩阵如表 10-1 所示。**策略组合**是一个关于策略的向量,其中包含了每名博弈参与者的一个策略。例如,⟨FL,RR⟩ 是一个策略组合,⟨RL,RL⟩ 也是一个策略组合。这样,支付矩阵给出了每种策略组合下的支付结果。当然,支付矩阵看起来更像介绍非策略决策问题的表格,只不过事实上每列表示的是另外一个博弈参与者的选择而不是世界的状态罢了。

表 10-1 补考

	FL	FR	RL	RR
FL	A	F	F	F
FR	F	A	F	F
RL	F	F	A	F
RR	F	F	F	A

分析性博弈理论的建立是以均衡概念为基础的,最有名的均衡概念是**纳什均衡**。

定义 10.1 纳什均衡

纳什均衡是这样一种策略组合:组合中每一个策略都是对组合中其他策略的最优反应。

在例子 10-1 的补考博弈中,⟨FL,FL⟩ 是一个纳什均衡:给定参与者 1 选择 FL,那么对于参与者 2 而言,FL 是他的最优反应;给定参与者 2 选择 FL,FL 也是参与者 1 的最优反应。在均衡中,给定其他参与者的策略,没有一个参与者可以通过单方面调整策略来实现其支付的提高。与此相反的是,⟨FL,RR⟩不是一个纳什均衡:给定参与者 1 选择 FL,那么参与者 2 可以作出比 RR 更好的选择;给定参与者 2 选择 RR,参与者 1 也可以作出比 FL 更好的选择。在本节中,我们将分析限定在纯策略纳什均衡范畴:在纳什均衡中,每一个博弈参与者仅仅选择其多种可行策略中的一个(在本章第三节我们将考虑混合策略的情况)。总之,本例中存在四种纳什均衡,每个均衡对应一个轮胎。

例子 10.2 咖啡店

你和你的学习搭档计划中午在露西咖啡店和克莱斯特伍德咖啡店中的一家见面。不幸的是你们此前没有指明是哪一家,而你们中午之前也没办法取得联系。如果你们成功见面,那么每个人将获得效用 1;否则,你们每个人得到的效用为 0。请画出支付矩阵,找出纯策略纳什均衡。

支付矩阵如表 10-2 所示。习惯上,每一格中第一个数字表示参与者 1 的支付,其策略则列在最左侧的竖列中;每一格中第二个数字表示参与者 2 的支付,其策略则列在最顶端的横排中。纯策略纳什均衡为⟨露西咖啡店,露西咖啡店⟩和⟨克莱斯特伍德咖啡店,克莱斯特伍德咖啡店⟩。

表 10-2　一个完全协调的博弈

	露西咖啡店	克莱斯特伍德咖啡店
露西咖啡店	1, 1	0, 0
克莱斯特伍德咖啡店	0, 0	1, 1

咖啡店博弈是一个**完全协调博弈**的例子:在博弈中,参与者有着完全相同的利益。补考博弈很显然也是一个完全协调博弈。在一些协调博弈中,有时人们的利益并不完全相同。一个典型的例子是一个听起来名字带有政治色彩的博弈:**性别之战**。

例子 10.3 性别战

一对夫妻必须决定晚饭去哪里吃:牛排店,还是品蟹居?对于他们而言,都认为一起吃晚饭好于各吃各的,但丈夫(参与者 1)偏好吃牛排,妻子(参与者 2)则偏好吃螃蟹。对于丈夫而言,一起去牛排店吃晚饭的效用为 2,一起去品蟹居吃晚饭的效用为 1,分开各自吃晚饭的效用为 0;对于妻子而言,一起去品蟹居吃晚饭的效用为 2,一起去牛排店吃晚饭的效用为 1,分开各自吃晚饭的效用为 0。请画出支付矩阵并找出纯策略纳什均衡。

上例的支付矩阵如表 10-3 所示。这里有两个纯策略纳什均衡。〈牛排店,牛排店〉是其中的一个,因为这是参与者 1 的最优结果,他不能通过改变策略来提高自己的支付。尽管参与者 2 更希望两个人都转而选品蟹居,但她不可能通过单方面改变策略来提高自己的支付:如果她选择品蟹居而参与者 1 选择牛排店,那么她得到的支付将为 0 而非 1。当然,〈品蟹居,品蟹居〉也是一个纯策略纳什均衡。

表 10-3　一个不完全协调博弈

	牛排店	品蟹居
牛排店	2, 1	0, 0
品蟹居	0, 0	1, 2

因为参与者 1 偏好一个均衡,而参与者 2 偏好另一个均衡,所以性别之战(有时也被委婉地称为"巴赫或斯特拉文斯基")是一个典型的**不完全协调博弈**。下面是一些练习。

练习 10.1　纯策略纳什均衡

在表 10-4 中,参与者 1 可以选择上(U)、中(M)和下(D),参与者 2 可以选择左(L)、中(M)和右(R),请找出博弈的所有纳什均衡。

表 10-4(a)　纳什均衡练习

	L	R
U	2, 2	0, 0
D	0, 0	1, 1

表 10-4(b)　纳什均衡练习

	L	R
U	5, 1	2, 0
D	5, 1	1, 2

表 10-4(c)　纳什均衡练习

	L	M	R
U	6, 2	5, 1	4, 3
M	3, 6	8, 4	2, 1
D	2, 8	9, 6	3, 0

请注意,表 10-4(a)中有两个纯策略纳什均衡——尽管两个参与者都认为其中一个比另外一个差。在表 10-4(b)中,尽管〈U,L〉和〈D,L〉有同样的支付,但它们并非都是纳什均衡。在表 10-4(c)中,有些结果会令两个参与者都优于纳什均衡下的境况。

正如这些博弈所例证的那样,纳什均衡与令参与者"最优"的结果之间并没有什么显而易见的联系。因此,找出后者并不会有助于寻找前者。关于这类现象,一个更令人震惊的例子是**囚徒困境**(见图 10-1)。

图 10-1　嫌疑犯(科迪·泰勒作)

例子10.4　囚徒困境

两个罪犯因为两桩罪案而被逮捕。控方手中的证据目前只能够以较轻的那桩案件的罪名将他们定罪,而较重的那桩案件证据不足,控方无法将他们就此定罪。如果两个罪犯选择相互合作(C)保持沉默,他们将因较轻的罪名入狱 2 年。将这两名罪犯分开囚禁后,控方分别与他们两个人协商:如果他们愿意指证同伙的罪名,也即背叛(D),控方将为他们减刑。如果一个罪犯选择背叛同伙而另一名罪犯依然选择合作,那么前者将获得自由,后者则将在监狱中服刑 20 年。如果二者都愿意指证,那么每个人都将被以较重的罪名定罪但仅服刑 10 年(作为坦白交代的奖励)。假定每一个罪犯都只关心他自己的刑期,那么支付矩阵和纳什均衡分别是什么?

表 10-5(a)是以刑期表示的支付矩阵,表 10-5(b)是以效用表示的支付矩阵。我们首先考虑参与者 1:如果参与者 2 合作,那么参与者 1 要选择是合作还是背叛——选择合作,他将在监狱中服刑 2 年,但选择背叛他将获得自由。如果参与者 2 选择背叛,那么参与者 1 同样面临是合作还是背叛的选择——选择合作,他将在监狱中服刑 20 年,但选择背叛他将获刑 10 年。简而言之,不论参与者 2 如何选择,参与者 1 选择背叛的结果总是优于选择合作的结果;而对于参与者 2 而言,情况是相同的。因此,本例中只有一个纳什均衡,那就是两名罪犯都选择背叛并服刑 10 年。

表 10-5(a)　囚徒困境

	C	D
C	2 年,2 年	20 年,0 年
D	0 年,20 年	10 年,10 年

表 10-5(b)　囚徒困境

	C	D
C	3, 3	0, 5
D	5, 0	1, 1

在囚徒困境中,识别唯一的纳什均衡的一个方法是剔除所有严格劣策略。如果不论其他博弈参与者如何选择,选择策略 X 总是好于选择策略 Y,那么我们说策略 Y 严格劣于策略 X。因为没有一个理性的参与

者会选择严格劣策略,所以我们在寻找纳什均衡时可以不必考虑这类策略而直接剔除。在囚徒困境中,"合作"严格劣于"背叛",所以我们可以将"合作"剔除掉。没有理性参与者会选择合作,而是都会选择背叛。

值得注意的是,即便两名囚徒都认为大家一起合作是更好的结果,博弈的结局还是不会改变。如果所有的参与者都弱偏好结果 X 于结果 Y,且至少一个参与者严格偏好结果 X 于结果 Y,那么我们就说结果 X **帕累托占优于**结果 Y。如果一个结果没有被其他任何一个结果帕累托占优,那么我们就说这个结果是**帕累托最优**的。在囚徒困境中,合作的结果{合作,合作}帕累托占优于纳什均衡{背叛,背叛}。事实上,两名参与者都严格偏好于前者而非后者。然而,理性参与者共同参与博弈的最终结果还是一个非帕累托最优的结果。因此,囚徒困境时常被认为批驳了亚当·斯密关于个体的理性追求和自利动机将导向社会所希望的结果的洞见(如电影《美丽心灵》中的故事)。

现实世界的许多互动都可以让人想起囚徒困境的特征。军备竞赛是一个经典的例子。考虑印度和巴基斯坦的核武器建设:不论印度是否拥有核武器,巴基斯坦都想要拥有核武器;如果印度拥有核武器,巴基斯坦需要拥有核武器以保持军力平衡;如果印度没有核武器,那么巴基斯坦需要拥有核武器以占上风。基于同样的原因,不论巴基斯坦是否拥有核武器,印度都想拥有核武器。因此,两个国家都需要核武器,没有一个国家会在军备竞赛中占上风,并且两国的境况都比不研制核武器要更差。过度捕鱼、砍伐森林、环境污染以及其他许多现象也都是囚徒困境的经典案例。无论其他参与者如何行动,每个参与者都被激励去捕鱼、砍树和排污,但如果每个人都这样做,其处境要比每个人都不这样做时更差。

对此,你可能有许多不同的解决方案。如果两名罪犯在犯罪之前就相互承诺不在被捕后出卖对方,情况又如何呢?自然,你或许会认为,一个绅士协议和一次握手足矣。但是,这个解决方案并不成功,因为无论犯罪前有过怎样的一致和承诺,都不能在被捕后继续保持效力。在不得不作出最终选择的那一天,背叛总是占优于合作;一个理性人没有别的选择,只能选择背叛。俗话说"空谈无用",所以,博弈论学者将没有约束力的口头协定称为**空谈**。

如果博弈可以重复,情况又如何呢?你或许会认为重复博弈将给予罪犯惩罚对方背叛的机会。我们假设两名罪犯重复十次囚徒困境博弈。为了找出重复博弈中的均衡,我们从结局开始并使用**逆向推理**方法。在最后一轮,没有理性参与者会选择合作,因为即便他选择合作也再没有机会去惩罚对方的背叛。所以在第十轮,两名罪犯都会选择背叛。在倒数第二轮,一个参与者已经可以预知他下一轮会选择背叛,所以本轮他选择合作还是背叛都不会有影响,所以在第九轮两个参与者都会选择背叛。同样的事情又发生在第八轮、第七轮等等。因此,重复囚徒困境博弈并没有解决合作难题。

如果博弈无限次重复,没有最后一轮,那么合作是可以保持的。在无穷重复囚徒困境博弈时有一个纳什均衡:两名罪犯合作并作好被背叛的准备——如果对方背叛就在下一轮用背叛来惩罚对方。这个合作解要求参与者对未来的折现率不能太低;否则,如果他们不太在乎将来的支付,那么不管博弈重复多少次都无法挽救他们。此外,理性个体是否选择这个特定均衡是不确定的。事实上,在无限重复囚徒困境博弈时,均衡有无数个,始终选择背叛也是一种均衡。简而言之,无限次重复提高了囚徒困境中理性合作的期望,但这还远远不能保证合作。

只有一种方式能够确保理性个体避免出现背叛的结果,那就是千万别让他们陷入囚徒困境博弈中。假定在实施犯罪前这两名罪犯与本地的职业杀手签订合同,雇用他追杀被捕后向警方坦白、背叛同伙的那个人。如果死于职业杀手之手的效用是$-\infty$,那么两名罪犯的支付矩阵将如表10-6所示。这里,对于两个参与者而言,合作严格占优于背叛,所以⟨C,C⟩成为唯一的纳什均衡。你或许认为在任何条件下,谁都不会乐意主动要求死于职业杀手之手;但通过这种方法,罪犯们可以确保他们能有一个比不雇用杀手更好的结果。但请注意,合作在这里成为唯一的理性策略仅仅是因为两名罪犯所参与的已经不再是囚徒困境博弈了。

表10-6 修改版囚徒困境

	C	D
C	3, 3	0, $-\infty$
D	$-\infty$, 0	$-\infty$, $-\infty$

例子10.5 利维坦

对于政治权威存在的理由,17世纪的政治哲学家托马斯·霍布斯提供了一个解释的途径:设想如果政治权威不存在是怎样的情况。在其名垂西方哲学史的不朽著作中,他这样描述原始状态:

> 那时,在人们的生活中并不存在一个令他们敬畏的公共权力,因此他们处于战争中——每个人与每个人的战争。在这样的条件下,人们始终生活在暴力和死亡的恐怖中,人的一生孤独、困苦、鄙陋、野蛮而又短暂。

霍布斯认为,解决的办法是订立一个契约:人们放弃自己残杀他人的权利以换取自己不被残杀的权利,同时建立一个压倒性的权力机构——利维坦——以确保人们坚持这一契约条款(参见图10-2)。

图10-2 利维坦(1651年版封面)

博弈论提供了一种新的方法来解释"人人互相争斗"的本质。如今,许多人认为霍布斯的故事是对人们陷入囚徒困境并相互博弈以及在理性与自利的追求下导向最差结果的生动的描述。霍布斯故事中的利维坦提供了前述雇用杀手同样的功能:确保人们遵守自己的承诺,确保理性、自利与社会可欲之结果相容。

第三节　混合策略纳什均衡

一些博弈并没有纯策略纳什均衡,但这并不是说它们没有纳什均衡。

例子 10.6　咖啡店(续)

假定你仍不得不去例子 10.2 中提到的两家咖啡店中的一家,而你的前任配偶也是如此。你不希望撞见对方,但对方却希望遇到你。你们现在参与的是怎样一场博弈?

一个参与者如果得偿所愿则其效用是 1,否则效用是 0,那么支付矩阵如表 10-7 所示。

表 10-7　一个完全协调博弈

	露西咖啡店	克莱斯特伍德咖啡店
露西咖啡店	1, 0	0, 1
克莱斯特伍德咖啡店	0, 1	1, 0

这个博弈并没有纯策略纳什均衡。如果你去露西咖啡店,你的前任也希望能去那里,但那样你就想去克莱斯特伍德咖啡店,而这样的话你的前任也就希望转而去克莱斯特伍德咖啡店。这样,这个咖啡店博弈就同另外一个名为硬币匹配的博弈有着同样的支付结构:当两个人参与硬币匹配博弈时,每人掷一枚硬币,如果两枚都为正面或反面,则参与者 1 胜出,否则参与者 2 胜出。这恰好是一个**零和博弈**的例子——所谓零和博弈,是指在博弈中无论何时,只要有一个参与者胜出,另外一个就必然失败。

不过,这个博弈有一个**混合策略纳什均衡**。假定你和你的前任都是通过掷硬币来决定去哪一家咖啡店的。给定你去露西咖啡店和克莱斯特伍德咖啡店的几率各为 50%,而你的前任对两家咖啡店并没有什么特殊的偏好,其所能做的最多也不过就是掷个硬币罢了;给定你的前任去露西咖啡店和克莱斯特伍德咖啡店的几率各为50%,你对两家咖啡店并没有什么特殊的偏好,因此也就没有什么比掷硬币更好的选择了。这样,你们就处于一个纳什均衡,尽管此时你使用的是混合策略而不是纯策略。

在这样一个博弈中,很容易找到混合策略均衡;在其他的博弈中,则可能需要更多的技巧。如果想在性别之战(例子10.3)这样的博弈中找到一个混合策略纳什均衡,有一点是非常重要的:为了让参与者理性地使用混合策略,他们必须无差异于其将要混合的那些纯策略。为什么呢?这是因为,如果一个参与者严格偏好某个策略,那么唯一理性的选择就是以100%的概率选择这个策略。因此,你可以建立等式和方程来解出哪个参与者以怎样的概率选择哪个策略。

例子10.7 性别战(续)

为了寻找性别之战中的混合策略纳什均衡(表10-8),我们假定参与者1将以概率p选择上(U)、概率$1-p$选择下(D),而参与者2将以概率q选择左(L)、概率$1-q$选择右(R)。

首先,考虑参与者1。为了使用混合策略,他必须对选择上U和下D无差异。这就意味着$u(U) = u(D)$。选择U的效用决定于参与者2的行动,换言之,与q有关系。选择U时,参与者1有q的概率得到效用2,有$1-q$的概率得到效用0。因此,$u(U) = q*2+(1-q)*0 = 2q$。当选择D时,参与者1有q的概率得到效用0,有$1-q$的概率得到效用1。因此,$u(D) = q*0+(1-q)*1 = 1-q$。所以,$u(U) = u(D)$意味着$2q = 1-q$,即$q = 1/3$。

其次,考虑参与者2。为了使用混合策略,他必须对选择L和R无差异。这就意味着$u(L) = u(R)$。选择L的效用决定于参与者1的行动,换言之,与p有关系。现在,$u(L) = p*1+(1-p)*0 = p$,$u(R) = p*0+(1-p)*2 = 2-2p$。所以,$u(L) = u(R)$意味着$p = 2-2p$,即$p = 2/3$。

这样就得到了一个混合策略纳什均衡,其中参与者1以2/3的概率选择U,以1/3的概率选择D;参与者2以1/3的概率选择L,以2/3

的概率选择 R。在混合策略均衡中,参与者 1 得到的支付是 $u(U) = u(D) = 2q = 2/3$,参与者 2 得到的支付是 $u(L) = u(R) = p = 2/3$。

正如本例所示,纯策略均衡博弈同样可能有混合策略均衡。

练习 10.2　混合策略均衡

寻找表 10-4(a)和 10-4(b)中的混合策略均衡。

值得注意的是,在表 10-4(a)的混合策略均衡中,相对于 U 而言,参与者 1 更愿意选择 D;相对于 L 而言,参与者 2 更愿意选择 R。这看起来很奇怪,因为你或许期望参与者们选择一个可以获得更好结果的均衡(U,L)。但我们可以利用反证法,假设参与者 1 会以一个很高的概率选择 U,参与者 2 会以一个很高的概率选择 L,那么相对于 D,参与者 1 就会严格偏好选择 U;参与者 2 也会更偏好于选择 L 而不是 R。这样二者就不处于均衡状态,这就与题设矛盾了。因此,如果这两个参与者想要混合,他们必须无差异于两个纯策略,这仅会发生在参与者 1 更愿意选择 D 而非 U 并且参与者 2 更愿意选择 R 而非 L 的时候。

另外值得注意的一点是,参与者 1 选择 U 的概率 p 是一个关于参与者 2 的支付的函数,而不是一个关于参与者 1 的支付的函数。这看起来很奇怪,违背直觉,但说明了一个事实:p 的决定必须令参与者 2 在他(她)的纯策略之间无差异。类似地,参与者 2 选择 L 的概率 q 是一个关于其对手参与者 1 的支付的函数,而不是一个关于参与者 2 自己的支付的函数。这是混合策略纳什均衡的一个奇妙的特征。

表 10-8　一个不完全协调博弈

	L	R
U	2, 1	0, 0
D	0, 0	1, 2

练习 10.3　纯策略均衡与混合策略均衡

在表 10-9 的博弈中找出所有的纯策略和混合策略纳什均衡。

表 10-9(a) 混合策略纳什均衡练习

	L	R
U	5, 2	1, 1
D	1, 1	2, 5

表 10-9(b) 混合策略纳什均衡练习

	L	R
U	4, 1	2, 0
D	5, 1	1, 2

表 10-9(c) 混合策略纳什均衡练习

	L	R
U	1, 1	0, 0
D	0, 0	0, 0

尽管混合策略均衡乍一看好像是学者们基于学术兴趣而巧妙构建出来的人造物,但事实上混合策略在相当多的策略互动中都非常重要也非常普遍。例如,即便你是一个非常擅长对角线扣杀的网球运动员,每一次都扣杀对角线也并不是很明智的选择,因为你的对手会学习和预期,所以你还需要时常打直线球。在这样的博弈中,为了让你的对手不断猜测,你必须将两种方法混合起来用。分析表明,这不是一个失误,而是必要的——即便需要你不断地以你不擅长的方式进攻。

例子10.8 夫妻经济学

《夫妻经济学》(Spousonomics)一书的作者认为,经济学是通往物质幸福的最确定的道路,因为它对那些看起来令人苦恼的、毫无逻辑的、高度情绪化的家庭争论提供了心平气和的、富有逻辑的解决方案。假定你陷在一个你洗盘子、整理床铺和照顾宠物而你的配偶则静坐休息的均衡中,夫妻经济学为你提供了一个混合策略方法可将你的配偶转变为一个即便不是理想的起码也是可以接受的合作者:时而清洗衣服,时而不清洗;时而整理床铺,时而不整理;等等。

第十章 分析性博弈理论

练习 10.4 剪刀-石头-布

（a）画出"剪刀-石头-布"博弈的支付矩阵。假定胜利时你获得效用 1，平局时获得效用 0，失败时效用为 -1。

（b）在这个游戏中唯一的纳什均衡是什么？

我们已经知道不是所有的博弈都有纯策略纳什均衡。但现在我们引入了混合策略纳什均衡的概念，使得我们可以证明一个最初由约翰·纳什提出的著名定理——简单而且只用文字表达：

定理 10.1 纳什定理

每一个有限博弈（即博弈中每一个参与者都有数量有限的纯策略）都有一个纳什均衡。

证明：略。

有了这一定理，寻找纳什均衡就不是无用功了。只要对于每个参与者而言，可用的纯策略的数量都是有限的——这一条件是否满足很容易确定——我们就知道这个博弈至少有一个纯策略或混合策略纳什均衡。真是干净利落。

例子 10.9 国际象棋

国际象棋是一个有限博弈。我们知道这一点是因为每个参与者在对弈中的任何时点都只有有限种走法可供选择。因为这是一个有限博弈，纳什定理确保其有一个纳什均衡。

这意味着象棋可能是毫无趣味的——至少对于那些有经验的参与者而言如此。假定参与者 1 选择了均衡策略，那么参与者 2 最好的对策就是同样选择均衡策略，没有什么别的办法能优于均衡策略；反之亦然。这样的话，我们就应当预期那些有经验的对弈者每次都施行均衡策略，那么结果也就会是熟悉而且可预测的。

不过，纳什均衡仅仅建立了均衡的存在性，它无法帮助我们找出均衡究竟是什么。到目前为止，也没有哪台足够强的电脑能够找出这一策略。而且即便我们最终知道了，这些策略对于人类而言也可能因太过复杂而无法实施。因此，国际象棋还将在很长的一段时间内保持其趣味性。

在我们进一步深入讨论前，先做两个练习。

练习 10.5　懦夫博弈

懦夫博弈因詹姆斯·迪恩主演、1955 年上映的电影《阿飞正传》(Days of Being Wild)而闻名。在这个博弈中，两个人高速驾车，径直驶向对方，先打方向盘转向的人被称为"懦夫"而被蔑视。在这场博弈中，英国哲学家罗素看到了其与冷战政策的类似之处：

> 因为核僵局已经如此显而易见，所以东、西方政府都采用了美国国务卿杜勒斯所谓的边缘政策。这种策略源自体育竞技——据说年轻一代常玩——被称为"懦夫！"……一些不负责任的男孩儿常玩的这种博弈既堕落又不道德——尽管游戏通常只会危及他们自己的生命。但当杰出的政治家们参与到这种博弈中来时，他们不仅仅是在用自己的生命冒险，同时也是在用数以千万计民众的生命来冒险，两边的政治家都认为自己这方展现出了水准极高的智慧和勇气，只有对方才应当受指责。显然，这是很荒谬的。

设想一下每一个参与者都可以选择转向(S)和不转向(¬S)，支付结构如表 10-10 所示。请找出博弈中的全部纳什均衡。

表 10-10　懦夫

	S	¬S
S	3, 3	2, 5
¬S	5, 2	1, 1

在**演化博弈论**(博弈论的一个分支)中，这一博弈常被称为**鹰鸽博弈**。鹰会选择奋战到死，而鸽会轻易放弃。对于你而言，最好的结果莫过于你是鹰、对方是鸽；次优则是你和对手都是鸽；再次则你是鸽、对方是鹰；最坏的结果是你跟对手都是鹰。如果鸽子选择"转弯"而鹰选择

不转弯,那么鹰与鸽的支付与懦夫博弈相通。在演化博弈论中,混合策略均衡被解释为一定人口中鹰和鸽各有一定比例,现实世界正是如此。

练习10.6 狩猎博弈

这个博弈最早是由18世纪法国哲学家让·雅克·卢梭提出来的。卢梭描述了这样一个场景:两个人正在打猎,可以猎野兔或者猎鹿,但不能兼得。每个人都可以独自捕野兔,但如果想猎鹿就需要两个人合作,而鹿的价值又远高于野兔。狩猎博弈被认为是一个关于社会合作的寓言,通常如表10-11所示。在这一博弈中,纳什均衡(纯策略的和混合策略的)是什么?

表10-11 猎鹿博弈

	D	H
D	3, 3	0, 1
H	1, 0	1, 1

值得注意的是,支付结构上的微妙差异使得囚徒困境(表10-5(b))、懦夫博弈(表10-10)和狩猎博弈(表10-11)得出了极为不同的结果。

第四节 均衡的精炼

纳什均衡的概念引起了许多争议,在本节中我们考虑另外两个可供选择的均衡概念,设计它们是用于处理一些疑难案例的。

例子10.10 颤抖手完美

让我们回到表10-9(c)。如你所知,⟨U, L⟩是一个纳什均衡,⟨D, L⟩不是一个均衡,因为参与者1可以通过选择U取代D来改进自己的支付;⟨U, R⟩也不是一个均衡。但考虑⟨D, R⟩:如果参与者2

选择 R,参与者 1 不能作出比 D 更好的选择;如果参与者 2 选择 D,参与者 1 不能找出比 R 更好的选择。因此,⟨D, R⟩是一个纳什均衡。这里并不存在混合策略均衡。无论参与者 2 选择什么,参与者 1 都不会无差异于 U 和 D;无论参与者 1 选择什么,参与者 2 都不会无差异于 L 和 R。

直到这里,我们的分析也没有任何问题,但第二个均衡⟨D, R⟩看起来很奇怪。如果不论其他参与者如何行动,选择策略 X 并不劣于选择策略 Y,且其他参与者的可行策略中至少存在一个策略使得选择 X 优于选择 Y,我们就说策略 X 弱占优于策略 Y。在例子 10.10 中,U 弱占优于 D,L 弱占优于 R。因此,看起来理性个体毫无理由选择第二个均衡⟨D, R⟩。问题并不在于(1, 1)帕累托占优于(0, 0)(参见第十章第二节)。

颤抖手完美均衡这一概念是人们设计出来用于解决这类问题的。

定义 10.2 颤抖手完美均衡

颤抖手完美均衡是一个纳什均衡,满足即使在其他参与者以极小概率发生**颤抖**而误选择了一个非均衡策略时,它依然是每个人的最优反应。

在表 10 - 9(c)中,⟨U, L⟩是一个颤抖手完美均衡:即便参与者 2 以极小概率($\varepsilon > 0$)误选了 R,她依然会以 $1 - \varepsilon$ 的概率选择 L,而此时选择 U 仍然是参与者 1 的最优反应。对于另一名参与者而言,情况也是一样的。相反,⟨D, R⟩并不是颤抖手完美的。如果参与者 2 有一极小的概率($\varepsilon > 0$)选择 L,那么不论这一概率多小,选择 U 都是参与者 1 的严格偏好策略。

练习 10.7 性别战(续)

性别之战(表 10 - 8)中的两个纯策略均衡是否是颤抖手完美的?

颤抖手完美均衡是纳什均衡的**提炼**。这就是说,每个颤抖手完美均衡一定是一个纳什均衡,但反过来,每个纳什均衡不一定都是颤抖手完美的。

练习 10.8　颤抖手完美

请找出：

(a) 表 10-12 中所有的纯策略纳什均衡；

(b) 识别其中哪个是颤抖手完美的。

表 10-12　颤抖手完美（续）

	L	M	R
U	1, 4	0, 0	0, 0
M	0, 0	4, 1	0, 0
D	0, 0	0, 0	0, 0

用颤抖手完美均衡的概念替换纳什均衡的概念可以避免纳什均衡应用中一些可能出现的问题。不过，颤抖手均衡这一概念并不足以解决所有问题。

例子 10.11　可置信与不可置信威胁

考虑一个两阶段的博弈。在第一阶段，参与者 1 选择 U 或者 D。如果参与者 1 选择 D，两个参与者都将得到支付 2。如果参与者 1 选择 U，那么就轮到参与者 2 来选择。在第二阶段，参与者 2 可以选择 L，或者 R，如果他选择 L，那么参与者 1 得到支付 5，参与者 2 得到支付 1；如果参与者 2 选择 R，那么两个参与者都将得到支付 0。在这个博弈中，纳什均衡是什么？

这一博弈过程如表 10-13 所示，有两个纳什均衡〈U，L〉和〈D，R〉。

表 10-13　子博弈完美

	L	R
U	5, 1	0, 0
D	2, 2	2, 2

这里的两个均衡让人感到有些奇怪。唯一能够阻止参与者 1 选择 U 的是参与者 2 选择 R 的威胁，但假如参与者 1 真的选择了 U，参与

者2将面临选择L(得到支付1)还是选择R(得到支付0)的问题——在第二阶段,参与者2并不会乐于选择R。因此,尽管参与者2可能以选择R来威胁参与者1不要选择U,但她不会真的乐于履行。如果知道这一点,参与者1可能会径直选择U。博弈论学者认为,问题在于参与者2的威胁是**不可置信的**。许多人认为纳什均衡可能会卷入不可置信威胁的问题。这时,问题并不在于纳什均衡不是颤抖手完备的。

多阶段博弈一般被称为**序贯博弈**。为了分析这类问题,我们一般使用一种树型的**扩展式**进行分析。例如,我们可以用图10-3来表示例子10.11中的博弈。这允许我们用另一种方法来阐述问题。博弈中的一部分是从图示阴影区域中表示参与者2行动的那个节点处开始的,我们称其为原博弈的**子博弈**。在子博弈中,参与者2有两个策略(L和R)和一个纳什均衡:选择L(得到支付1)而不是选择R(得到支付0)。但这个博弈中,纳什均衡需要参与者2在子博弈中选择R,换言之,这个博弈的纳什均衡需要参与者2在子博弈中选择一个非纳什均衡的策略。

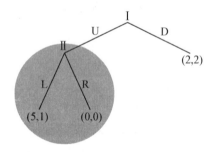

图10-3 子博弈完美

随之而来的是博弈论学者提出的另外一个均衡概念:**子博弈完美均衡**。与前文所建议的一样,一个子博弈是博弈中的一部分,其自身即可构成一个博弈。一个博弈永远是它自身的子博弈,但在本例中,从参与者2行动的那个节点开始,恰好有一个子博弈。

定义10.3　子博弈完美均衡

一个子博弈完美均衡是一个能够在每个子博弈中构成一个纳什均

衡的策略组合。

与颤抖手完美均衡类似,子博弈完美均衡是纳什均衡提炼:一个子博弈完美均衡一定是纳什均衡,但并不是所有纳什均衡都是子博弈完美的。

一种寻找子博弈完美均衡的方法是从结果向前倒推。利用逆向推理方法,你从最后一个子博弈开始,即从参与者2行动的那个节点开始(图10-3中的阴影区)。因为选择L将带来支付1,选择R将带来支付0,所以L是唯一的纳什均衡策略。在子博弈完美均衡中,参与者2将选择L。给定参与者2将选择L,参与者1在第一个节点将如何选择?他可以选择U获得支付5,或选择D获得支付2。这样,参与者1将选择U。简而言之,这个博弈中唯一的一个子博弈完美均衡是⟨U, L⟩。

例子 10.12 共同毁灭原则(MAD)

共同毁灭原则是一种军事方针:两个超级大国(如美国和苏联)之间可以通过威胁"如遭受攻击,则毁灭人类"来保持和平。假如美国在博弈中如图10-3那样首先行动,美国可选择发动进攻(U)或不发动进攻(D)。如果发动进攻,苏联可以选择克制、不报复(L)或者毁灭人类(R)。给定图中所示的支付结构,⟨D, R⟩是这个博弈的一个纳什均衡。但是这种方针有其缺陷:共同毁灭原则要求苏联在美国进攻后选择报复,即发射核弹毁灭人类,但这不符合苏联的利益。因此,共同毁灭原则纳什均衡并不是子博弈完美的。

在1963年斯坦利·库布里克所执导的电影《奇爱博士》中,苏联试图通过建立一台**末日机器**来解决这一问题:如果苏联遭到攻击或有人试图篡改机器程序,那么机器将自动发动一场足以毁灭人类的攻击。这样一台机器将解决策略问题,因为它保证会报复敌人的进攻,因此使得威胁变得可信了。然而,正如影片所展示的那样,这样的机器还涉及另一个问题:如果要确保效果,你要告诉你的敌人自己有这样一台机器。

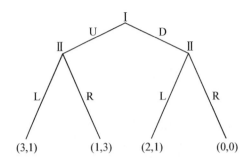

图 10－4　子博弈完美练习

练习 10.9　子博弈完美

利用逆向推理找出图 10－4 博弈中唯一的子博弈完美均衡。记住,策略是一个关于行动的完整计划,换言之,参与者 2 的策略是形如"第一个节点选 L,第二个节点选 L(LL)""第一个节点选 R,第二个节点选 L(RL)"等。在这个博弈中,参与者 1 只有两种策略可供选择,而参与者 2 有四种。

最后,我们再看一个练习。

练习 10.10　蜈蚣博弈

蜈蚣博弈有 4 个阶段(见图 10－5)。在每一阶段,一个参与者可以选择"接受",这将终止博弈;也可以选择"过",这将提高总支付并允许另外一名参与者继续。

(a) 用逆向推理方法找出唯一的子博弈完美均衡。

(b) 如果这个博弈有 1 000 个阶段而不是 4 个阶段,结果是否会改变?

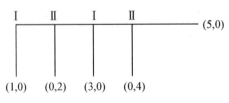

图 10－5　蜈蚣博弈

第五节 讨 论

与我们在本书前文所遇到的那些理论类似,分析性博弈理论允许描述性的和规范性的解释。通过描述性解释,博弈论试图刻画人们面临策略互动时的行为。基于这种视角,博弈论试图预测人们在总体上会选择均衡策略组合。当然,特定的预测不仅仅依赖于所参与的博弈,也取决于所采用的均衡概念。通过规范性解释,描述了理性个体面临策略互动时应当如何行动。同样,理论对于特定问题的建议同时依赖于所参与的博弈和所采用的均衡概念。

需要注意的是,博弈并不是必须只有一个均衡。分析性博弈理论自身并不提供资源以识别人们应该或将要选择哪个均衡。当理论预测策略互动的结果将要或者应当成为一个纳什均衡时,那仅仅表明一些纳什均衡将要或者应当被得到。在这个意义上,理论是不确定的。而且,因为一些博弈(如无限次重复的囚徒困境)有无限多个纳什均衡,理论是完全不确定的。

如果我们希望确定地进行预测,我们必须对理论加以调整并添加其他资源。最著名的努力莫过于2005年诺贝尔奖得主托马斯·谢灵的聚点理论。根据这一理论,在博弈参与者的脑海中,某些均衡可能更显而易见,但这些均衡之所以更容易被参与者想到的原因则并不明确。

"找到关键点……可能更多依赖于想象而非逻辑;它可能基于类比、惯例、意外的改变、对称性、具有美感或几何含义的轮廓、偶然的理由、搭档是谁以及他们是否互相了解。"

这一理论可以解释为何人们偏好表10-9(c)中的{上,左}而非{下,右}。当唯一的一个帕累托最优结果刚好就是一个纳什均衡时,假定人们会选择帕累托最优作为聚点似乎就是很合理的事情了。如果是这样的话,我们或许就可以解释所观察到的行为,而不需要向颤抖手完美均衡转换了。

在下一章,我们将考察行为经济学家对分析性博弈理论的挑战。

练习 10.11　理性悖论

理性悖论实验经济学家邀请了不同专业的学生来参加囚徒困境博弈。当博弈发生在经济学专业学生之间与当博弈发生在非经济学专业学生之间时,你预期谁将做得更好?

接下来的第十一章包含了更多博弈理论的练习题。

扩展阅读

有很多不错的书对博弈论做了介绍,如宾默尔(Binmore,2007)、迪克西特等(Dixit et al.,2009)、奥斯本和鲁宾斯坦(Osborne and Rubinstein,1994)。《夫妻经济学》是苏克曼和安德森(Szuchman and Anderson,2011,pp. xii - xv,294 - 298)的著作。霍布斯(Hobbes,1994[1651],xiii,8 - 9,p. 76)在其著作中描述了生活的原始状态。史盖姆斯(Skyrms,1996)讨论了恐怖平衡(pp. 22 - 25),以及懦夫博弈和鹰鸽博弈(pp. 65 - 67)。罗素(Russell,1959,p. 30)检验了懦夫博弈。谢灵(Schelling,1960,p. 57)提出了焦点理论。关于经济学专业学生在囚徒困境博弈中的表现可参见弗兰克等(Frank et al.,1993)。

第十一章 行为博弈理论

第一节 引 言

分析性博弈理论在很多方面都是一个极为成功的故事:它日益成为经济学其他分支学科的基础(包括微观经济学),它还被引入哲学、生物学、政治科学、政府与公共政策等领域。但是,正如我们在本章中将要看到的那样,这一理论的描述恰当性和规范准确性都存在争议。**行为博弈理论**旨在研究分析性博弈理论对人类在现实中面临策略互动时的行为的刻画的准确度,并试图针对行为刻画来扩展分析性博弈理论。不过,对分析性博弈理论的一些扩展实际上并不构成对新古典主义的正统的背离。因此,在部分冠以"行为博弈理论"的模型中,行为并没有很特别,但另一些模型确实背离了新古典主义的正统。

第二节 社会偏好:利他主义、嫉妒、公平和正义

大多数关于社会偏好的文献是由两个博弈数据所推动的:最后通牒博弈和独裁者博弈。每个博弈中都有两名参与者:提议者(参与者Ⅰ)和响应者(参与者Ⅱ)。我们这里对这些博弈的描述与我们在实验

室中向参加者所作的介绍一样,唯一的差别是实验室中的结果用美元和美分表示,而不是参与者从中所获效用形式表示。为了分析这种互动,我们需要将美元和美分转换成效用。严格地说,在看到以效用形式表现的支付之前,你甚至不知道参与者所参与的究竟是什么博弈。但正如我们将要看到的那样,这样做的效果并不明显。

最后通牒博弈有两个阶段。在设定中,提议者(参与者Ⅰ)拥有一笔数量固定的资金,为方便起见,我们假定为 10 美元。在第一阶段,参与者Ⅰ提出一个分配美元的方案,即参与者Ⅰ将 10 美元中的一部分分给另外一个参与者。提议者可能提议将所有的钱都给对方(自己什么也不剩),可能什么也都不给(全部留给自己),也可能将 10 美元中的一部分给对方(余下的留给自己)。比如,提议者提供 4 美元给对方,留下 6 美元给自己。在第二阶段,响应者选择接受还是拒绝这一分配方案。如果她选择接受,二者都将如参与者Ⅰ所建议的那样分配资金。如果她拒绝,两个参与者什么也拿不到。最后通牒博弈可如图 11-1 所示。图中,我省略了非整数的分支,而且只留下一套子博弈分支来表示参与者Ⅱ在第二阶段的决定。

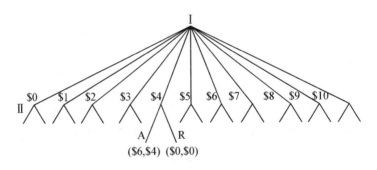

图 11-1 最后通牒博弈(以美元为单位)

例子 11.1 分蛋糕

当两个小孩要分蛋糕的时候,他们有时会这么做:第一个小孩分蛋糕,第二个小孩先选择要哪块蛋糕。给定小孩Ⅱ将会选择最大的那块蛋糕,小孩Ⅰ会尽可能地将蛋糕平分成大小相等的两块,即 50% 对 50%。我们可以很容易地设想出一个改编版:小孩Ⅰ提出一个分割蛋糕的方案,小孩Ⅱ选择赞同(然后每个小孩按方案分配蛋糕)或不赞同(然后家长把整块蛋糕喂狗吃)。这将构成一个最后通牒博弈的例子。

实验经济学家对最后通牒博弈进行了扩展研究。科林·凯莫尔(Camerer)通过对以往研究结果的总结发现:

> 结果是非常有规律的。在最后通牒博弈中,参与者Ⅰ让给参与者Ⅱ的份额多数是40%~50%,总体均值为30%~40%。极少有人会选择极为吝啬地给出10%以下,也极少有人会选择过于公平地给出51%以上。给出40%~50%的通牒很少被拒绝,给出份额低于20%的通牒中有一半会被拒绝。

基于这个结果,我们期望在图11-1所描述的一次性匿名博弈中,响应者拒绝2美元以下的分配方案,但这样低的份额是很少见的。通常,我们可以预期份额为3~5美元。这一结果吸引了很多人的注意,因为这与分析性博弈理论的预测并不一致。

我们观察到的结果与纳什均衡的预期非常一致,即便参与者们只在乎所获得的钱而不关注其他方面。让我们假设每个个体只是单纯地试图最大化他或她的美元支付,换言之:$u(x)=x$。参与者Ⅰ必须选择一定量的份额给其他参与者,假定他选择的是4美元;参与者Ⅱ的策略比较复杂,因为一个策略必须阐明一个参与者在任何可能的场景下会怎样做(参见第十章第二节),参与者Ⅱ的策略需要阐明他在每一个节点处的下一步行动。假定参与者Ⅱ拒绝参与者Ⅰ所有低于4美元的提议,并且会接受其他的提议。这样,两名参与者就处于均衡。如果参与者Ⅰ减少其所提供的份额,这份通牒将被拒绝,他得到的也会更少。给定参与者Ⅰ提供4美元,参与者Ⅱ所能作的选择最好就是接受这份通牒。简而言之,最后通牒博弈的数据并未显示出我们在第十章第二节中的理论所认为的问题,因为观察到的结果与纳什均衡的预期一致。(给定本博弈有许多均衡这一条件,这样的说法并不为过。)

不管怎么说,许多人认为纳什均衡的预测有问题,因为这需要参与者拒绝支付为正的通牒。或者我们这样说会更清楚:在这个博弈中,纳什均衡需要参与者Ⅱ在子博弈中拒绝一个占优策略(即接受)。从另一个角度讲,我们也可以说这个均衡并不是子博弈完美的,参与者Ⅱ的威胁不可置信。我们或许因此可以将我们的讨论约束在子博弈完美均衡的范畴内。在这个博弈中，只有一个子博弈完美均衡，其中，参与者Ⅰ什么也不给参与者Ⅱ，但参与者Ⅱ接受所有通牒。这可能是反直觉的。但这是一个纳什均衡，理由是：(1)给定参与者Ⅰ的通牒，参与者Ⅱ即便拒绝了这一通牒也不能让自己的结果有所改善；(2)给定参与者Ⅱ接受所有通牒，参与者Ⅰ的最优选择是将所有的钱留给自己。这是一个子博弈完美均衡，因为在子博弈中，参与者Ⅱ的策略同样也是一个纳什均衡策略：无论通牒向她提供了多少份额，她不可能通过拒绝通牒来改进她的支付。给定我们关于两个参与者的效用函数的假设，基于子博弈完美均衡思路所作的预测与实验结果是不一致的。

独裁者博弈与最后通牒博弈类似，只不过其中的第二阶段被剔除掉了。在美元的形式下，假定提议者初始拥有资金为 10 美元，博弈可以如图 11-2 表示，这里我们同样省略了非整数的情况。假定参与者的效用函数始终保持 $u(x) = x$，那么博弈只有一个纳什均衡（同时也是子博弈完美均衡）：参与者Ⅰ不向参与者Ⅱ提供任何份额，将所有的钱都留给自己。

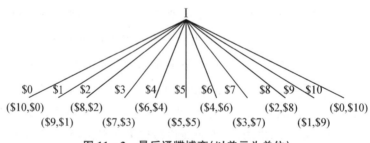

图 11-2 最后通牒博弈（以美元为单位）

例子 11.2 慈善捐款

在现实世界中，独裁者博弈的一个例子是关于一个人是否要进行慈善捐款的决策。譬如，当你从一个乞丐身旁走过时，实际上你正在参与一个独裁者博弈，你需要决定将你口袋中的一部分钱分给乞讨者。如果你选择离开而不逗留，你实际上选择了最大化的自私自利，这是一个纳什均衡分配。

实验证据表明,提议者在(一次性的、匿名的)独裁者博弈中所提供的分享份额通常会少于(一次性的、匿名的)最后通牒博弈。换言之,即便如此,许多提议者还是愿意从他们的初始资金中分享出少量份额(10%~30%)。在图11-2所示的博弈中,提议者愿意分享1~3美元给响应者,尽管后者实际上没有办法惩罚什么也不给的提议者。

研究**社会偏好**方面的文献很关注这类现象。这些文献假定人们有时不仅在意自己的所得,同样也在意其他人的所得。通过在一个个体P的效用函数$u_p(\cdot)$中引入两个或更多的因子,我们可以将这一假定模型化。这样,P的效用函数给定为$u_p(x,y)$,这里的x是P的所得,而y是另外一个人Q的所得。

P很可能因Q的所得而增加效用,所以$u_p(x,y)$是关于y的递增函数。例如,P的效用函数可以是$u_p(x,y)=3/5\sqrt{x}+2/5\sqrt{y}$。这样,我们就说$P$是**利他**的,有**利他主义偏好**。一些家长、亲戚、朋友和崇拜者愿意作出实际的牺牲以改进别人的状况,这种情况很容易解释——只要假定他们的函数(在部分程度上)是一个关于其他人所得的函数。亚当·斯密实际上已经考虑过利他主义的问题,比如,他曾说过:"有证据表明,人的本性也关注别人的命运,将别人的幸福当作自己的利益所在。"(第一章第二节中我们曾引用过这段话。)

不过,P因Q的所得而增加效用并不是一个必要条件。事实上,$u_p(x,y)$可以是关于y的递减函数。例如,P的效用函数可以是$u_p(x,y)=\sqrt{x}-\sqrt{y}$,这说明$P$的效用因$Q$的所得的增加而减少,反之亦然。如果是这样,我们就说P是**嫉妒**的。一些普锐斯混合动力轿车车主会因为油价上涨而获得深深的满足感。这并不能通过油价上涨对车主们的财务效用来解释:尽管普锐斯是一种低油耗比的汽车,但它仍是以汽油为动力的轿车;所以油价的上升也会造成普锐斯车主的损失。但是,如果我们假设普锐斯车主因为油价上涨所导致的负效用远远比不上他们因SUV车主们在油价上涨中付出更多而得到的效用,那么这种情况就是可以解释的了。

没有理由将我们的分析约束在这些函数形式下。根据对约翰·

罗尔斯的正义论(参见第六章第二节)的一个通常的解释,社会秩序应当考虑社会中最不幸的人的命运。换言之,一个有着**罗尔斯主义偏好**的人在分配中会试图将社会最小效用最大化。如果每个人从自己的个人消费 x 中获得的效用是 $\sqrt{x}$,那么罗尔斯主义者 P 可能会最大化 $u_p(x, y) = \min(\sqrt{x}, \sqrt{y})$。罗尔斯用"作为公平的正义"这个短语来描述这个理论,所以罗尔斯主义偏好也可以被形容为对公平的偏好。

另一个个体可能会关注不平等的程度,因此基于最好与最差之间的绝对差异,对分配作排序。这样的人被称为**不平等厌恶**的,并且具有不平等厌恶偏好。如果每个人从其个人消费 x 中获得的效用是 $\sqrt{x}$,那么不平等厌恶的个体 P 可能会最大化:$u_p(x, y) = \min(|\sqrt{x} - \sqrt{y}|)$。这些个体从自身角度出发来关注平等问题,而不是像罗尔斯主义者(前面已经给出了定义)那样仅仅因有利于境况最差的人才关注平等问题。因为不平等厌恶者同罗尔斯主义者在最后通牒博弈和独裁者博弈中的表现是非常接近的,所以后面我不会就此作进一步的讨论。

以边沁为代表的功利主义者(在第一章第二节中我们提到过)相信我们应当追求最大多数人的最大幸福。这样的话,一个功利主义者会试图最大化个人消费所带来的效用总和。如果每个人从其个人消费 x 中获得的效用是 $\sqrt{x}$,那么功利主义者 P 会最大化其效用:$u_p(x, y) = \sqrt{x} + \sqrt{y}$。所以,**功利主义偏好**构成了一个利他主义偏好的特例。显然,这里还可以继续罗列下去:任何一个个体,只要其效用中包含其他个体的消费,都可以被视为有社会偏好。

从表 11-1 中我们可以很容易地看出提议者效用函数的变化如何影响其在最后通牒博弈和独裁者博弈中获得的支付。当支付是($0,$0)时,所有类型的个体都获得效用 0。自利主义者和嫉妒者都希望自己拿走全部的钱,功利主义者和罗尔斯主义者希望将这笔钱平分,而一个对自己利益有略多一点权重的利他主义者或许会更偏好于($7,$3)的分配方案。

这并不是说,特定类型的社会偏好能够解释最后通牒博弈和独裁者博弈中所有提议者的行为。利他主义者、罗尔斯主义者和功利主义者实际上都偏好更平等的结果——毫无疑问,这些个体都希望向响应者提供非零的分配提议。

表 11-1 独裁者博弈效用支付(加粗的数字为最大值)

支付 (x, y)	参与者 P 的效用函数 $U_P(x, y)$				
	$\sqrt{x}$	$\sqrt{x}+\sqrt{y}$	$\sqrt{x}-\sqrt{y}$	$\text{Min}(\sqrt{x}, \sqrt{y})$	$0.6\sqrt{x}+0.4\sqrt{y}$
(\$10, \$0)	**3.16**	3.16	**3.16**	0.00	1.90
(\$9, \$1)	3	4.00	2.00	1.00	2.20
(\$8, \$2)	2.83	4.24	1.41	1.41	2.26
(\$7, \$3)	2.65	4.38	0.91	1.73	**2.28**
(\$6, \$4)	2.45	4.45	0.45	2	2.27
(\$5, \$5)	2.24	**4.47**	0.00	**2.24**	2.24
(\$4, \$6)	2.00	4.45	−0.45	2	2.18
(\$3, \$7)	1.73	4.38	0.91	1.73	2.10
(\$2, \$8)	1.41	4.24	−1.41	1.41	1.98
(\$1, \$9)	1.00	4.00	−2.00	1.00	1.80
(\$0, \$10)	0.00	3.16	−3.16	0.00	1.26

练习 11.1 利他主义和最后通牒博弈

根据图 11-1,想象两个效用函数为 $u(x, y)=\sqrt{x}+\sqrt{y}$ 的功利主义者进行最后通牒博弈的场景,并找出这个博弈中唯一的子博弈完美均衡。

社会偏好领域的文献所强调的很重要的一点是,在博弈中,人们的决策依赖于其效用函数。下面的练习说明了当个体有着不同的效用函数时博弈结果会有怎样的不同——尽管他们的互动从表面上看起来可能没什么不同。

练习 11.2 社会偏好与囚徒困境

在表 11-2 的博弈中找出纯策略纳什均衡,参与者分别是:(a)两个自利主义者,其效用函数是 $u(x, y)=\sqrt{x}$。(b)两个功利主义者,其效用函数是 $u(x, y)=\sqrt{x}+\sqrt{y}$。(c)两个嫉妒者,其效用函数是 $u(x,$

$y) = \sqrt{x} - \sqrt{y}$。(d)两个罗尔斯主义者,其效用函数是 $u(x, y) = \min(\sqrt{x}, \sqrt{y})$。注意,这个博弈的支付结构是囚徒困境(参见表10-5)。

表 11-2 囚徒困境博弈(以美元为单位)

	C	D
C	\$16, \$16	\$0, \$25
D	\$25, \$0	\$9, \$9

社会偏好既吸引人又很重要。经济学家不论是试图解释、预测行为,还是设计最优机制,他们都不希望社会偏好带来犯下可怕错误的风险。如果我们错误地理解参与者的效用函数,我们甚至都无法弄清楚他们在参与什么样的博弈。其结果,我们对他们之间互动行为的分析就会失败。考虑表11-2中的博弈:以美元的形式表示时,从表面上看它是一个囚徒困境,但正如练习11.2所证明的那样,参与者可能实际上参与的是一个全然不同的博弈。

然而,需要注意的是,本节中的所有分析都可以在新古典主义的框架内完成。正如我们从第一章第一节和第二章第六节中所了解的那样,标准的方法并不对人的偏好的性质作任何假设,因此也就对人的效用函数究竟包括哪些因子不作假设。或许有人会说,独裁者博弈和最后通牒博弈的结果驳斥了新古典经济学的"自利公理"。但是,这种说法是有误导性的:微积分学中并没有这样的定理,经济理论中也不一定需要自利假设。因此,社会偏好模型中没有什么特别的行为假定。如果有什么特别之处,那么这些分析也不过是展示了新古典主义框架的强度和效力。

第三节 意图、互惠与信任

不过,前一节的讨论还是有些不尽如人意。为了在独裁者博弈中容纳提议者的行为,我们假定提议者在很大程度上是利他的。但为了在最后通牒博弈中容纳响应者的行为,这种方法就不妥当了。从表 11-1 中你可以看到,一个效用函数是 $u(x, y) = \sqrt{x} + \sqrt{y}$ 的利他主义者会认为任何结果都好于($0, $0)。因此,在一个子博弈完美均衡中,一个利他主义的响应者会接受所有的提议(参见练习 11.1)。但这与我们的实验所观察到的结果并不一致,在实验中,很多分享较低份额的提议都被拒绝了。在该表展示的所有个体中,只有嫉妒者认为($0, $0)优于一个他们不喜欢的分配($8, $2)。但假定人们在利他(以解释他们在独裁者博弈中的行为)的同时又嫉妒(以解释他们在最后通牒博弈中的行为),就不一致了。

这里还有另外一个问题。在一个变形版的最后通牒博弈中,如果提议者可以从不公平的($8, $2)到公平的($5, $5)之间进行选择,而提议者最终选择了($8, $2),那么响应者会选择拒绝;如果提议者可以从不公平的($8, $2)到极端不公平的($10, $0)之间进行选择,而提议者最终选择了($8, $2),那么响应者会选择接受。这并不合理,因为响应者对最终结果的评判应当决定于前一节中所提到的某种社会偏好,但在这些社会偏好模型中,($8, $2)要么优于($0, $0),要么劣于后者,提议者究竟有哪些可行选择并不会导致结果不同。

一些分析者认为,这些结果表明响应者的决策并不单纯基于最终结果,而是要(至少部分地)考虑提议者的**意图**。从这个角度来说,人们希望奖励那些被认为意图比较好的人,惩罚那些被认为意图比较坏的人。如果一个提议者选择 $2 而不是 $0,表明他有良好的意图(即便最终的分配并不平等);与此同时如果一个提议者选择 $2 而不是 $5 则表明他的意图比较坏。有时,这些结果以**互惠**或**互惠利他主义**等术语形式出现在讨论中。如果响应者因为提议者的良好意图而给予奖励,我们称之为**回报性互惠**;如果响应者惩罚提议者的不良意图,我们称之为**惩罚性互惠**。这样我们就可以说,最后通牒博弈中拒绝接受小份额通牒的响应者是惩罚性互惠的。

互惠常在**信任博弈**的讨论中被引用。这一博弈有两个参与者:一个发送者(参与者Ⅰ)和一个接受者(参与者Ⅱ)。在开始前,两个参与者都有一定的初始资金,我们假定为 10 美元。在第一阶段,发送者将

10 美元中的 x 美元赠给接受者,这有时也被称为"投资"。在接受者收到投资之前,我们将投资乘以一个系数,比如"3"。这样的话,接受者就收到 $3x$ 美元。在第二阶段,接受者从他手中的 $10+3x$ 美元中划出 y 美元返还给发送者。因此,最终的结果是($\$10-\$x+\$y$, $\$10+\$3x-\$y$)。显然,这个博弈之所以被称为信任博弈,是因为发送者可能**信任**接受者会从其所得中返还一定的回报给发送者。当两个人都最大化效用 $u(x)=x$ 的时候,博弈中只有一个子博弈完美均衡。因为接受者会通过保留所有的钱来将自己的利益最大化,所以 y 会为 0。注意,接受者实际上参与了一个独裁者博弈,只是发送者作为了受益人。给定的 x 美元中不会有任何返还给发送者,那么发送者将保留所有的资金,x 将为 0。值得注意的是,有很多其他的可行分配帕累托占优于最终的结果($\$10$, $\$10$)。例如,当 $x=10$ 且 $y=20$ 时,最终的结果是($\$20$, $\$20$)。

例子 11.3　投资决策

假定你有机会投资一个利润有保证的商业机遇,但如果你的生意伙伴不可靠,那么你将无法收回投资。为了获得利润,你必须相信合作伙伴会尽职尽责。如果是这样,你和你的生意伙伴就是在进行一个信任博弈。如果你选择子博弈完美均衡策略,你将不会投资。但如果你从不投资,你将得不到任何可得剩余。

实验经济学家发现,发送者在一次性、匿名的信任博弈中平均会发送他们初始资金的一半给接受者,而接受者平均而言会返还略少于投资的资金。在前文所描绘的场景下,我们估计发送者会发送 5 美元,接受者会返还 4~5 美元。因此,参与者 Ⅱ 成功地获得了一部分但不是全部的可得剩余(不过,不同研究之间的结果也很不同)。

为何一个响应者愿意返还部分发送者的投资?要知道此时后者没有办法惩罚什么也不返还的接受者。一个常见的回答是,接受者觉得对于发送者的投资,他需要用一些互惠来回报。接受者的行为与利他主义和不平等厌恶是一致的。与此同时,发送者的行为被认为是反映了他预期对方一定程度的利他主义能够使自己的投资获得回报。

囚徒困境和**公共品博弈**的案例的分析结果类似。我们已经在第十章第二节中讨论过囚徒困境。在一个典型的公共品博弈中,有 n 个参与者。为了讨论的简便,我们可以假定有三个参与者,每人都有一笔初始资金,如 10 美元。博弈仅有一个阶段,所有参与者同时行动。每一个参与者都可以选择将他们初始禀赋中的一部分转移到一个公共账户。在公共账户中,资金被乘以一个 1~3 之间的系数,比如"2",然后均等地分给三个参与者。

给定博弈的性质,帕累托最优的结果是所有人都将全部资金转移到公共账户中,此时的支付为($20,$20,$20)。但帕累托最优的结果并不是纳什均衡,每个参与者都可以通过减少转移资金量来提高自己的支付。事实上,在这个博弈中只有一个纳什均衡,就是每个人都不向公共账户转移任何资金,然后获得支付($10,$10,$10)。因此,公共品博弈的结构与囚徒困境是相似的。

这类互动关系在生活中很常见。例如,同住的室友肯定认为所有人都洗碗比所有人都不洗碗好,但不论其他人怎样做,每个人都认为自己不洗碗好于自己洗碗。这样就不会有人洗碗,所有人都必须忍受帕累托无效的结果。再如,一个社区中所有的住户都认为每年每个人应打扫一次公共区域,但不论其他人怎样做,每个人都认为自己不做好于自己去做。这样就不会有人打扫卫生,所有人都必须忍受帕累托无效的结果。

但是,在实验研究中,合作是一个很显著的现象。在囚徒困境中,采取合作策略的人数并非 100%,但也不是 0——即便博弈是一次性且匿名的。在一次性匿名公共品博弈中,罗宾·道威斯(Robyn M. Dawes)和理查德·泰勒(Richard H. Thaler)报告说:

> 当并非所有人都参与贡献的时候,总还是有一定量的贡献者存在,其所提供的公共品数量通常为最优数量的 40%~60%。在一项研究中,这些结果在很多条件下都成立:参与者可能是第一次参与博弈,也可能是有过很多次参与经验;参与者可能会认为自己参与了一组 4 人的实验,也可能会认为自己参与了一组 80 人的实验;参与者所涉及的资金数量也可能存在一个变动的范围。

人们为何会在一次性囚徒困境和公共品博弈中合作?实验结果表

明了人们对其他参与者的充分信任以及对预期中他人慷慨贡献的回报意愿。与我们在第十章第二节中对空谈的讨论相反,事前交流实际上会促进囚徒困境中的合作,以及公共品博弈中的贡献。在这种意义上,交谈(即便是空谈)可以促进互惠。其他的解释与实验数据一致。例如,参与者可能是利他的。需要注意的是,当博弈重复进行时,贡献的水平趋于下降。因此,重复可能会使参与者更接近子博弈完美均衡预期。

基于自利主义效用函数和博弈论均衡概念的预测,我们认为,人们无法协调彼此的行动——即便那对他们是有利的。但是,没有必要对人性持如此悲观的看法。经济学家埃莉诺·奥斯特罗姆(Elinor Ostrom)因为探索人们在信任和公共品博弈中获得收益的复杂机制的发展而获得了2009年诺贝尔经济学奖。这一领域的大量文献和实验证据表明,在一系列广泛的条件下,人们成功地实现了对彼此行为的协调。一些室友成功地发展出了彼此都能接受的安排以确保有人洗碗,一些居民委员会也成功地协调了他们的成员参与社区清洁活动。不良的社会政治理念和制度,可能只是因为错误地假定协作但不能自发实现而导致的结果。

与社会偏好一样,传统新古典模型很有可能无法容纳一个关于动机、信任与互惠的故事。从理论上看,好像没有什么理由说这是不可能的,有一些博弈论学者已经作了一些尝试。因为这些尝试比前面章节中讨论的要更复杂一点,此处我们不予讨论。也就是说,动机、互惠与信任的分析也许可以嵌入新古典框架,但也可能是无法相容的。

第四节 有限策略思维

约翰·梅纳德·凯恩斯(John Maynard Keynes)(20世纪最有影响力的经济学家之一)把股市中的选股过程比作报纸上的选美比赛。在《就业、利息和货币通论》中,凯恩斯认为:

(专业的)投资就像报纸选美比赛,参赛者要在100张照片中选出6张最美丽的面孔,与参赛者整体的平均偏好最接近的选手将获奖。所以选手要选出的不是他自己认为最美丽的 6 张脸,而是他认为最能吸引全体参赛者(他们同样正面临着这一问题)的 6 张脸。在这里,选择并不决定于一个人自己的判断(谁最美丽),甚至也不决定于对这一问题的真实平均看法。

选美竞赛博弈刻画了这一策略互动的基本结构。在这里,n 个参与者同时选择 0~100 中的一个数字,所选数字最接近总体均值的 0.7 倍者将赢得奖项(这一比例并不一定要是 0.7,但必须是所有参与者的共同知识)。

在这个博弈中只有一个纳什均衡。在这个均衡中每个参与者都选择数字 0,每个人都得第一,平局。假设每个人都选择了最高的可行数字 100,那么此时选择 70 的人会胜利,这样就不会有理性的人选大于 70 的数字。但如果每个人都选择小于 70 的数字,那么优胜数字就不应超过 49。但是,如果没有人选择大于 49 的数字,优胜数字又不应该超过 34。依此类推,优胜数字会一直下降到 0。

但现实中的人不会在一次性博弈中选纳什均衡策略。第一次参与这个博弈的时候,参与者一般的选择范围是 20~40。有趣的是,如果进行重复博弈,且每轮都将上一轮的平均数反馈给参与者,那么平均数字就会下降并接近 0。这表明,在现实中人的行为会随着时间的推移向纳什均衡的预测结果收敛。

对于一次性博弈的这一结果,一个比较受支持的解释认为人们的精明程度不同。0 级(Level-0)参与者仅仅是选择 0~100 的一个随机数字,1 级(Level-1)参与者相信其他参与者都是 0 级参与者,因此认为均值将是 50,所以他选择 $0.7 * 50 = 35$。2 级(Level-2)参与者相信其他参与者都是 1 级参与者,因此均值为 35,因此会选择 $0.7 * 35 \approx 25$,以此类推。运用统计方法,行为博弈论学者可以估计出每个样本中 0 级、1 级、2 级等各级参与者的比例。结论表明多数人是 1 级或 2 级参与者。

这一博弈的一个非常吸引人的地方是,即便你知道唯一的纳什均衡策略是什么,你也不会想要依此行事。如果你预测其他参与者会采取非均衡策略、选择一个正的数字,你也会想要做同样的事。如果其他参与者预测你认为他们会选择一个正的数字,那么他们就会想要选一个正的数字。因此,每个人都选择一个正的数字,即一个非均衡策略。尽管你想要选择一个大于 0 的数字,这个数字不可能太高,你总是想要走在其他参与者前面一步。

与凯恩斯的类比一致的是,这类博弈刻画了真实的市场动态,可以解释股票和房地产市场上的泡沫。即便所有的投资者都知道这个市场最终会崩溃,唯一的纳什均衡策略就是离开市场,他们还是会假设其他的投资者会继续买入一段时间。一旦个体投资者认为他们可以走在其他投资者前面一步,在其他人离开之前退出市场,他们就还想要继续买入。显然,在这个过程中他们还会进一步推高股价。

例子 11.4 剪刀-石头-布(续)

"剪刀-石头-布"博弈有唯一的纳什均衡,其中的两名参与者都以 1/3 的概率随机出拳,二者获胜的概率相等(参见练习 10.4)。所以,听说有一个"剪刀-石头-布"的世界协会和一个世界大赛可能会让人吃惊。根据协会网站所说,剪刀-石头-布是一个技术性的而非由运气决定的游戏:"尽管人类尽可能地尝试着随机(出拳),但他们并不擅长于此,只能做到近似随机,因此就变得可预测了。"

其中一条建议是这样的:专业人士会告诉你,"出石头的是新手",因为没有经验的男性一般都是以石头开始,所以如果你的对手是这样一个没有经验的男性,那么你该出布;如果你的对手稍微有些经验且认为你会出石头,所以他出布,那么你应该出剪刀;如果你的对手很有经验,他将如前所述出剪刀,那么你应该出石头。

另外一条件建议是这样的:没有经验的参与者不会预期你在出拳之前先说清楚要出什么,所以如果你说你下次出石头,那么一个没有经验的对手会认为你不会出石头,因此他会选择不出布,那么你就应该出石头;如果你的对手比较有经验,他们会认为你在声称出石头后出石头,那么你该做的就是出剪刀。

同选美竞赛一样,目标在于走在你对手前面一步。我们可以对蜈蚣博弈作一个类似的分析(参见练习 10.10)。典型的发现是人们起初会选择"通过",直到离终点不远为止才改为"获取"。如果没有参与者认为对手会选择唯一的子博弈完美均衡,那么这一结果是可预期的,而且双方都会试图走在对手前面一步。

同社会偏好模型不同,在这个案例中,我们很难在传统的新古典框架下刻画一次性博弈中观测到的行为。不过这在重复博弈中就有所不同。如果同一组参与者不断地进行这场博弈,他们会接近均衡的预测结果。

第五节 讨 论

根据伟大的奥地利学派经济学家弗里德里希·A. 哈耶克(Friedrich A. Hayek)所说,自发协调的存在构成了经济科学的核心问题。他说:

> 从休谟和亚当·斯密的时代,每一次尝试理解经济现象的结果——每一次理论分析——都表明,社会中个体努力的协调不是权衡计划的结果,它是由某种无人刻意想要或理解的方式导致的,而且在很多例子中仅仅是由这种方式导致的。

根据这一观点,经济学家从未认真怀疑过协调的发生,问题在于它是如何产生并维持的。行为博弈论中关于社会偏好、信任和互惠的大量文献在很大程度上是为了回答这一问题而发展的。本章并没有完全地包括那些与分析性博弈论所刻画的情景有所不同的策略互动,或者行为博弈论学者提供的、用于刻画人们彼此间真实互动的模型。

那么,这些以行为博弈论为名的工作与新古典框架在何种程度上兼容呢?正如我们已经看到的那样,其隐藏在名称背后的实质与分析性博弈论是一致的,都是允许一个个体 P 的效用函数反映另一个个体 Q 的所得。尽管博弈论学者已经作过尝试,那些关于动机、互惠和信任的观念能在多大程度上包容于新古典理论仍是不清楚的。相反,那些试图刻画人类有限策略思维能力的模型越来越明显地与任何依赖纳什均衡(或子博弈完美均衡)概念的模型不一致。

为了捍卫分析性博弈论,有人认为新古典理论只是试图在满足严格条件的特定范围内施行。因此,著名的博弈论学者肯·宾默尔(Ken

Binmore)写道：

> （新古典）经济理论只应当在以下三个条件满足时用于实验室预测：(1)研究对象所面对的问题不仅应当合理地简洁，而且应该让研究对象看起来简洁。(2) 提供了恰当的激励。(3) 有充足的时间来不断试验、调整和消除误差。

宾默尔意识到他是在否认新古典经济学在这一领域的预测力，所以他又加了一句："但言过其实还没有让我们陷入足够多的麻烦吗？"选美竞赛博弈较好地说明了宾默尔的观点（参见11.4节）。在这里，现实中人在第一轮的行为与纳什均衡预测的结果有很大的差异，但随着博弈不断重复，人们可以通过前述轮次的结果学习，因此人的行为会逐渐向纳什均衡收敛。对于公共品博弈或其他博弈而言，情况可能也是一样的。宾默尔对分析性博弈论的捍卫无损于行为博弈理论，但已有的行为博弈论恰是想要在这三个条件不满足的情况下应用。

问题 11.1 均衡概念

我们从第十章第四节了解到，一些博弈论学者认为纳什均衡概念存在一些问题，子博弈完美均衡更好地刻画了理性个体的行为。但本章第二节的最后通牒博弈表明，子博弈完美均衡也有一些不合理的地方。例如，在某个场合下，子博弈完美均衡需要响应者接受一份0美元的提议；但在多数的纳什均衡中，响应者可以做得更好。在你看来，哪个均衡概念提供了对理性个体行为的最优预期：纳什均衡还是子博弈完美均衡？

扩展阅读

关于行为博弈理论，最著名也是最全面、彻底的研究当属卡默勒（Camerer, 2003），其中包括了对最后通牒博弈的总结。卡格尔和罗斯（Kagel and Roth, 1995）对实验方法和结果作了全面的介绍。杜尔劳夫和布卢姆（Durlauf and Blume, 2010）提供了更准确的和更新的研究。道斯和塔勒尔（Dawes and Thaler, 1988）对于室内实验中的合作给出了很好的观点，总结了公共品实验的结果。世界剪刀-石头-布协会(2011)将告诉你如何在这项游戏中击败所有人。本章的两段历史引述来自凯恩斯(Keynes,1936, p. 156)和哈耶克(Hayek, 1933, p. 129)。如果对哈耶克关于信息和合作这两点的看法感兴趣,可参考安格内尔(Angner, 2007)。宾默尔的那段论述引自宾默尔(Binmore, 1999, p. F17)。

第六部分
总结评论

第十二章 总　　结

第一节　引　　言

在世纪之交,如我们在本书第一节中所看到的,行为经济学已经作为经济学的一个子学科稳固地建立起来。但新世纪的第一个十年中袭来的经济危机对这门学科的发展有着额外的促进作用。这正如大卫·布鲁克斯(David Brooks)在《纽约时报》上说的那样:"我的直觉是,金融危机将成为行为经济学家以及其他打算在公共政策领域引入复杂心理学的学者们亮相的派对。"

布鲁克斯常被评为一个保守的政治评论员,他对此次危机的抨击提及了对不恰当经济模型的使用。众所周知,美联储前主席艾伦·格林斯潘(Alan Greenspan)信奉艾茵·兰德(Ayn Rand)的赞扬理性自利价值的客观主义哲学。不过,在2008年的国会听证会上,格林斯潘说道:"我假定银行等组织具有自利理性、能尽最大努力保护其股东和股票投资是一个错误。"类似地,诺贝尔经济学奖得主、自由经济评论人克鲁格曼也认为:

(经济学家)不应再假定每个人都是理性的、市场会完美运行,放弃那些简洁但错误的结论。重新审视经济学的理论基础可能会让我们看得不是很清楚——它当然不应该是简洁的,但我们可以期望它具有部分正确的价值。

这一思路无疑表达了这样一个命题：经济理论可以对世界性事件产生真实的影响。这一命题完全继承自凯恩斯，后者写道：

> 经济学家与政治哲学家的观念，无论对错，都远较一般人所了解的更有力。这个世界实际上受少数人统治。那些认为自己很少受知识分子影响的人通常都是某些已故经济学家的俘虏。掌权的狂人道听途说，从若干年前的拙劣学者那里吸取狂念。我确信，比起思想的潜移默化的力量来，既得利益集团的力量被大大夸大了。诚然，思想的力量不是能立即看到的，而是要经过一段时间……危险的不是既得利益，而是思想，或迟或早，无论是好是坏。

一旦我们意识到经济理论（或好或坏）可以对我们所生活的世界产生实际的影响，我们就会想要问如何用它设计政策。

第二节　行为福利经济学

同他们的新古典对手一样，行为经济学家希望不仅认识世界，还想要改造他们所生活的世界。哈耶克在1933年说：

> 经济分析可能从来都不是研究社会现象背后原因的结果，而更多是源自一种重建日渐令人不满的世界的热切冲动——对于经济学这一系统的发生和演进是如此，对于经济学家的个体发展也是如此。

同新古典学者一样，一些行为经济学家也认为他们规范分析的核心关注点是福利，可能还有福利的分配，这类工作常被称为**行为福利经济学**。行为福利经济学包括将行为经济理论引入法律与经济学（参见第六章第三节）的**行为法律与经济学**，以及**行为公共经济学**，后者利用行为经济学描绘和评价公共政策得到人们相信时的效果，此时政策的发展可能成为人们希望的一个来源（如我们在本章第一节提到的新古典经济学是导致金融危机的一个原因）；如果人们不相信，那么它或许是导致人们产生顾虑的原因。

基于行为经济学的发展，行为福利经济学家提出了一些旨在加强福利的特定干预措施。这里给出一些例子：

（1）**默认选项**是一种如果决策者未能作出积极决定就会被选中的选项。目前为止，人们都有保持现状的倾向，他们存在一种维持默认状态的倾向——即便作出积极决定可能会降低成本。如果有一个**选择装置**从人们自身利益出发仔细决定哪种选项为默认，行为经济学家相信更多的人会最终处于对他们而言最优的选项。

（2）**"为明日储蓄更多"**项目(Save More for Tomorrow Program，SMarT)鼓励工作者为退休而储蓄，要求参与者承诺将未来加薪的一部分存入储蓄。由于承诺储蓄现在手中所掌握的钱感觉像是一种损失，而承诺储蓄未来额外加薪的一部分则像是一种获得，展望理论预测人们会发现将未来的加薪工资存入储蓄比将现在手中所掌握的钱存入储蓄更容易接受。设计这一计划用于提高人们的储蓄率。

（3）**冷却期**是指在决策制定后，决策者有机会撤销决策的一段时间。冷却期基于这样一种观点：人们在作决策时有可能会陷入短暂的"热烈"情绪因而作出次优的决定。行为经济学家认为冷却期向人们提供一个机会，即在"冷静"的状态下重新评价他们的决策，这可能会导向一个更好的决定。

许多由行为经济学家提供的政策法规被称为**自由主义**的或**温和**的**家长式**政策，这些政策被认为有助于人们作出就他们的立场而言的更好的决定，而不强加任何实质性的成本。**自由主义**的或**温和**的**家长式**政策尤其假定它能在帮助人们作出更好决定的同时，不会妨碍那些在选择他们所偏好的选项时已经足够理性且具有充分信息的人。

练习 12.1 苹果还是炸薯条？

美国汉堡连锁业已经开始提供苹果片作为他们的快餐选项以取代炸薯条。炸薯条仍有供应，但消费者必须主动要求选择炸薯条以替代苹果片。初步报告表明，其结果就是消费者最终食用了更多的苹果片和更少的炸薯条。这是一种怎样的干预方式？

同时，值得重视的是行为经济学家并不否认人们会对激励作出反应，贯彻某一目标的最有效的方式可能莫过于改变相关行为人所面对的激励。

任何对某一干预是否改进了福利的讨论都预设了一个**福利准则**：一个（至少在原则上）允许我们判定谁的处境变得或没有变得更好的准则。新古典经济学依赖于一个基于偏好的准则，这一准则认为人们在何种程度上处境变好取决于他们的偏好在何种程度上被满足。给定我们对"效用"一词的理解（参见第二章第七节），这等价于人们在何种程度上处境变好取决于他们的效用在何种程度上得到了提高。行为经济学家则认为这一标准是不适当的，我们必须用一个基于幸福的准则来取代它，即人们在何种程度上处境变好取决于他们在何种程度上变得更幸福。注意，这两种标准在实质上是不同的，因为人可以在满足偏好的同时并不幸福；反之亦然。其他学者则认为可以保留基于偏好的福利标准，只要这里的偏好不是人们在选择中显示出的偏好，而是人们在完全理性且获得了充分信息等情况下所具有的偏好。

第三节 评估行为经济学

如果前一节的结果是正确的，那么新古典经济学和行为经济学的规范性基础可能区别并不大。总体而言，体现在政策建议中的区别反映了描述性理论中的差异。这就给我们带来一个问题：如何评价新古典经济学和行为经济学的成绩和价值。我无意在这里试图解决这个争论，一个恰当的评价需要对实验和其他方法、统计方法论以及对一系列经验结果的解释进行全面、彻底的讨论，但这些超出了本书所应涵盖的范围（如导论中我们所解释的那样）。但前面章节已经暗示了行为经济学家和新古典经济学家之间争论的关键，就像是对它们作了一个恰当的评估。

重要的一点是，新古典经济学并不像某些评论所说的那样愚蠢，许多对这一范式的异议都已误入歧途。如我们在第十一章第二节中所见，最后通牒博弈中观测到的行为同纳什均衡的预测完美一致。而第二章第六节和第十一章第二节中已经表明，新古典经济学并没有说人们是自私的、物质主义的、贪婪的或具有类似的某种特征。因此，对于某些评论所谓的新古典经济学"自私公理"进行攻击是一种误导，这并不仅仅因为自私并非是运算中的一个公理,还因为从理论中并不能推出自私。与此相关的是,标准理论并没有说人们无情而残酷地追求他们自己的幸福或欢乐,那些假定理论有类似内容的批评是有缺陷的。不仅如此,正如第四章第七节和第六章第六节所暗示的那样,标准的方法并没有说人们(有意识的或无意识的)在脑海中进行任何类型的运算。因此,任何作出此类假定并评论和举例认为绝大多数人不能在脑海中运用贝叶斯公理进行计算的批判都是被误导的评价。

对于实际应用,经济学家没有选择,只能在理论中添加额外的假设,这被称为**辅助假设**。为了进行有实质性意义的预测,理论家可能需要作出更具体的假设,如人们对哪些东西有偏好以及这将对可行选项产生怎样的排序等。根据具体环境,辅助假设可能认为人们仅仅关心自己以美元形式获得的支付。辅助假设应独立地证明其合理性,这一证明可能是有说服力的,也可能没有。不过,这些辅助假设并非新古典范式的基本构成部分,很容易被其他假定替换。

但同样重要的一点是,理论中的以及实验和实地调研的证据都表明,已观测到的人类行为背离了新古典理论的预测。有一点可以确定,人们在做事时(有时)会留恋沉没成本,依赖于不断适应和调整的、并非完美的探索,违背确定事件原则且行为冲动,展现出有限的策略思维。如果这些背离是随机的、非系统性的,那么它们在理论上就没有什么可讨论的。然而,事实上,这些背离是系统性的、实质性的背离,换而言之,它们是可预测的,可被描述性的科学理论刻画。从根本上讲,行为经济学就是其结果。人类行为的非理性并不意味着不可预测,也不意味着它不可用科学方法描述。

行为经济学家发展出的模型在很多场合下都是可被挑战的。我们已经看到,一些被行为经济学家所援引的经验研究结果可能是可以调整并适应标准框架的——或者重新描述对决策者可行的选项,或者承认附加论点并将其嵌入效用函数。重要的是,当人类的行为可以用标准理论更好地描述时,不要将这些行为简单归为非理性。也就是说,新古典经济学家往往要人为地通过对模型的反向调整以适应经验结果。通常来说,更简单貌似也更有道理的办法是认为人们有时会违背标准理论。

正如我们已经看到的那样，一些新古典经济学家乐于承认这一点。也正如我们从第十一章第五节所了解到的那样，为了捍卫分析性博弈论，已有人论称新古典经济理论只是意在应用于严格限定的条件下。当然，这种辩论并不是针对行为经济学的论证，这一反应实际上提供了一种调和新古典经济学与行为经济学的方法。许多行为经济学家乐于承认，有时已观测的行为在某些特定条件下接近新古典经济学的预测或与其一致。但如果这一条件并不成立，那么新古典经济学家应当承认，需要一个非新古典经济学的理论来解释和预测行为——这正是行为经济学的领域。

第四节 结　　语

科学在调整适应和开辟新领域中不断发展。与其说这是一个从黑暗到光明的稳定发展，不如说科学更倾向于提供一系列数量不断增长的复杂模型以刻画范围更广或更小的经验现象，不论这些现象以何种原因吸引了科学家的兴趣，而"终极理论"可能是永远无法抵达的。这对经济学同样成立。塞缪尔·贝克特（Samuel Beckett）在《最糟糕，嗯》（*Worstward Ho*）中写道："曾经尝试，曾经失败，不要紧。再尝试，再失败，更好地失败。"用贝克特的话来说，一般科学和经济学尤其可被视为存在"更好地失败"的情况。贝克特在不经意间描绘了科学研究永未完成，或教科书永远可被改进。在何种程度上行为经济学家比新古典经济学家实现了"更好地失败"？我不知道这个问题的答案是否存在。但我确实希望让新古典经济学与行为经济学的性质都得到了更清晰的呈现，让对研究社会现象的经济分析的一些力量和约定得到了强调。

扩展阅读

《最糟糕，嗯》最早出版于 1983 年，收录在塞缪尔·贝克特的《绝不》（*Nohow on*）中；本文中所引用的语句出现在该书第 101 页。本章引言中的引文出自布鲁克斯(Brooks,2008;格林斯潘的话转引自此)和克鲁格曼(Krugman,2009,p. 43)。凯恩斯的那段话出自他的《就业、利息和货币通论》(Keynes,1936,pp. 383–384)。哈耶克的那段引文出自哈耶克(Hayek,1933. pp. 122–123)。关于行为福利经济学方面的观点,参见塔勒尔和桑斯坦(Thaler and Sunstein,2008)及卡普林和肖特(Caplin and Schotter,2008);安格内尔(Angner,2009)讨论了幸福经济学及其福利标准。关于行为经济学的本质、长处和弱点,参见戴维斯(Davis,2011)和罗斯(Ross,2005)。如需更高级的教材,参见威尔金森和克莱茨(Wilkinson and Klaes,2012)。

附录
练习答案

第一章

[练习1.1]　(a)描述的。(b)规范的。(c)描述的。

[练习1.2]　(a)100。(b)400 000美元。(c)242美元(参见第八章第二节关于利率的描述)。

第二章

[练习2.1]　(a)fBn。(b)nBf。(c)nBn。

[练习2.2]　{阿富汗,阿尔巴尼亚,阿尔及利亚,安哥拉,…,津巴布韦}。任何顺序都可以,但是大括号是正确答案的一部分。注意,如果你要读出来的话,这将是一个很长的列表。

[练习2.3]　(a)十有八九会有:d≥r。(b)十有八九会有:r≥d。

[练习2.4]　(a)非传递的,非完备的。(b)传递的,非完备的。(c)传递性取决于我们是否考虑出现同父异母或者同母异父的情形,但是不管怎样,完备性都是不满足的。(d)非传递的,非完备的。(e)传递的,非完备的。(f)传递的,非完备的。(g)传递的,非完备的。

[练习2.5]　(a)传递的,完备的。(b)传递的,非完备的。(c)传递的,非完备的。(d)传递的,非完备的。

[练习2.6]　(a)传递性意味着如果苹果至少和香蕉一样好、香蕉至少和挨饿一样好,那么苹果就至少和挨饿一样好;还意味着如果挨饿

至少和香蕉一样好、香蕉至少和苹果一样好,那么就有挨饿至少和苹果一样好;以此类推。(b)完备性意味着要么苹果至少和香蕉一样好,要么香蕉至少和苹果一样好,并且有苹果至少和苹果一样好,香蕉至少和香蕉一样好。

[**练习** 2.7] 假设 $x \geqslant y \& y \sim z$。$y \sim z$ 的事实意味着 $y \geqslant z$。给定 $x \geqslant y \& y \geqslant z$,自然就有 $x \geqslant z$。

[**练习** 2.8] 先假设 $x > y \& y \geqslant z$,使用两次严格偏好的定义以及一次弱偏好的传递性来得出答案。

[**练习** 2.9] 先假设存在 x 使得 $x > x$,使用严格偏好的定义马上就能找出矛盾。

[**练习** 2.10] 下面是完整的证明:

(1) 由假设可得 $x > y \& y \geqslant z$;
(2) 通过定义 2.2,从(1)中可得 $x \geqslant y \& \neg y \geqslant x$;
(3) 根据公理 2.5,从(1)和(2)中可得 $x \geqslant z$;
(4) 为了证明矛盾,假设 $z \geqslant x$;
(5) 根据公理 2.5,从(1)和(4)可以推出 $y \geqslant x$;
(6) 从(2)和(5)发现矛盾。
(7) 从(4)~(6),由矛盾推出 $\neg z \geqslant x$;
(8) 由定义 2.2,从(3)和(7)可以得出 $x > z$;

所以,$x > y \& y \geqslant z \to x > z$。证毕。

[**练习** 2.11] (a)假设 $x > y$。使用严格偏好的定义以及逻辑关系推出 $x \geqslant y$。(b)~(h)忽略。

[**练习** 2.12] 先假设左边是什么,这里是 $x \sim y \& y \sim z$。然后,下面为了使用反证法,假设你需要证明的东西的反面成立,这里就是要假设 $x > z$,最后得出矛盾即可。

[**练习** 2.13] (a)首先假设 $\neg x \geqslant y$ 以及 $\neg y \geqslant z$。使用练习 2.10 中的命题(f)两次得出 $y > x$ 以及 $z > y$。根据传递性,有 $z > x$,通过练习 2.10 中的命题(i)你可以得出结论 $\neg x \geqslant z$。(b)首先假设 $\neg x > y$ 并且 $\neg y > z$,使用练习 2.11 中的命题(d)两次以及传递性和练习 2.11 中的命题(e)便可以得到想要的结论。

[**练习** 2.14] 答案当然是 $f^+ > c$。首先假设 $f \sim c$ 以及 $f^+ > f$。你需

要证明:$f^+ \geqslant c$ 以及不存在 $\neg c \geqslant f^+$。使用无差异和严格偏好的定义后,弱偏好的传递性可以推出第一部分,然后,假设 $c \geqslant f^+$,最后用反证法得出第二部分。

[练习 2.15] 一个理性的人是无差异的。因为 $c_1 \sim c_2$ 和 $c_2 \sim c_3$,命题 2.1 意味着 $c_1 \sim c_3$。又因为 $c_3 \sim c_4$,相同的命题可以得出 $c_1 \sim c_4$,以此类推。最后你会得到 $c_1 \sim c_{1000}$。证毕。

[练习 2.16] 假设 $x \succ y \& y \succ z \& z \succ x$,使用几次严格偏好的定义,马上就可以得出矛盾的结果。

[练习 2.17] 假设 $x \geqslant y \& y \geqslant z \& z \geqslant x$,使用弱偏好的传递性以及无差异的定义可以得出 $x \sim y \& y \sim z \& z \sim x$。

[练习 2.18] 见图 A.1。

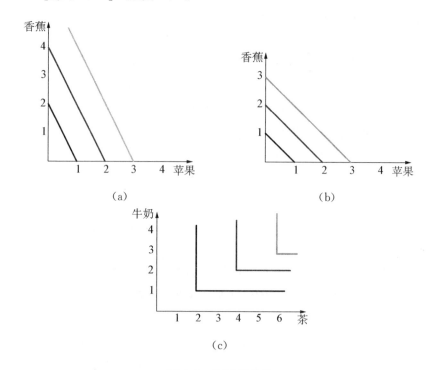

图 A.1 无差异曲线

[练习 2.19] 新菜单是:{什么也没有,汤,沙拉,鸡肉,牛肉,鸡汤,牛肉汤,鸡肉沙拉,牛肉沙拉}。

[练习 2.20] 见图 A.2。

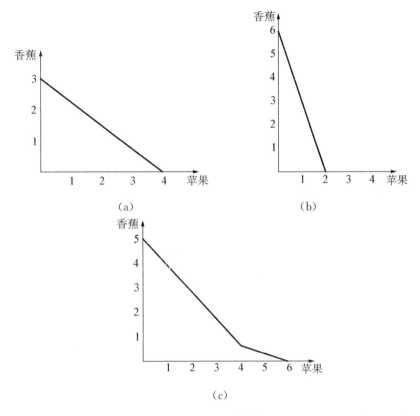

图 A.2 预算线

[**练习** 2.21] 为了证明这个命题,你需要做两件事情。第一,假设 $x \sim y$ 并且证明 $u(x) = u(y)$。第二,假设 $u(x) = u(y)$,证明 $x \sim y$。下面是完整的证明:

(1) 由假设可得 $x \sim y$;

(2) 通过定义 2.2,从(1)中可得 $x \geqslant y \& y \geqslant x$;

(3) 两次使用定义 2.3,从(2)中可得 $u(x) \geqslant u(y) \& u(y) \geqslant u(x)$;

(4) 从数学上可知,由(3)推出 $u(x) = u(y)$;

(5) 假设有 $u(x) = u(y)$;

(6) 数学上可从(5)中得出, $u(x) \geqslant u(y) \& u(y) \geqslant u(x)$;

(7) 两次使用定义 2.3,从(6)可以推出, $x \geqslant y \& y \geqslant x$;

(8) 由定义 2.2,从(4)和(8)可以得出 $x \sim y$

所以，$x \sim y \Leftrightarrow u(x) = u(y)$。证毕。

[练习 2.22]　见表 A.1。

表 A.1　弱偏好、无差异以及强偏好的性质

性质	定义	$\succcurlyeq$	$\sim$	$\succ$
(a) 传递性	xRy & $yRz \rightarrow xRz$（对所有的 x、y 和 z）	√	√	√
(b) 完备性	$xRy \vee yRx$（对所有的 x、y 和 z）	√		
(c) 反身性	xRx（对所有的 x）	√	√	
(d) 非反身性	$\neg xRx$（对所有的 x）			√
(e) 对称性	$xRy \rightarrow yRx$（对所有的 x 和 y）		√	
(f) 非对称性	$xRy \rightarrow \neg yRx$（对所有的 x 和 y）			√

[练习 2.23]　略。

[练习 2.24]　(a)她违背了完备性。(b)他违背了传递性。

第三章

[练习 3.1]　(a)参见图 A.3。(b)1 000 美元。(c)1 000 美元。

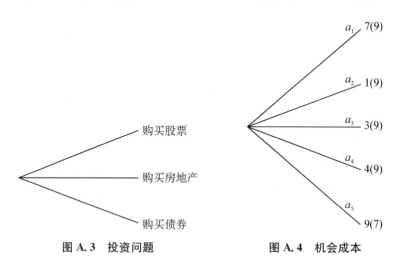

图 A.3　投资问题　　　　图 A.4　机会成本

[练习 3.2]　参见图 A.4。

[练习 3.3]　对于高收入人群，修剪草坪等的机会成本会更高。

[练习 3.4]　不一定。如果现在有另一个更好的增加收入的项目，那么投资广告战就是不理性的。

[练习3.5] 参见图A.5。

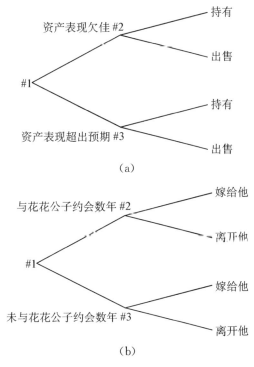

图A.5 沉没成本

[练习3.6] 报名公立大学的课程,因为缴给文科学院的学费已经是沉没成本了。

[练习3.7] (a)你将会选择放在区域B。(b)图中展示的是之前的情况。

[练习3.8] (a)展示一套比第一套房子房型差并且离工作单位更远的房子,但是要比第二套房子房型稍微好一些。(b)展示一套比第二套房子房型差并且离工作单位远一些的房子,但是还是要比第一套房子近一些。

[练习3.9] (a)找一个各方面条件都没你好,但至少总是在某一个方面比你的竞争对手要好的陪衬。(b)不论在吸引力还是才智上,你都希望你的陪衬落在8~9的区间内。(c)他(她)认为你在各方面都没有他(她)好。

[练习3.10] (a)埃里克斯将这2美元看作失去的收益,所以对

他来说这 2 美元的绝对价值是 1。从数学上讲,价值的变动可以这样计算:$v(0)-v(+2)=0-2/2=-1$。(b)鲍勃将这 2 美元看作是实际损失,所以对他而言这 2 美元的绝对价值是 4,数学上价值的变动应计算为 $v(-2)-v(0)=-4-0=-4$。(c)鲍勃。

[练习 3.11] 答案应该表示为 $v(+1)+v(-1)=1/2-2=-3/2$。

[练习 3.12] 参见图 A.6。

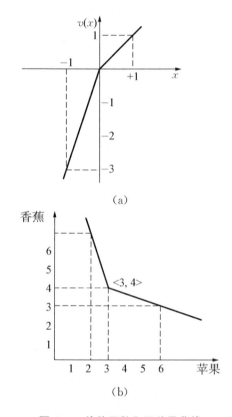

图 A.6 价值函数和无差异曲线

[练习 3.13] (a)现状偏好要求欧洲人倾向于喜欢欧洲系统,而美国人倾向于喜欢美国系统,这是由损失厌恶导致的。对欧洲人来说,失去政府提供的医疗保障并不能由更多的可支配收取来弥补;对美国人来说,失去可支配收入并不能被得到政府提供的医疗保障来弥补。(b)参见图 A.7。(c)损失厌恶表明,一旦美国人民适应了新系统,他们将不愿意放弃这个系统,而在野党要想转变到旧的系统中将会非常困难。

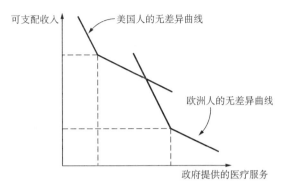

图 A.7 医疗系统

[**练习** 3.14] 一个没有预期加薪的人会经历 $v(+5)$，而一个预期加薪的人会经历 $v(-5)$。我们用图 A.8 来展示两者的不同之处。

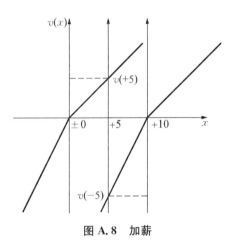

图 A.8 加薪

[**练习** 3.15] （a）$v(+93-75)=v(+18)=9$。(b) $v(+67-75)=v(-8)=-16$。(c)该理论告诉你应该降低期望并且表现得好一些。

[**练习** 3.16] 该理论告诉你你应该找工资较低的人作为参考并且努力多赚钱。

[**练习** 3.17] 假设国王计算了前面 n 格应该给发明者的大米数，n 是远小于 64 的，使用得出的数作为锚，然后向上进行不充分的调整。

[**练习** 3.18] 答案是(b)10 美元。即你去迪伦音乐会的价值(50

美元)减去你要去应该支付的钱(40美元)。该研究中只有21.6%的专业的经济学者得到了正确答案,令人尴尬的是,如果他们随机挑选答案的话,他们能答得更好呢!

[练习3.19] 沉没成本谬误。

[练习3.20] 参见图A.9。

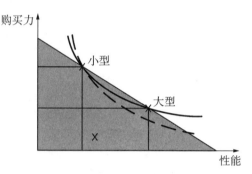

图A.9 梨子公司的营销技巧

[练习3.21] (a)沉没成本谬误。(b)锚定与调整。(c)损失厌恶。(d)沉没成本谬误。(e)没有考虑机会成本。(f)折中效应。

第四章

[练习4.1] 1/52。

[练习4.2] 结果空间缩小为{GB, GG},并且概率是1/2。

[练习4.3] (a){BBB, GGG, BBG, GGB, BGB, GBG, BGG, GBB}。(b){GGG, BBG, GGB, BGB, GBG, BGG, GBB}。(c)1/7。(d){GGG, GGB, GBG, BGG}。(e)1/4。

[练习4.4] (a){W/W, W/W, R/R, R/R, W/R, R/W}。(b){W/W, W/W, W/R}。(c)1/3。

[练习4.5] (a){W/W, W/W, B/B, B/B, R/R, R/R, R/W, W/R}。(b){B/B, B/B}。(c)1。(d){R/R, R/R, R/W}。(e)1/3。

[练习4.6] 对这个问题的分析并不是完全没有争议的,但是普遍接受的答案认为概率是1/3。

[练习4.7] (c)和(d)。

[练习 4.8]　$4/52 = 1/13$。

[练习 4.9]　两者概率是相同的:都为 $1/36$。

[练习 4.10]　(d)。

[练习 4.11]　不独立。

[练习 4.12]　因为存在两种互斥的方法使得点数加起来为 11,答案是 $1/36 + 1/36 = 1/18$。

[练习 4.13]　(a) $1/52 * 1/52 = 1/2\,704$。(b) $1/13 * 1/13 = 1/169$。

[练习 4.14]　(a) $1/6 * 1/6 = 1/36$。(b) $(1-1/6) * (1-1/6) = 25/36$。(c) $1/6 * (1-1/6) + (1-1/6) * 1/6 = 10/36$。(d) $1-(1-1/6) * (1-1/6) = 11/36$。

[练习 4.15]　这将是错误的,因为这样的话你就是在对两个并不互斥的结果使用或准则。

[练习 4.16]　答案是: $\dfrac{6}{49} * \dfrac{5}{48} * \dfrac{4}{47} * \dfrac{3}{46} * \dfrac{2}{45} * \dfrac{1}{44} = \dfrac{1}{13\,983\,816}$,这大约是 $0.000\,000\,07$。所以,如果你每年玩一次,那么平均而言,每 $13\,983\,816$ 年你会赢一次。如果你每天玩一次,已知一年有 364.25 天,平均而言,每 $268\,920$ 年你会赢一次。

[练习 4.17]　如果人们将可以赢得的数目作为锚,然后稍微向下调整来评估该彩票的价值,那么不充分的调整意味着他们高估了该彩票的价值。再者,如果人们使用正确地选择了第一个数字的概率作为锚,然后向下调整一些来估计赢的概率,那么不充分的调整意味着他们会高估赢的概率。

[练习 4.18]　(a) $\Pr(H|T)$ 表示"已知病人有肿瘤时该病人头痛的概率",而 $\Pr(T|H)$ 表示"已知病人头痛时该病人有肿瘤的概率"。(b) 概率显然是不同的。一般而言,我们应该预期 $\Pr(H|T) > \Pr(T|H)$。

[练习 4.19]　$\Pr(AS_1 \& AS_2) = \Pr(AS_1) * \Pr(AS_2 | AS_1) = 1/52 * 0 = 0$。

[练习 4.20]　(a) 假设 $\Pr(A|B) = \Pr(A)$,然后使用命题 4.2 推

出 $\Pr(B\mid A) = \Pr(B)$。(b)假设 $\Pr(B\mid A) = \Pr(B)$,然后使用命题4.1来推出 $\Pr(A\&B) = \Pr(A)*\Pr(B)$。(c)假设 $\Pr(A\&B) = \Pr(A)*\Pr(B)$,使用命题 4.1 来推出 $\Pr(A\mid B) = \Pr(A)$。

[练习 4.21] （a)参见图 A.10。(b) $\Pr(D) = 2/5$。

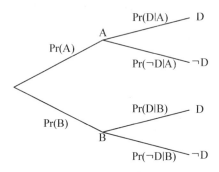

图 A.10　癌症 A 和 B

[练习 4.22]　答案是 2/3。

[练习 4.23]　(a)$1/4*1/6 = 1/24$。(b)$3/4*2/3 = 6/12 = 12/24$。(c)$1/24+12/24 = 13/24$。(d)$(1/24)/(13/24) = 1/13$。好消息!

[练习 4.24]　(a)第一次试验后,赋予该假设的概率从 1/2 变动到 2/3。(b)第二次试验后,从 2/3 变为 4/5。

[练习 4.25]　给定我们对 H 和 E 的定义（出于本练习的目的),现在我们有 $\Pr(E\mid H)$ 为 0,因为两面都是正面的硬币不可能抛出来是反面朝上。所以,不管先验概率是多少,后验概率都应该等于 0:

$$\Pr(H\mid E) = \frac{0*\Pr(H)}{0*\Pr(H)+0.5*\Pr(\neg H)} = 0$$

[练习 4.26]　结果是独立的,但不是互斥的。

[练习 4.27]　答案是 $(1/25\,000)^3 = 1/15\,625\,000\,000\,000$。所以如果朗福德一年中三次在未动过手脚的机器上赌博,他应该预期每 15 625 000 000 000 年赢一次。但是注意给定他中奖机器动过手脚的概率并不等于给定机器未动过手脚他中奖的概率。

[练习 4.28]　(a)因为字母表中一共有 26 个字母,那么概率则应该是 $(1/26)^8 = 1/208\,827\,064\,576 \approx 0.000\,000\,000\,005$。(b)任何一封信不会出现这种脏话的概率是 $1-1/208\,827\,064\,576 = 208\,827\,064$

575/208 827 064 576。所以至少有一封信会出现这种脏话的概率是 $1-(208\,827\,064\,575/208\,827\,064\,576)^{100} \approx 0.000\,000\,000\,5$。有一点高,但不是很高。

[**练习** 4.29] 注意,一共有 $2^{10}=1\,024$ 种方式来回答十道只有正确和错误两个答案的题。所以有:(a)1/1 024。(b)1/1 024。(c)1/1 024。(d)10/1 024。(e)11/1 024。

[**练习** 4.30] (a)1/2。(b)1/2。(c) $(1/2)^{10}=1/1\,024$。(d)$1-(1/1\,024)=1\,023/1\,024$。

第五章

[**练习** 5.1] (a)1/256。(b)1/2。

[**练习** 5.2] (a)1/10 000。(b)1/100。

[**练习** 5.3] 1/25 000。

[**练习** 5.4] 所有这些问题的答案都可以表示为 $1-(7/10)^t$,其中 t 表示小时数。所以有:(a)0.51。(b)大约为 0.66。(c)大约为 0.97。注意,在这些情形下,很可能会在 10 小时的徒步中至少遇到一次龙卷风。

[**练习** 5.5] 在任何给定年份发洪水的概率是 1/10。所以:(a) 0.81。(b)0.18。(c)0.19。(d)大约为 0.65。

[**练习** 5.6] 任意一天不会发生袭击的概率是 $1-0.000\,1=0.999\,9$。10 年里一共有 3 652.5 天,所以十年中至少发生一次袭击的概率是 $1-(0.999\,9)^{3652.5} \approx 0.306 = 30.6\%$。

[**练习** 5.7] (a)大约为 0.08。(b)大约为 0.15。(c)大约为0.55。(d)大约为 0.98。

[**练习** 5.8] 假设你将这 30 名学生排成一行,第一个学生可能是一年中任意一天出生的,这个概率是 365/365,第二名学生和第一名学生的生日不同的概率是 364/365,第三名学生生日与前两名学生都不同的概率是 363/365,以此类推,一直到第 30 名学生:该学生与前面 29 名学生生日都不同的概率是 336/365。所以你需要得到的概率就是 $365/365 * 364/365 * \cdots 336/365 \approx 29.4\%$。所以,在这样一个规模的班级中,至少两个学生生日一样的概率是很高的,大概是 70.6%。

[**练习** 5.9] （a）大约 0.634。（b）大约 0.999 96。

[**练习** 5.10] （a）发生一次灾难性的引擎故障的概率是 p。（b）一次灾难性的引擎故障发生概率为 $1-(1-p)^2 = 2p-p^2$。具体参见图 A.11。（c）单引擎飞机。注意到当 p 很小时，p^2 会小得可以忽略不计。这样的话，双引擎飞机实际发生引擎故障的概率是单引擎飞机的两倍！（d）现在，发生一次灾难性引擎故障的概率是 p^2。

	无故障	故障
无故障	$(1-p)^2$	$(1-p)*p$
故障	$p*(1-p)$	p^2

图 A.11 私人喷气飞机

[**练习** 5.11] 因为男性中的基础比率是极低的，故该检测是不具诊断性的。

[**练习** 5.12] 令 B 表示"出租车是蓝色的"，P 表示"目击证人说出租车为蓝色的"。下面的式子则给出了正确答案：

$$\Pr(B \mid P) = \frac{\frac{8}{10} * \frac{15}{100}}{\frac{8}{10} * \frac{15}{100} + \frac{2}{10} * \frac{85}{100}} \approx 41\%$$

我们发现，尽管目击证人相对还是可信的，但是该事故中的出租车却更可能是绿色的，而不是蓝色的。

[**练习** 5.13] 答案由下面的式子给出：

$$\frac{\frac{75}{100} * \frac{20}{100}}{\frac{75}{100} * \frac{20}{100} + \frac{25}{100} * \frac{80}{100}} \approx 43\%$$

[**练习** 5.14] 答案由下面的式子给出：

$$\frac{\frac{1}{1\,000} * \frac{90}{100}}{\frac{1}{1\,000} * \frac{90}{100} + \frac{10}{10\,000} * \frac{10}{100}} \approx 47\%$$

[**练习** 5.15] 概率是：

$$\frac{\frac{10}{10\,000\,000} * \frac{999}{1\,000}}{\frac{10}{10\,000\,000} * \frac{999}{1\,000} + \frac{9\,999\,990}{10\,000\,000} * \frac{1}{1\,000}} \approx 0.001 = 1\%$$

[练习 5.16] (a)98/1 000 000 000。(b)19 999 998/1 000 000 000。(c)98/20 000 096≈0.000 005=0.000 5%。(d)不。

[练习 5.17] 在喀布尔基础比率可能会更高,这可能会使得检测结果不具诊断性。

[练习 5.18] 正确答案是C。

[练习 5.20] 答案是:

(a)

$$\frac{\frac{1}{10\,000} * \frac{99}{100}}{\frac{1}{10\,000} * \frac{99}{100} + \frac{9\,999}{10\,000} * \frac{10}{100}} = 1/1\,000$$

(b)

$$\frac{\frac{1}{1000} * \frac{99}{10\,000}}{\frac{1}{1\,000} * \frac{99}{10\,000} + \frac{999}{1000} * \frac{9\,999}{10\,000}} = 1/10\,000$$

[练习 5.21] 已知该验光师看到的主要都是没有出现问题的隐形眼镜配戴者,她最能接触的形象就是健康的使用者的形象。而眼科医师主要都是接触出现问题的使用者,那么她最有可能产生的就是不健康的使用者的印象。由于这二人均有可得性偏见的问题,那么验光师倾向于低估,而眼科医师倾向于高估配戴隐形眼镜可能产生的严重问题。

[练习 5.22] $Pr(HHH) = (2/3)^3 = 8/27$,$Pr(HHT) = (2/3)^2(1/3) = 4/27$。最好赌 HHH。

[练习 5.23] (a)0.04。(b)0.64。(c)0.36。(d)大约 0.67。

[练习 5.24] (a)0.072。(b)0.092。(c)0.164。(d)大约 0.439。(e)基础比率谬误。

[练习 5.25] 这个问题实际上与练习 5.15 一样,所以答案也是一样:大约41%。

[**练习** 5.26] （a）令 T 表示某个人是恐怖分子，M 表示某个人是穆斯林。基于给出的数据，我假设 Pr(T) = 10/300 000 000，且 Pr(M | T) = 9/10, Pr(M | ¬T) = 2/300。这样的话，就有：

$$\Pr(T \mid M) = \frac{\frac{10}{300\,000\,000} * \frac{9}{10}}{\frac{10}{300\,000\,000} * \frac{9}{10} + \frac{299\,999\,990}{300\,000\,000} * \frac{2}{300}}$$

$$\approx 0.000\,005 = 0.000\,5\%$$

（b）显然，还有很多更危险的事情值得胡安·威廉姆斯去担心。但是如果一个穆斯林恐怖分子的形象特别容易出现在他面前，那么他就会倾向夸大任意一个穆斯林是恐怖分子的概率。

[**练习** 5.27] （a）证实性偏见。（b）分离谬误。（c）可得性偏见。（d）基础比率忽略。（e）可得性偏见。（f）合取谬误。（g）事后聪明偏见。（h）可得性偏见。

第六章

[**练习** 6.1] （a）C。（b）A。（c）B。风险支付矩阵为表 A.2。

表 A.2　风险支付矩阵

	S_1	S_2
A	2	0
B	1	1
C	0	4

[**练习** 6.2] 见图 A.12。

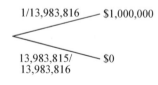

图 A.12　6/49 式彩票树

[**练习** 6.3] （a）$EV(A) = 1/2 * 10 + 1/2 * 0 = 5$。（b）$EV(R) = 4$。

[练习6.4] 见表 A.3。

表 A.3 轮盘赌支付

赌注	描述	支付(美元)	赢的概率	期望值(美元)
单一号下注	一个数字	36	1/38	36/38
分开下注	两个数字	18	2/38	36/38
路注	三个数字	12	3/38	36/38
四角注	四个数字	9	4/38	36/38
头五位下注	0, 00, 1, 2, 3	7	5/38	35/38
六数组合注	六个数字	6	6/38	36/38
第一组 12 号码下注	1～12	3	12/38	36/38
第二组 12 号码下注	13～24	3	12/38	36/38
第三组 12 号码下注	25～36	3	12/38	36/38
红注		2	18/38	36/38
黑注		2	18/38	36/38
偶数注		2	18/38	36/38
奇数注		2	18/38	36/38
低半区注	1～18	2	18/38	36/38
高半区注	19～36	2	18/38	36/38

[练习6.5]　(a)期望值为 $1/5*(-30)=-6$ 美元。(b)是的。

[练习6.6]　3.50 美元。

[练习6.7]　(a)400 020 美元。(b)打开盒子。(c)150 030 美元。(d)拿确定数额的钱。

[练习6.8]　(a)$-5/-100=1/20$。(b)$-5/-10=1/2$。

[练习6.9]　(a)答案是 1/1 000 000。

[练习6.10]　$p=-79/-325\approx 0.24$。

[练习6.11]　(a) $EU(R)=u(4)=4^2=16$。(b) $EU(A)=1/2*u(10)+1/2\times u(0)=1/2*10^2+1/2*0^2=50$。(c)你应该接受这个赌博。

[练习6.12]　(a)大约为 0.000 7 美分。(b)1 美元。(c)现金。

[练习6.13]　(a) (i)$EV(G)=1/4*25+3/4*1=7$。(ii)$EU(G)=1/4*\sqrt{25}+3/4*\sqrt{1}=2$。(b)(i)$EV(G^*)=2/3*7+1/3*4=6$。(ii)$EU(G^*)=2/3*\sqrt{7}+1/3*\sqrt{4}\approx 2.43$。

[练习6.14]（a）见图 A.13（a）。（b）见图 A.13（b）。(c)$EU(\neg S) = 0$。(d)$EU(S) = 0.85*10 + 0.10*(-2) + 0.05*(-10) = 7.8$。(e)做手术。

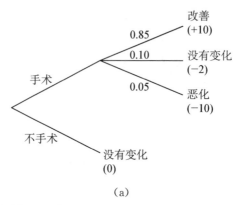

(a)

	改进	没变化	恶化
S	10	−2	−10
¬S	0	0	0

(b)

图 A.13 听力损失

[练习6.15]（a）见图 A.14。（b）回家的期望效用是 $3/4*12 + 1/4*(-2) = 8.5$。不回去的期望效用是 $2/3*9 + 1/3*3 = 7$。所以，你应该回家，尽管可能会碰见你婶婶。

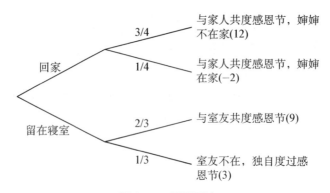

图 A.14 迟疑不决

[**练习** 6.16] 有很多方法可以完成这个练习,但是不管怎样,重要的结论就是 B 是理性的选择。

[**练习** 6.17] (a) $p = 1/2$。(b) $p = 3/4$。(c) $p = 2/3$。

[**练习** 6.18] 在这个情况下,$EU(A) = 1/2 * 3^2 + 1/2 * 1^2 = 5$,而 $EU(R) = 2^2 = 4$。所以你当然应该接受这个赌博。

[**练习** 6.19] (a)风险爱好的。(b)风险厌恶的。(c)风险爱好的。(d)风险厌恶的。(e)风险爱好的。(f)风险中性的。(g)风险爱好的。

[**练习** 6.20] 见图 A.15。

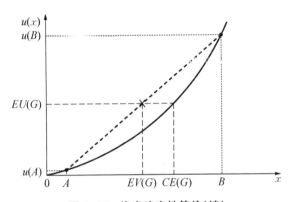

图 A.15 找出确定性等价(续)

[**练习** 6.21] $\sqrt{5}$。

[**练习** 6.22] (a)4 美元的效用是 2。G 的期望效用是 3/2。确定性等价是 9/4。选择 4 美元。(b)4 美元的效用是 16。G 的期望效用是 21。确定性等价是 $\sqrt{21}$。选择 G。

[**练习** 6.23] (a)该赌博的期望值是 1.75。(b)期望效用是 5/4。(c)确定性等价是 25/16。(d) $p = 1/2$。

[**练习** 6.24] (a)期望效用是 5/2。(b)确定性等价是 25/4。(c)概率是 1/8。(d)你是风险厌恶的。

[**练习** 6.25] 大约 0.000 000 49 美分。

[**练习** 6.26] (a)盒子。(b)确定的金额。(c)118 976 美元。

[**练习** 6.27] (a)$EU(B) = 3$。(b)$EU(R) = 4$。(c) 摁红色按钮。

第七章

[练习 7.1] 该问题可以用图 7.3 解释。珍是风险厌恶的,因为她将"没有动物被救"视为自己的参照点。乔是风险偏好的,因为他将"没有动物丢失"视为自己的参照点。

[练习 7.2] (a) $v(A) = 1/2 * \sqrt{1\,000/2} \approx 11.18$。(b) $v(B) = \sqrt{500/2} \approx 15.81$。

(c) $v(C) = 1/2 * (-2)\sqrt{1\,000} \approx -31.62$。(d) $v(D) = -2\sqrt{500} \approx -44.72$。

[练习 7.3] (a) $v(-4) = -4$,而 $v(+4) \approx 1.41$。(b)(i) $v(+2) = \sqrt{2/2} = 1$。(ii) $1/2 * v(0) + 1/2 * v(+4) = 1/2 * \sqrt{4/2} \approx 0.71$。她会倾向于喜欢确定性的金额。(c)(i) $v(-2) = -2\sqrt{2} = -2.83$。(ii) $1/2 * v(0) + 1/2 * v(-4) = 1/2 * (-2)\sqrt{4} = -2$。她会偏向于选择赌博。

[练习 7.4] (a) $v(+48+27) = v(+75) = \sqrt{75/3} = 5$。(b) $v(+48) + v(+27) = \sqrt{48/3} + \sqrt{27/3} = 7$。(c) 最好是分开来。

[练习 7.5] (a) $v(-144-25) = v(-169) = -3\sqrt{169} = -39$。(b) $v(-144) + v(-25) = -3\sqrt{144} + (-3)\sqrt{25} = -51$。(c) 最好是合起来。

[练习 7.6] (a) $v(-9+2) = v(-7) \approx -5.29$。(b) $v(-9) + v(+2) = -5$。(c) 最好是分开来。

[练习 7.7] 选择模式(1a)和(2a)被排除,选择模式(1b)和(2b)也被排除。

[练习 7.8] 严格偏好 a 胜过 b 要求有 $EU(a) > EU(b)$,这意味着 $1 * u(30) > 0.8 * u(45)$。等式两边同时除以 4 会得到 $0.25 * u(30) > 0.20 * u(45)$。严格偏好 d 超过 c 要求有 $EU(d) > EU(c)$,这就意味着有 $0.20 * u(45) > 0.25 * u(30)$,但是这就前后不一致了。

[练习 7.9] 因为概率在比赛 3 中是最模糊的,所以你最不愿意赌那场比赛。

[练习 7.10] (a) 1 000。(b) 1 018。(c) 1 030。(d) 投资于股票。

(e)投资债券。

[**练习** 7.11] （a）一线希望。（b）心理账户。（c）能力假说。（d）确定效应。（e）模糊厌恶。

第八章

[**练习** 8.1] 见表 A.4。

表 A.4 信用成本

信用卡业务	1 000(美元)	100(美元)	10 000(美元)
I	247.20	67.92	2 040.00
II	387.50	263.75	1 625.00
III	248.20	68.92	2 041.00
IV	213.50	53.75	1 811.00
V	296.50	118.75	2 074.00
VI	332.50	168.25	1 975.00
VII	294.50	94.25	2 297.00

[**练习** 8.2] $r = 0.20 = 20\%$。

[**练习** 8.3] （a）105 美元。（b）162.89 美元。（c）1 146.74 美元。

[**练习** 8.4] （a）8 864.62 美元。（b）8 603.62 美元。（c）14,104%。（d）别做。

[**练习** 8.5] （a）1，0.3，0.04 和 1.34。（b）选择 d。（c）选择 a。

[**练习** 8.6] （a）低。（b）高。（c）高。（d）低。（e）高。

[**练习** 8.7] （a）曲线会变得更陡峭。（b）曲线会变得更平坦。

[**练习** 8.8] （a）$\delta = 1/3$。（b）$\delta = 3/4$。（c）$\delta = 1/2$。（d）$\delta = 3/4$。

[**练习** 8.9] （a）2/3。（b）1。（c）1/2。

[**练习** 8.10] 见表 A.5，并且 $\delta = 80/609$。

表 A.5 时间贴现

	$t = 0$	$t = 1$
a	81	16
b	1	625

[练习 8.11] （a）$\delta = 1/(1+i)$，意味着 $r = i$。（b）$\delta = 1/\sqrt{1+i}$。

第九章

[练习 9.1] （a）$U^{周四}(\mathbf{a}) = 8$ 且 $U^{周四}(\mathbf{b}) = 10$；在周四,你会选择 **b**。$U^{周三}(\mathbf{a}) = 6.67$ 且 $U^{周三}(\mathbf{b}) = 8.33$；在周三,你会选择 **b**。(b)$U^{周四}(\mathbf{a}) = 8$ 且 $U^{周四}(\mathbf{b}) = 2$；周四,你会选择 **a**。$U^{周三}(\mathbf{a}) = 1.33$ 且 $U^{周三}(\mathbf{b}) = 0.33$；在周三,你会选择 **a**。(c)$U^{周四}(\mathbf{a}) = 8$ 且 $U^{周四}(\mathbf{b}) = 6$；在周四,你会选择 **a**。$U^{周三}(\mathbf{a}) = 4$ 且 $U^{周三}(\mathbf{b}) = 6$；在周三,你会选择 **b**。(d)$U^{周四}(\mathbf{a}) = 8$ 且 $U^{周四}(\mathbf{b}) = 4$；在周四,你会选择 **a**。$U^{周三}(\mathbf{a}) = 2.67$ 且 $U^{周三}(\mathbf{b}) = 2.67$；在周三,你在 **a** 和 **b** 之间无差异。

[练习 9.2] （a）8 和 4。(b)12 和 6。(c)3 和 1。(d)3 和 6。(e)班尼。(f)班尼。

[练习 9.4] （a）2/3。(b)3/4。

[练习 9.5] （a）$\beta = 3/4$ 且 $\delta = 2/3$。(b) $x = 4.5$。

[练习 9.6] $\beta = 4/5$ 且 $\delta = 1/2$。

[练习 9.7] （a）如果你是个指数贴现者,那么站在 $t = 0$ 期看,你就是在 $U^0(\mathbf{a}) = 3$、$U^0(\mathbf{b}) = 5$、$U^0(\mathbf{c}) = 8$ 以及 $U^0(\mathbf{d}) = 13$ 之间选择。显然你会偏好 **d**,并且因为你是时间一致的,那就是你会看的电影。(b)如果你是个天真的双曲贴现者,那么从 $t = 0$ 的角度看,你就是在 $U^0(\mathbf{a}) = 3$、$U^0(\mathbf{b}) = 1/2 * 5 = 2.5$、$U^0(\mathbf{c}) = 1/2 * 8 = 4$ 以及 $U^0(\mathbf{d}) = 1/2 * 13 = 6.5$ 之间选择,你会跳过普通的那部电影而仍计划看特棒的那部电影。而站在 $t = 1$ 期看,你则是在 $U^1(\mathbf{b}) = 5$、$U^1(\mathbf{c}) = 1/2 * 8 = 4$ 以及 $U^1(\mathbf{d}) = 1/2 * 13 = 6.5$ 之间选择,你会跳过好看的那部,仍计划看特棒的那部。站在 $t = 2$ 期看,你就是在 $U^2(\mathbf{c}) = 8$ 以及 $U^2(\mathbf{d}) = 1/2 * 13 = 6.5$ 之间选择,那么你会看很好的那部电影,而放弃观看特棒的电影的机会。(c) 如果你是个成熟的双曲贴现者,你知道你到 $t = 2$ 时是不会跳过很好的那部不看的,从而最终看不成特棒的那部。你还知道站在 $t = 1$ 看,你唯一的比较现实的选择就是 $U^1(\mathbf{b}) = 5$ 以及 $U^1(\mathbf{c}) = 1/2 * 8 = 4$,结果你就会看好看的那部电影。而从 $t = 0$ 的角度

看，你唯一现实的选择就是 $U^0(\mathbf{a}) = 3$ 以及 $U^0(\mathbf{b}) = 1/2 * 5 = 2.5$ 了，所以你会选择看普通的那部电影。

[练习9.8]　(a)8。(b)13。(c)4。(d)12.33。

[练习9.9]　更不高兴。

[练习9.10]　已知实线表示的经历比虚线表示的经历拥有更高的峰点效用，而两者的终点效用又相同，那么他会偏好前者胜过后者。

[练习9.11]　(a)16/3 和 4。(b)8 和 6。(c)4 和 2。(d)4 和 6。(e)伊夫斯。(f)席美娜。

[练习9.12]　(a)双曲贴现。(b)选择不作任何选择。(c)对效用流的偏好。(d)双曲贴现。(e)对效用流的偏好。

第十章

[练习10.1]　(a)⟨U，L⟩和⟨D，R⟩。(b)⟨U，L⟩。(c)⟨U，R⟩

[练习10.2]　假设参与者 I 以概率 p 选择 U，参与者 II 以概率 q 选择 L。(a)当 $p = q = 1/3$ 时存在一个均衡。(b)当 $p = 1/2$ 且 $q = 1$ 时存在另一个均衡。

[练习10.3]　假设参与者 I 以概率 p 选择 U，参与者 II 以概率 q 选择 L。(a)存在两个纯策略均衡⟨U，L⟩和⟨D，R⟩，当 $p = 4/5$ 且 $q = 1/5$ 时存在一个混合策略均衡。(b)不存在纯策略均衡，但当 $p = q = 1/2$ 时存在一个混合策略均衡。(c)存在两个纯策略均衡，⟨U，L⟩和⟨D，R⟩，但不存在混合策略均衡。

[练习10.4]　(a)支付矩阵如表 A.6 所示。(b)在唯一的纳什均衡中，参与者都会按照概率 1/3、1/3 和 1/3 随机(对比例子 11.4)。

表 A.6　剪刀-石头-布支付矩阵

	R	p	S
R	0，0	0，1	1，0
p	1，0	0，0	0，1
S	0，1	1，0	0，0

(a) 支付矩阵如表 A.6 所示。(b)在唯一的纳什均衡中，参与者

都会按照概率 1/3、1/3 和 1/3 随机(对比例子 11.4)。

表 A.6　剪刀-石头-布支付矩阵

	R	P	S
R	0, 0	0, 1	1, 0
P	1, 0	0, 0	0, 1
S	0, 1	1, 0	0, 0

[练习10.5]　该博弈有两个纯策略纳什均衡：⟨S，¬S⟩和⟨¬S，S⟩，混合策略均衡中每个参与者都以 1/3 的概率选择 S 策略。

[练习10.6]　这个博弈有两个纯策略纳什均衡：⟨D，D⟩和⟨H，H⟩，混合策略均衡中每个参与者以 1/3 的概率选择 D 策略。

[练习10.7]　是的。

[练习10.8]　(a)这个博弈有三个纯策略纳什均衡：⟨U，L⟩、⟨M，M⟩和⟨D，R⟩。(b)⟨U，L⟩和⟨M，M⟩是颤抖手完美的，⟨D，R⟩不是。

[练习10.9]　唯一的子博弈完美均衡是⟨D，RL⟩。也就是说，参与者Ⅱ在左边结点选择 R，右边结点选择 L，(预期到这一点后)参与者Ⅰ选择 D。

[练习10.10]　(a)在唯一的子博弈完美均衡中，参与人总是选择接受。(b)不会改变。

[练习10.11]　你可能预计经济学专业的学生会比非经济学专业的学生背叛得更多，因此他们玩出来的结果会比非经济学专业的学生差。实证数据也支持了这个猜测。

第十一章

[练习11.1]　在一个子博弈完美均衡中，功利主义的参与人Ⅱ会接受任意一个

[练习11.2]　参见表 A.7 中由(a)自利主义者(b)功利主义者(c)嫉妒者和(d)罗尔斯主义者所参与的实际博弈。答案是：(a)⟨D，D⟩；(b)⟨C，C⟩和⟨D，D⟩；(c)⟨D，D⟩；(d)⟨C，C⟩和⟨D，D⟩。

表 A.7(a) 社会偏好（自由主义者）

	C	D
C	4, 4	0, 5
D	5, 0	3, 3

表 A.7(b) 社会偏好（功利主义者）

	C	D
C	8, 8	5, 5
D	5, 5	6, 6

表 A.7(c) 社会偏好（嫉妒者）

	C	D
C	0, 0	−5, 5
D	5, −5	0, 0

表 A.7(d) 社会偏好（罗尔斯主义者）

	C	D
C	4, 4	0, 0
D	0, 0	3, 3

第十二章

[**练习 12.1**] 干预仅仅是将默认选项从炸薯条改为苹果片。

参考文献

Ainslie, George (1975), "Specious reward: A behavioral theory of impulsiveness and impulse control," *Psychological Bulletin*, 82(4), 463-496.

Allais, Maurice (1953), "Le comportement de l'homme rationnel devant le risque: critique des postulats et axiomes de l'école américaine," *Econometrica*, 21(4), 503-6.

Allingham, Michael (2002), *Choice Theory: A Very Short Introduction*, Oxford: Oxford University Press.

Anand, Easha (2008), "Payday lenders back measures to unwind state restrictions," *Wall Street Journal*, October 28, p. A6.

Angner, Erik (2006), "Economists as experts: Overconfidence in theory and practice," *Journal of Economic Methodology*, 13(1), 1-24.

―― (2007), *Hayek and Natural Law*, London: Routledge.

―― (2009), "The politics of happiness: Subjective vs. economic measures as measures of social well-being," in Lisa Bortolotti, ed., *Philosophy and Happiness*, New York, NY: Palgrave Macmillan, pp. 149-66.

―― and George Loewenstein (2012), "Behavioral economics," in Uskali Mäki, ed., *Handbook of the Philosophy of Science: Philosophy of Economics*, Amsterdam: Elsevier, pp. 641-90.

Ariely, Dan (2008), *Predictably Irrational: The Hidden Forces that Shape our Decisions*, New York, NY: Harper.

――, George Loewenstein, and Drazen Prelec (2003), "'Coherent arbitrariness': Stable demand curves without stable preferences," *The Quarterly Journal of Economics*, 118(1), 73-105.

Arkes, Hal R. and Catherine Blumer (1985), "The psychology of sunk cost," *Organizational Behavior and Human Decision Processes*, 35(1), 124-40.

Associated Press (2007), "Ireland: Another metric system fault," *New York Times*, November 1.

Bar-Hillel, Maya (1980), "The base-rate fallacy in probability judgments," *Acta Psychologica*, 44(3), 211–33.

Becker, Gary S. (1976), *The Economic Approach to Human Behavior*, Chicago, IL: University of Chicago Press.

Beckett, Samuel (1989), *Nohow On*, London: Calder.

Bentham, Jeremy (1996[1789]), *An Introduction to the Principles of Morals and Legislation*, Oxford: Clarendon Press.

Binmore, Ken (1999), "Why experiment in economics?," *The Economic Journal*, 109(453), F16–24.

____ (2007), *Game Theory: A Very Short Introduction*, New York, NY: Oxford University Press.

Brooks, David (2008), "The behavioral revolution," *New York Times*, October 28, p. A31.

Buehler, Roger, Dale Griffin, and Michael Ross (1994), "Exploring the 'planning fallacy': Why people underestimate their task completion times," *Journal of Personality and Social Psychology*, 67(3), 366–81.

Burroughs, William S. (1977 [1953]), *Junky*, Harmondsworth, Middlesex: Penguin Books.

Camerer, Colin F. (2003), *Behavioral Game Theory: Experiments in Strategic Interaction*, New York, NY: Russell Sage Foundation.

____, **George Loewenstein, and Drazen Prelec** (2005), "Neuroeconomics: How neuroscience can inform economics," *Journal of Economic Literature*, 43(1), 9–64.

____, **Linda Babcock, George Loewenstein, and Richard H. Thaler** (1997), "Labor supply of New York City cabdrivers: One day at a time," *The Quarterly Journal of Economics*, 112(2), 407–41.

Caplin, Andrew and Andrew Schotter, eds (2008), *The Foundations of Positive and Normative Economics: A Handbook*, New York, NY: Oxford University Press.

Consumer Federation of America (2006), "Press Release: How Americans view personal wealth vs. how financial planners view this wealth," January 9.

Davis, John B. (2011), *Individuals and Identity in Economics*, Cambridge: Cambridge University Press.

Dawes, Robyn M. and Richard H. Thaler (1988), "Anomalies: Cooperation," *The Journal of Economic Perspectives*, 2(3), 187–97.

Dixit, Avinash K., Susan Skeath, and David Reiley (2009), *Games of Strategy*, 3rd ed., New York, NY: W. W. Norton & Co.

Durlauf, Steven N. and Lawrence Blume (2010), *Behavioural and Experimental Economics*, New York NY: Palgrave Macmillan.

Earman, John and Wesley C. Salmon (1992), "The confirmation of scientific hypotheses," in Merrilee H. Salmon, John Earman, Clark Glymour, James G. Lennox, Peter Machamer, J. E. McGuire, John D. Norton, Wesley C. Salmon, and Kenneth F. Schaffner, eds., *Introduction to the Philosophy of Science*, Englewood Cliffs, NJ: Prentice Hall, pp. 7–41.

Ellsberg, Daniel (1961), "Risk, ambiguity, and the Savage axioms," *The Quarterly Journal of Economics*, 75(4), 643–69.

Farhi, Paul (2010), "Juan Williams at odds with NPR over dismissal," *The Washington Post*, October 22, p. C1.

Fischhoff, Baruch (1975), "Hindsight is not equal to foresight: The effect of outcome knowl-edge on judgment under uncertainty," *Journal of Experimental Psychology: Human Perception and Performance*, 1(3), 288–99.

FOX6 WBRC (2009), "Tension builds around courthouses' reopening," October 08.

Frank, Robert H. (2005), "The opportunity cost of economics education," *New York Times*, September 1, p. C2.

————, **Thomas Gilovich, and Dennis T. Regan** (1993), "Does studying economics inhibit cooperation?," *The Journal of Economic Perspectives*, 7(2), 159–71.

Frank, Thomas (2007), "Security arsenal adds behavior detection," *USA Today*, September 25, p. B1.

Frederick, Shane, George Loewenstein, and Ted O'Donoghue (2002), "Time discounting and time preference: A critical review," *Journal of Economic Literature*, 40(2), 351–401.

Harsanyi, John C. (1975), "Can the maximin principle serve as a basis for morality? A critique of John Rawls's theory," *The American Political Science Review*, 69(2), 594–606.

Hastie, Reid and Robyn M. Dawes (2010), *Rational Choice in an Uncertain World: The Psychology of Judgment and Decision Making*, 2nd ed., Los Angeles, CA: Sage Publications.

Hayek, Friedrich A. (1933), "The trend of economic thinking," *Economica*, (40), 121–37.

Heath, Chip and Amos Tversky (1991), "Preference and belief: Ambiguity and competence in choice under uncertainty," *Journal of Risk and Uncertainty*, 4, 5–28.

Heuer, Richards J. (1999), *Psychology of Intelligence Analysis*, Washington, DC: Central Intelligence Agency Center for the Study of Intelligence.

Hobbes, Thomas (1994[1651]), *Leviathan: With Selected Variants from the Latin Edition of 1668*, Indianapolis, IN: Hackett Pub. Co.

Huber, Joel, John W. Payne, and Christopher Puto (1982), "Adding asymmetrically dominated alternatives: Violations of regularity and the similarity hypothesis," *The Journal of Consumer Research*, 9(1), 90–8.

Jevons, W. Stanley (1965[1871]), *The Theory of Political Economy*, 5th ed., New York, NY: A. M. Kelley.

Kagel, John H. and Alvin E. Roth, eds (1995), *The Handbook of Experimental Economics*, Princeton, NJ: Princeton University Press.

Kahneman, Daniel and Amos Tversky (1979), "Prospect theory: An analysis of decision under risk," *Econometrica*, 47(2), 263-91.

____, **Jack L. Knetsch, and Richard H. Thaler** (1991), "Anomalies: The endowment effect, loss aversion, and status quo bias," *The Journal of Economic Perspectives*, 5(1), 193-206.

____, **Peter P. Wakker, and Rakesh Sarin** (1997), "Back to Bentham? Explorations of experienced utility," *The Quarterly Journal of Economics*, 112(2), 375-405.

Keynes, John Maynard (1936), *The General Theory of Employment, Interest and Money*, New York, NY: Harcourt, Brace.

Knoch, Daria, Alvaro Pascual-Leone, Kaspar Meyer, Valerie Treyer, and Ernst Fehr (2006), "Diminishing reciprocal fairness by disrupting the right prefrontal cortex," *Science*, 314(5800), 829-32.

Krugman, Paul (2009), "How did economists get it so wrong?," *New York Times Magazine*, September 6, pp. 36-43.

Levitt, Steven D. and Stephen J. Dubner (2005), *Freakonomics: A Rogue Economist Explores the Hidden Side of Everything*, New York, NY: William Morrow.

Lichtenstein, Sarah and Paul Slovic (1973), "Response-induced reversals of preference in gambling: An extended replication in Las Vegas," *Journal of Experimental Psychology*, 101(1), 16-20.

Loewenstein, George and Erik Angner (2003), "Predicting and indulging changing preferences," in George Loewenstein, Daniel Read, and Roy F. Baumeister, eds., *Time and Decision: Economic and Psychological Perspectives on Intertemporal Choice*, New York, NY: Russell Sage Foundation, pp. 351-91.

____ **and Nachum Sicherman** (1991), "Do workers prefer increasing wage profiles?," *Journal of Labor Economics*, 9(1), 67-84.

____, **Daniel Read, and Roy F. Baumeister, eds** (2003), *Time and Decision: Economic and Psychological Perspectives on Intertemporal Choice*, New York, NY: Russell Sage Foundation.

Lord, Charles G., Lee Ross, and Mark R. Lepper (1979), "Biased assimilation and attitude polarization: The effects of prior theories on subsequently considered evidence," *Journal of Personality and Social Psychology*, 37(11), 2098-109.

Luce, R. Duncan and Howard Raiffa (1957), *Games and Decisions: Introduction and Critical Survey*, New York, NY: Wiley.

McKinley, Jesse (2009), "Schwarzenegger statement contains not-so-secret message," *New York Times*, October 29, p. A16.

Mas-Colell, Andreu, Michael D. Whinston, and Jerry R. Green (1995), *Microeconomic Theory*, New York, NY: Oxford University Press.

Myers, David G. (1992), *The Pursuit of Happiness: Who Is Happy—and Why*, New York, NY: W. Morrow.

Nickerson, Raymond S. (1998), "Confirmation bias: A ubiquitous phenomenon in many guises," *Review of General Psychology*, 2(2), 175–220.

O'Donoghue, Ted and Matthew Rabin (2000), "The economics of immediate gratification," *Journal of Behavioral Decision Making*, 13(2), 233–50.

Osborne, Martin J. and Ariel Rubinstein (1994), *A Course in Game Theory*, Cambridge, MA: MIT Press.

Peterson, Martin (2009), *An Introduction to Decision Theory*, New York, NY: Cambridge University Press.

Pigou, Arthur C. (1952[1920]), *The Economics of Welfare*, 4th ed., London: Macmillan.

Proust, Marcel (2002), *The Fugitive*, Vol. 5 of *In Search of Lost Time*, New York, NY: Allen Lane. Originally published in 1925.

Ramsey, Frank P. (1928), "A mathematical theory of saving," *The Economic Journal*, 38(152), 543–59.

Rawls, John (1971), *A Theory of Justice*, Cambridge, MA: Belknap Press.

Redelmeier, Donald A. and Daniel Kahneman (1996), "Patients' memories of painful medical treatments: Real-time and retrospective evaluations of two minimally invasive procedures," *Pain*, 66(1), 3–8.

Ross, Don (2005), *Economic Theory and Cognitive Science: Microexplanation*, Cambridge, MA: MIT Press.

Russell, Bertrand (1959), *Common Sense and Nuclear Warfare*, New York, NY: Simon and Schuster.

de Sade, Donatien Alphonse François, Marquis (1889[1791]), *Opus Sadicum: A Philosophical Romance* (Paris: Isidore Liseux). Originally published as *Justine*.

Schelling, Thomas C. (1960), *The Strategy of Conflict*, Cambridge, MA: Harvard University Press.

Schwartz, Barry (2004), *The Paradox of Choice: Why More Is Less*, New York, NY: Ecco.

Shafir, Eldar, Itamar Simonson, and Amos Tversky (1993), "Reason-based choice," *Cognition*, 49(1-2), 11–36.

Skyrms, Brian (1996), *Evolution of the Social Contract*, Cambridge: Cambridge University Press.

Smith, Adam (1976[1776]), *An Inquiry into the Nature and Causes of the*

Wealth of Nations, 5th ed. , Chicago, IL: University of Chicago Press.

―― (2002[1759]), *The Theory of Moral Sentiments*, 6th ed. , Cambridge: Cambridge University Press.

Smith, James P. , John J. McArdle, and Robert Willis (2010), "Financial decision making and cognition in a family context," *The Economic Journal*, 120(548), F363–80.

Staw, Barry M. and Jerry Ross (1989), "Understanding behavior in escalation situations," *Science*, 246(4927), 216–20.

Szuchman, Paula and Jenny Anderson (2011), *Spousonomics: Using Economics to Master Love, Marriage and Dirty Dishes*, New York, NY: Random House.

Thaler, Richard H. (1980), "Toward a positive theory of consumer choice," *Journal of Economic Behavior & Organization*, 1(1), 39–60.

―― (1985), "Mental accounting and consumer choice," *Marketing Science*, 4(3), 199–214.

―― **and Cass R. Sunstein** (2008), *Nudge: Improving Decisions About Health, Wealth, and Happiness*, New Haven, CT: Yale University Press.

―― **and Eric J. Johnson** (1990), "Gambling with the house money and trying to break even: The effects of prior outcomes on risky choice," *Management Science*, 36(6), 643–60.

Tomberlin, Michael (2009), "3rd lawsuit claims rigged jackpot," *The Birmingham News*, October 8, p. B1.

Tversky, Amos and Daniel Kahneman (1971), "Belief in the law of small numbers. ," *Psychological Bulletin*, 76(2), 105–10.

―― **and** ―― (1974), "Judgment under uncertainty: Heuristics and biases," *Science*, 185(4157), 1124–31.

―― **and** ―― (1981), "The framing of decisions and the psychology of choice," *Science*, 211(4481), 453–8.

―― **and** ―― (1983), "Extensional versus intuitive reasoning: The conjunction fallacy in probability judgment," *Psychological Review*, 90(4), 293–315.

―― **and** ―― (1986), "Rational choice and the framing of decisions," *The Journal of Business*, 59(4), S251–78.

―― **and Eldar Shafir** (1992), "The disjunction effect in choice under uncertainty," *Psychological Science*, 3(5), 305–9.

Wilkinson, Nick and Matthias Klaes (2012), *An Introduction to Behavioral Economics*, 2nd ed. , New York, NY: Palgrave Macmillan.

World RPS Society (2011), "How to beat anyone at rock paper scissors," http://www.worldrps.com/how-to-beat-anyone-at-rock-paper-scissors/.